JN245959

シミュレーションで学ぶ

オプション
トレーディング
のすべて

ALL ABOUT OPTION

TRADING

小森 晶 [著]

KOMORI AKIRA

一般社団法人 金融財政事情研究会

まえがき

　ここ数年、日本の経済はデフレからインフレへと大きく転換し、株式、金利、為替市場に大きな変動をもたらしました。このような激動の市場環境において、オプション取引は投資家にとって不可欠なツールとなりつつあります。

　オプション取引は複雑なイメージをもたれがちですが、本書では主に日経オプションのシミュレーターを活用し、まるでゲーム感覚で楽しみながら学べるよう工夫しました。初心者の方だけではなく、経験豊富な投資家の方にも、新たな視点と知識を提供できる一冊を目指しました。

　第1章ではオプションの基本的なことを学びますが、先物、オプションについて最低限必要なことだけを学習した後、すぐにシミュレーターを用いて取引を体験してみます。そのなかで当然疑問などが生じると思いますが、そこで本書を読み進めていくことでオプションに対する理解が深まるように書いています。

　第2章ではさらなるオプションの理解のためにオプション理論について学習します。式だけでは理解が進みづらいので、ここでも付録のプログラムを用いて実際に計算してみることでより深く理解できるものと思います。

　第3章ではブラック・ショールズモデルをベースに、より現実的な価格変動をとらえることができるSABRモデルを深く解説します。原資産価格（先物価格など）だけではなく、ボラティリティも変数として扱うことで、オプション価格の変動をより正確に表現できます。さらに、マイナス金利環境下でも適用可能な、SABRモデルを発展させた金利オプションモデルについても詳しく取り上げます。ここでも理論だけではなく、シミュレーターを用いて体感することにより理解が深まると思います。

　第3章のシミュレーターは実際に外資系金融機関のトレーダーが使っているシステムに近いつくりにしています。このシステムを使いこなすことができれば、リスク管理やポートフォリオ構築の知識も深め、自信をもってオプ

ション取引に取り組めるようになるでしょう。

　本書が皆様のトレードスキル向上に少しでも貢献できることを願っています。今後とも、皆様のご支援とご指導を賜りますようお願い申し上げます。

　2025年3月

小 森　晶

◆購入者特典プログラムについて

　本書の購入者に限り、本書第 1 章・第 2 章・第 3 章で説明している各プログラムを次のウェブサイトからダウンロードすることができます。

ウェブサイト　https://www.kinzai.jp/tokuten/

パスワード　W8wLNx 5 FdJ-V38z

　各プログラムはBookAll、Excel、OptionSimulatorという 3 つのファイルフォルダーに格納されています。BookAll内に格納されているindexは、プログラムの一覧を本書の構成と対応させて示しています。indexに表示されたプログラム名をクリックすることで、一部のプログラムを起動することができます。

〈注意事項〉

・本プログラムを使用した計算過程や結果等について、著者はいっさいの責任を負いません。すべて使用者の責任において使用してください。

・ファイルフォルダーExcel内に格納されたプログラムは、Microsoft® Excel® バージョン2016で作成しています（拡張子.xlsm）。使用するExcelのバージョンによっては、読み込みできない場合があります。

・ファイルフォルダーOptionSimulatorとファイルフォルダーBookAllに格納されたプログラムは、JavaScriptで記述されています。2025年 1 月時点のGoogle Chrome、Firefox、Microsoft Edgeで動作確認ができていますが、今後のアップデート次第では読み込みできない場合があります。

・ファイルフォルダーBookAllに格納されたプログラムのうち、第 3 章に係るグラフを表示するプログラムではインターネットに接続する必要があります。

・本プログラムは著者が作成したものであり、本プログラムの著作権は著者に帰属します。

・本プログラムは本書の購入者に限って使用を許可するものであり、本プログラム内容の一部または全部を、著者の許可なく複写・複製・頒布すること、および磁気または光記録媒体、ならびにコンピュータネットワーク上等へ入力することを禁じます。

・本プログラムは、予告なく変更、あるいは提供を停止されることがあります。

目　次

第1章　経験編　日経オプション

第 1 章

経験編
日経オプション

日本で簡単に取引できるオプションの1つに、日経平均株価指数オプションがあります。これを中心に学習していきましょう。第1節では、まず日経平均株価指数先物（以下、日経先物）について復習します。先物取引はオプション取引の前提となるため、ここでは先物の定義や理論価格について学びます。

　第2節では、オプション・シミュレーターを用い、先物の延長としてのオプション取引を行います。理論よりも実践を重視し、このシミュレーターを使うためのオプションについての説明は、簡単なものにとどめています。オプション特有のグリークスには踏み込まず、市場の見通しに対応するオプション取引を行い、損益がどれくらいのものになるのか体感してみます。

　第3節では、第4節の高度なオプション取引を行うことを前提として、オプションの基本的性質を学習します。

　第4節では、高度なオプション取引をシミュレーターで体感します。リスク量が制限されたうえで、一定の収益が出るように訓練することができます。それによってオプションが市場に与える影響をより深く考えることができるようになります。また取引所が公開しているオプション手口も別の見方をすることができます。

第 **1** 節

日経平均株価指数先物

(1) 原資産とデリバティブ

先物取引はデリバティブ取引の1つです。デリバティブ取引とは金融取引の一形態で、原資産（基本資産）の価格に連動した商品を指します。これは派生商品とも呼ばれ、先物以外にもオプション、スワップなどが含まれます。

取引において重要なのは、取引対象の原資産が何であるかです。日経先物の原資産は日経平均株価指数（以下、日経平均）であり、また日経平均株価指数オプション（以下、日経オプション）の原資産も日経平均です。

シンガポール取引所（以下、SGX）やシカゴ・マーカンタイル取引所（以下、CME）でも、日経平均の先物が上場しています。SGXのホームページによると、SGXの先物の最終清算価格は、大阪取引所の日経先物の最終清算価格を参照するとされています。このことから、SGXの先物の原資産は日経平均ではなく、大阪取引所の日経先物ということになります。

日経先物の定義

日経先物は、日経平均を原資産とするデリバティブ商品であることから、この先物取引により、投資家は日経平均を直接取引するのと同様の経済効果を得ることができます。

日経平均は、東京証券取引所のプライム市場に上場する225銘柄の株価から算出される指数で、通常5秒ごとに更新されます。しかし、この225銘柄

すべてを実際に売買するには、個別株の最低取引単位や莫大な資金を考慮する必要があり、さらに頻繁な売買による取引コストや管理の手間も発生します。

日経先物は、これらの課題を解決し、日経平均を効率的に取引する手段を提供します。たとえば、日経平均が今後上昇すると予測する投資家は、225銘柄を個別に購入するかわりに、日経先物を買うだけで十分です。予測どおりに上昇すれば、利益を得ることができ、その利益確定も先物を売却するだけで簡単に行えます。

つまり、日経先物を通じて、投資家は日経平均を個別株のように1つの「商品」として扱うことができるのです。これにより、取引の簡便性が向上し、より効率的な投資戦略の実行が可能になります。

先物取引は取引所で管理され、取引時には原則として取引所が相手方となります。注文はすべて取引所に集まり、そのためマーケットの動きは透明性が高いです。

以下日経先物について具体的な取引事例をあげ、どのような契約なのか考えてみます（図表1－1－1）。

① 取引相手

この取引事例では、取引相手は大阪取引所になります。CMEやSGXにも日経先物が上場していますが、取引単位が500株、原資産は日経先物となり、契約の内容に若干の違いがあります。

図表1－1－1　日経先物取引事例

①取引相手	大阪取引所
②原資産	日経平均
③約定価格	30,000円/株
④満期日	3月第2金曜日
⑤売買の種類	買い
⑥取引枚数	15枚
⑦取引単位	1,000株/枚（1,000倍）
⑧約定価額	450,000,000円
⑨先物清算方法	差金決済

② 原　資　産

　先物は派生商品の一形態であり、その対象は特定のものとなります。この事例では、先物の対象は日経平均です。日経平均は個別銘柄の株価の平均値であり、抽象的なものであるため、前述のように直接取引することは困難ですが、それを対象とする先物は取引が容易になります。

　現在では、さまざまな対象の先物が上場しています。直接取引がむずかしいものでも、先物を作成することによって売買可能になり、リスク回避の手段として有効に使うことができます。たとえば、CMEに上場している農産品先物などがよい例です。農産品の現物を売買するには、保管するための倉庫が必要であり、運搬には大型のトラックやバージ（はしけ）などが必要です。一般の人がこれらを取引することはむずかしいですが、その派生商品である先物であれば、一般の人でも容易に取引が可能になります。

③　約定価格

　先物取引が成立した価格のことです。1株当りの価格になります。

④　満　期　日

　満期日とは、先物取引を清算する日のことです。また先物の満期日に該当する月を限月（げんげつ）と呼びます。この取引事例のように、満期日が3月中にある先物は、3月限（さんがつぎり）先物と呼ばれます。

　各限月にはそれぞれ記号が対応しています。たとえば、2023年の3月限の先物は、表にあるように3月の記号Hと年の下2桁をあわせてH23、または年の下1桁のみをあわせてH3と表記されることが一般的です（図表1－1－2）。

　日経先物市場では、6、9、12月など他の満期日の先物も上場しており、

図表1－1－2　先物月限対応表

1月	2月	3月	4月	5月	6月
F	G	H	J	K	M
7月	8月	9月	10月	11月	12月
N	Q	U	V	X	Z

これらの月の第2金曜日が満期日となります。取引所は1年分の先物以外にも、さらに先の限月も用意しているため、取引できる限月の種類は数十に及びます。ただし、多くの参加者は満期が短い限月を中心に取引し、1年先の限月では取引は比較的閑散となることが一般的です。

これとは対照的に、日本の商品先物市場などでは1年先の限月に取引が集中しています。商品先物では満期日まで先物を保有している場合、現物の受渡しが発生し、さまざまなコストが発生します。そのため現時点から最も離れた限月の取引が活発になる傾向があります。

取引されている先物のなかで最も短い満期の先物は「期近」、それ以外は「期先」と呼ばれています。

⑤ **売買の種類**

この取引事例において売買の種類は「買い」です。買いの契約をもつ状態を「ロング」または「ロングポジション」と呼びます。また、先物取引ではロングポジションがない状態でも売りの契約を行うことができます。この状態を「ショート」または「ショートポジション」と呼びます。

⑥ **取引枚数（lot）**

取引枚数とは先物取引における取引数のことです。1つの先物取引を1枚または1ロット（lot）と呼びます。先物取引は1つだけでなく、いくつも取引できます。先物を注文するときに一度に15個を注文し約定すると取引枚数は15枚になります。

⑦ **取引単位**

大阪取引所に上場している日経先物は、ラージ、ミニ、マイクロの3種類があります。ラージ1枚の取引単位は、日経平均1,000株分、ミニは100株分、マイクロは10株分になっています。単位もつけて書くと、それぞれ1,000株/枚、100株/枚、10株/枚となります。

⑧ **約定価額（名目価値 /Face Value/ Notional Value）**

約定価額は約定価格に似ていますが、約定した総金額と考えてもよいでしょう。先物取引の約定価格が30,000円/株の場合、先物1枚当りの約定価額は、取引単位にその約定価格を掛けた金額30,000,000円に相当します。

この例では取引枚数が15枚なので、約定価額は15倍の450,000,000円になります。単位も一緒に計算すると、

　　30,000（円/株）×1,000（株/枚）×15（枚）
　　＝30,000,000×15（円/株×株/枚×枚）＝450,000,000（円）

となるわけです。ただしこの金額は取引日に支払うわけではありません。約定価額は名目価値、Face Value、Notional Valueとも呼ばれています。

⑨　先物清算方法

　先物の清算方法には、差金決済と現物決済の2種類があります。日経先物の場合は、現物に対応するものがないため、差金決済となります。差金決済は、約定価格と満期日に取引所が発表する特別清算数値（後述するSQ値）との差額を取引所とやりとりする方法です。

　この取引事例で、取引所が清算価格を31,000円と発表した場合の差金決済を説明しましょう。取引は「買い」であるため、その代金として約定価額、すなわち先ほど計算した金額450,000,000円を支払います。

　一方、清算するということは「買い」の場合は清算価格で「売り」返す、「売り」の場合は「買い」戻すということです。このケースでは清算は「売り」返しになりますので、代金を受け取ることになります。その金額は清算価格31,000円を1,000倍し、さらに15枚分を掛けた465,000,000円になります。実際には「買い」と「売り」の金額の差額15,000,000円を受け取ります。

　このような計算は金額が大きくなり、間違いやすいため、実際の取引では1ポイントと1ポイントバリューという概念を用いて計算を簡単にします。1ポイントは先物価格の呼値の1であり、1ポイントバリューは先物価格の1ポイント分の価値です。先物の差金を考える際、何ポイントの利益（損失）があるかを計算し、それに1ポイントバリューを掛け、さらに枚数を掛けるという計算方法が簡便です。日経先物では1ポイントが1円で、1枚は1,000倍なので1ポイントバリューは1,000円です。この例では30,000円から31,000円までの1,000円、すなわち1,000ポイントの利益に1ポイントバ

リュー1,000円を掛け、15枚を掛けると15,000,000円が得られます。

⑵　SQ（特別清算数値）とは

SQ値（特別清算数値）は、主に先物やオプション取引において、その満期日に差金清算するための基準となる数値です。たとえば30,000円で買った先物を満期日まで保有しているとSQ値を用いて（SQ値－30,000）×１ポイントバリュー×枚数で計算される金額のやりとりが発生します。

SQ値は、マーケットが午前９時に開始され初めて取引成立した価格（始値、寄値）から算出されます。たとえば、日経先物のSQ値は、個別株225銘柄のそれぞれの寄値をとり、それに日経平均の各銘柄のウェイトを掛けて平均を計算した値になります。その定義によれば225銘柄を日経平均のウェイトどおりに成り行きで買い、あるいは売りを入れるとSQ値で現物株を買う、または売ることができます。

ただし、マーケットの開始時に、ストップ安、高などで価格が確定しない銘柄がある場合、気配値がSQ算出時に採用されることもあります。また特定の銘柄の流動性が低い場合や異常な値動きがある場合には、市場の開始時間（始値）近辺の指数値とSQ値とが１％近く乖離することがあります。指数値として一度もそのSQ値に届かない、あるいは下回らないことが起こり、幻のSQ値と呼ばれることもあります。

取引所によるSQ値の公式発表は通常、マーケットが終了した後に行われます。これに対し、速報値はインターネットやブローカーなどから即座に入手可能ですが、公式な値ではありません。速報値はトレーダーが今後の市場動向をテクニカル分析するときに使われます。また金融機関でも先物やオプションの清算値の仮置きとして使われます。速報値が出る午前９時過ぎから数千枚に及ぶ大量の先物やオプション取引に伴う事務処理が可能となり、マーケット終了後の業務負担を軽減します。

なお海外のＳ＆Ｐ500先物などの清算に使われるSQ値も寄値にて決定されますが、オプションなどの満期が多様化し、終値ベースのSQ値も存在して

います。もともとは、寄値ベースのSQ値のみでしたが、近年では特に0 DTM（0 Days To Maturity）と呼ばれる当日満期のオプションが流行しています。これはSQ値算出が終値ベースで行われるため可能になった取引になります。

(3)　日経先物の理論価格と裁定取引

裁定取引（アービトラージ）

　日経先物と日経平均の値動きを観察していると、日中それぞれが大きく動いてもそれらの価格差はあまり変化しないことに気がつきます。これらの間には何か関係があるのでしょうか。市場が以下の状況のとき、「裁定取引」と呼ばれるリスクをとらずに利益をあげる手法を用いることができるか、考えてみましょう。

> ①　現在の日経平均は30,000円である。
> ②　3カ月後満期の日経先物価格は30,100円である。
> ③　今後3カ月間で、日経平均の構成銘柄から300円相当の配当を受け取る権利が確定する。
> ④　日経平均を構成する株式を担保に資金を借りる場合、年利0.1%で借入れが可能である。

　このような状況下では「裁定取引」が可能となります。その手順は以下のとおりです。

- 日経平均を構成する現物株225銘柄をウェイトどおりに購入します。
- 同時に、先物を30,100円で売ります。
- 簡略化のため、現物株と先物ともに1株分ずつ取引すると仮定します。
- 現物株購入の資金は、購入した株を担保として差し入れることで、年利0.1%で借入れできます。
- 満期日の朝、日経平均を構成する225銘柄を成り行き注文にて売りを入れます。

はじめに、金利負担の計算ですが、借入金額30,000円に対して年利0.1％を適用し、3カ月間（1年の4分の1）の期間で計算します。具体的には、30,000円×0.1％×3/12となり、結果として7.5円の金利負担となります。

　満期日の朝に、225銘柄を成り行き注文にて売りを入れますが、その注文はすべて寄値で成立します。ここが重要なのですが、SQ値の定義に戻ればSQ値とは寄値で算出される値なので、この成り行き注文の価格はSQ値に等しくなります。一方、先物も満期日まで保持していると、これもSQ値で清算され現金のやりとりになります。したがってこの「裁定取引」はSQ値という共通の価格で解消されます。

　SQ値が31,100円とし、「裁定取引」の損益を計算しましょう。先物は、約定価格30,100円で売ったので、1,000円の損失、一方現物株は30,000円で購入したので1,100円の利益、それに配当金300円、金利負担7.5円を合わせ、1,392.5円の利益となります。したがって先物と現物株の合計、すなわち「裁定取引」の損益は392.5円の利益となります。同様の議論でSQ値がどんな値で決定したとしても、この取引から利益を得ることができます。

　この「裁定取引」は、先物が大きく動いたときの証拠金の増加、配当金が支払われないなどの偶発的な事態を除くと、市場リスクはありませんので、ある意味どれだけ大きな金額の取引でもできることになります。そのような取引が行われると、次第に現物株と先物価格の差は利益の出ない水準までサヤ寄せされることになります。

先物理論価格

　先物理論価格とは、「裁定取引」で利益が出ない先物価格のことです。そこで上の例で理論価格を計算してみましょう。

　はじめに、利益が出ない先物価格をX円とします。また満期日のSQ値がY円だったとします。簡単のため、Yは31,100円のような大きな値と仮定します。このとき現物株からの利益は$Y-30,000+300-7.5$円となります。また先物からの損益は$Y-X$円（正の数として）となります。このとき［合計損益の式］は、

$$(Y - 30{,}000 + 300 - 7.5) - (Y - X) = X - 30{,}000 + 300 - 7.5$$

となります。ここまでは先ほどの計算で31,100円をYとしたものと同じです。この「裁定取引」の利益がゼロになるのは［合計損益の式］の値がゼロということなので、

$$X - 30{,}000 + 300 - 7.5 = 0$$

となります。この式から先物理論価格X＝29,707.5円という計算になります。またYは大きな値と仮定しましたが、結局［合計損益の式］のYは打ち消し合うのでSQ値がいくらでも成り立つことにも注意してください。

　日中、現物株と先物価格の差があまり変化しないということは、先物価格がこの理論価格から乖離したとき、こうした「裁定取引」を実際に行っている参加者がいるということです。

　［合計損益がゼロの式］を再び見直してみます。

$$X\ (先物価格) = 30{,}000\ (現物価格) - 300\ (配当金) + 7.5\ (利息)$$

となっています。配当金はよく配当利回りという表現もします。配当利回りがw％のとき、実際の配当金は30,000×w％×日数調整分と書くことができます。また利息は金利をr％とすると30,000×r％×日数調整分となります。それを当てはめてX（先物価格）を書き直してみると、

$$X\ (先物価格) = 30{,}000\ (現物価格) - 30{,}000 \times w\% \times 日数調整分$$
$$+ 30{,}000 \times r\% \times 日数調整分$$

となります。もう少しまとめて書くと、

$$(先物価格) = (現物価格) \times \{1 + (-w\% + r\%) \times 日数調整分\}$$

［式1］

となります。

　これは先物理論価格としてよく見かける式ですが、配当は不連続であり日

本株だと3月と9月の終わりに年間の約半分ずつ発生します。たとえば1月くらいに3月限の先物価格を計算する場合、3月限の満期日まで配当はほぼありませんから配当利回りは0％に近いものを使う必要があります。また3月終わりくらいに3カ月先の先物である6月限をみると、3月末に配当が金額ベースで約1％程度あり、日数調整分が3カ月/12カ月（＝0.25）であることを考慮して年率換算すると配当利回りは4％程度になります。このように配当利回りを期間ごとに計算するのはやや煩雑となるため、絶対金額を計算し現物価格を調整する方法が簡単になります。

（先物価格）＝（現物価格）－（配当金）＋（利息）　　　　　　　　　［式2］

（配当金）は計算日から先物満期日までの間に権利の確定する配当金

（利息）は計算日から先物満期日までの間の利息金額

普段は［式2］を使うほうが早く計算できます。またこの先物理論値の式から配当金が利息より大きいと先物理論値は現物価格よりも下になり、逆に配当金が利息より小さいと先物理論値は現物価格よりも上になります。

先物理論価格と実現した価格

数カ月後に満期を迎える先物の理論価格は、現在の現物価格から計算できることがわかりました。しかし、実際の市場では、満期時に現物価格が理論価格にぴったり一致することはまれです。これは、理論価格が、「裁定取引」による利益が得られなくなる均衡状態を表しているにすぎず、市場参加者が将来の価格をどのように予想しているかを示すものではないためです。つまり、理論価格と市場の予想値は必ずしも一致しないということです。

このことから、理論価格と市場の予想値に大きな乖離がある場合、「裁定取引」だけでなく、先物や先渡しの単独取引で収益を得る機会が生じる可能性があります。

(4)　いろいろな先物（フォワード）価格

　「裁定取引」の重要性を理解するため、日経先物以外の商品の先物価格、あるいは先渡価格（フォワードレート）についても考えてみましょう。ここで先物とフォワードの違いですが、先物は取引所に上場していて反対売買を行うことで相殺することができるのが特徴です。一方、フォワードは相対取引であり、その相手と合意しなければ相殺することができないという特徴があります。例外的にLME（ロンドン・メタル・エクスチェンジ）に上場している先物は、期中に反対売買しても相殺することができず、最終的に現物の受渡しでの決済となります。そのためフォワードの性質もある特別な先物です。

ドル円

　為替レートの先渡価格について考えます。日経先物ではほぼ完全に「裁定取引」が働きました。ところが、為替レートには「裁定取引」が働きにくい特性があります。そのため、先渡価格がスポット価格に対して、ある程度需給などで自由に動くことがあります。以下、実際の市場であった状況を考えてみます。

---

① 　ドル円 スポット価格：159.8円

② 　ドル円 1年先渡価格：151.8円

③ 　1年円金利は約0.25％ですが、ここでは円の金利をY％とします。

④ 　1年ドル金利：5.10％

　また説明のため、スポットで買い、1年後先渡しで売りの方向で考えます。1ドルをスポットで買うため円を借りますが、1年円金利がY％であることから利息は159.8×Y％円となります。また買ったドルを1年預金しますので、その利息は、1年ドル金利が5.10％であることから1ドル×5.10％で0.051ドルになります。

　したがって1年後には、円を借りた利息159.8×Y％円を支払い、ドル預

金の利息0.051ドルを受け取り、先渡取引で1ドルを売却し円151.8円が手元に戻ってきます。ドル預金の利息は先渡価格で円に戻すことにしておくと0.051ドル×151.8円となり、ちょうど株の配当金に相当するものになります。そこで、前述⑶での先物理論価格の［式2］に当てはめると、

$$151.8円 = 159.8円 - 0.051 \times 151.8円 + 159.8 \times Y円$$

となり、これをYについて解くとY＝−0.161％（マイナス）となります。円金利は0.25％のはずですが、為替の先渡価格では−0.161％と0.41％ほど低い金利が使われていることになっています。また逆に円金利は0.25％として先渡価格を計算すると152.42となり実際の先渡価格の市場価格とは乖離があります。

　その理由は、先物理論価格を導く過程で行われる「裁定取引」が、資金調達の際にうまく機能しないことにあります。先渡価格（先物価格）は理論上、「裁定取引」によって理論価格に収斂（サヤ寄せ）するはずですが、現実には完全には機能しません。

　もし1年間、無担保で自由に資金を貸し借りできれば、先渡価格は理論値に収斂するでしょう。しかし、無担保取引では与信リスクなどが発生し、金利に上乗せされます。結果として、担保付資金の貸借市場と比較して、流動性が大幅に低下してしまいます。

　そこで通常は、ドルを買った後、そのドルを担保に円を借りることになります。このとき、円を借りる際の金利が円金利市場の実勢より低くなっている状況が続いています。これは、逆の立場であるドルを担保に円を貸したい人（つまり、円を担保にドルを借りたい人）が多いためです。特に日本国内の投資家は、国内債券の利回りが低いため、円を担保にドルを借りて利回りの高い米国債などに投資することが多いのです。また為替ヘッジ付きの外債投資ということも、資金の流れを考えると円を担保にドルを借りて投資していることになります。

　前述⑶で日経先物の理論価格を考察しましたが、このような理由から、5年先、30年先など長期の日経先物（実際は相対取引になります）の実際の価格

は、為替と同様に、資金の借入コストの影響を受け、国債金利やスワップ金利などとは異なった金利に基づく理論価格になります。

ゴールド

　ゴールドはコモディティなので金利という概念がないように思われます。ところが実際ゴールドの現物や先渡取引の形態は、一般の為替取引とほぼ同様になっています。そこで、ドル円の先渡価格の計算で、ドルを担保にした円金利を計算したようにゴールドの金利に相当するものを以下の例をあげて計算してみましょう。

　2024年6月現在、海外取引所COMEXに上場している金の先物Jun24は、1トロイオンス2,330ドル、一方1年先のJun25は2,451ドルとなっています。Jun24は満期日まで数週間しかありませんので、ここでは現物価格相当とします。

　ここで先物理論価格に当てはめ、配当金に相当するものを逆算してみましょう。ドルの1年金利5.10%として、現物価格に対する利息は2,330×5.10%で約118.83ドルになります。配当金分をXとすれば、

$$2,451ドル = 2,330ドル - Xドル（配当金相当）+ 118.83ドル（利息）$$

で、X = −2.17（ドル）となります。先渡価格1トロイオンス当り2,451ドルを使って、これをゴールドの単位に変換すると、−0.00088トロイオンスになります。1トロイオンスがこの分減少したことになり、これをマイナス金利分とみなせば約−0.088%となります。

　これが先物価格が内包しているゴールドの1年間の金利ということです。ゴールドの現物価格と先物価格の価格差次第では、このゴールドの金利はプラスになることもあります。また、無担保でのゴールドの借入レート（リースレート）もあります。このようにゴールドにも金利の概念が存在することがわかります。

海外先物CBOTのコーン先物

コモディティの先物は、「裁定取引」が最も働きにくい商品です。例としてコーン先物を説明します。

図表1－1－3はCMEグループのCBOT（シカゴ商品取引所）に上場しているコーン先物価格の2021年3月頃のデータで、先物の満期を横軸、価格を縦軸にしてプロットしたものです。商品（コモディティ）の先物理論価格は、金利と配当の関係式において、配当を保管コストに置き換えることで算出できます。つまり保管コストをマイナスの配当とみなすことで、同一の理論価格式を適用することができます。

金利や保管コストは一般的には、期間に対して滑らかな曲線を描きます。そのためそれらを用いた先物価格のグラフも滑らかになるはずです。しかしこのグラフでは、2021年12月近辺の価格が周辺よりも低く、また2022年3月から7月までは上昇、9月は急激に下がるというように、いびつな価格形成がみられ、「裁定取引」が機能していないことが示されています。

先物が理論価格よりも高い場合、ある程度、先物を売り現物を買う「裁定

図表1－1－3　コーン先物

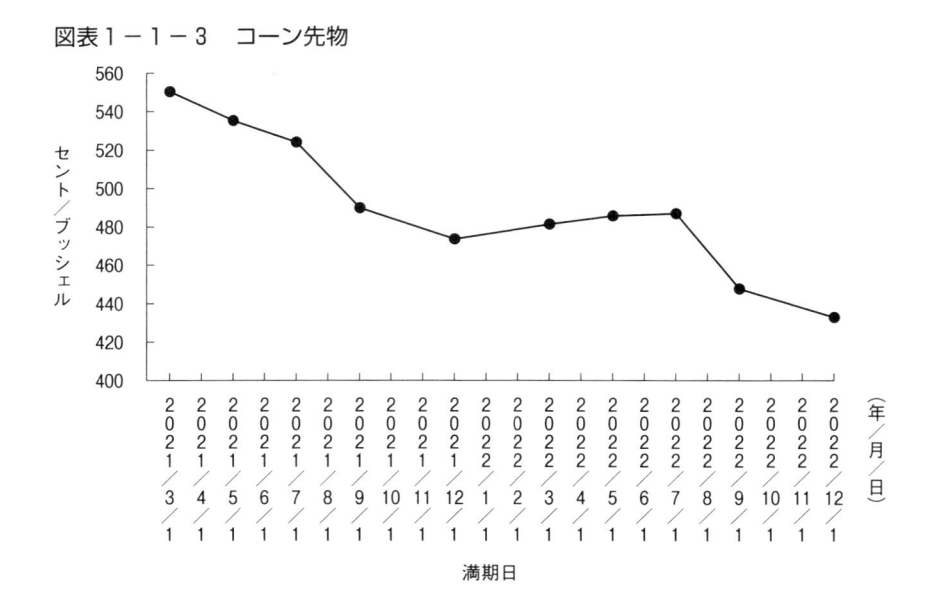

満期日

取引」が可能です。現物購入のための資金調達は無担保借入れ（現物担保もあるかもしれませんが）となりますが、格付のよい金融機関であれば信用コストは比較的低く抑えられます。ただし、現物を購入すると保管場所として倉庫料や保管料がかかりますので、これをマイナスの配当と考えます。したがって、先物価格がこの金利負担分とマイナスの配当分（倉庫料）から算出される理論価格よりも高い場合、「裁定取引」がある程度機能し、先物価格は理論価格に収斂（サヤ寄せ）します。

　しかし、逆の場合、つまり先物価格が理論価格よりも低い場合は、先ほどと逆の「裁定取引」を行うことになります。具体的には、先物を買い、現物を売ることです。ここで問題となるのは、現物を売るためには、現物を借りて売らなければならないという点です。しかし、この現物を借りる市場がほとんど存在しないのです。対照的に、株式市場では個人投資家でも信用売り（株を借りて売る空売り）が一般的です。また、債券市場でも金融機関の間では債券の貸し借りが日常的な取引となっています。

　このように現物を空売りできない商品に関しては、先物が理論価格よりも低い場合、「裁定取引」を行うことができません。その結果、先物価格が理論価格を大幅に下回る状況が発生しえます。理論価格の式によれば、マイナスの配当（保管コストなど）がある場合、先物の理論価格は現物価格よりも高くなるはずです。しかし、実際のコーン先物のグラフをみると、どの満期の先物も現物よりも低い価格になっています。これは、理論と現実の乖離が実際に起こる典型的な例です。「裁定取引」の制約により、市場が理論的な均衡点に到達できないケースを示しています。

　また農産品市場は、為替、株式、金利、原油などの他の市場とは異なる特徴をもっています。これは主に以下の理由によります。

● 収穫が年1回または2回に限られること
● 多くの農産品で1年以上の保存がむずかしいこと

　これらの特徴により、農産品市場では特有の現象がみられます。CBOTコーン先物市場を例にあげると、旧穀と新穀の価格差が顕著に現れることがあります。具体的には、7月限（旧穀、収穫前）と12月限（新穀、収穫後）の

価格が、まったく別物のように動くことがあります。

　また、需給バランスによる価格変動も特徴的です。収穫前に在庫が不足気味になると、7月限の価格が上昇しやすくなります。一方で、12月限は収穫後の供給増加を見込んでいるため、比較的安定した価格推移を示すことがあります。逆に、在庫が過剰な場合は、農産品を翌年まで持ち越すことがむずかしいため、7月限の価格が12月限よりも安くなるという現象もみられます。

　このように、農産品先物市場では、同じ商品でも満期により需給事情が大きく異なることがあり、それが価格形成に重要な影響を与えています。

コラム 1　農産品先物

　CBOTでは、コーン、大豆、小麦などの農産品に関連する先物が上場しています。また、ICE（Intercontinental Exchange）では粗糖、コーヒー、ココア、綿花、オレンジジュースなど、ソフトと呼ばれる農産品先物が取引されています。

　特にコーンなど主に家畜の飼料として使用される農産品は、米国の先物市場で最も古くから取引されている歴史のある先物の1つです。これらの先物市場には、農家、流通業者、農産品輸入国の加工メーカー、ファンド、機関投資家、個人投資家など、幅広い層がヘッジや投資の手段として参加しています。

　地域的な視点では、ブラジルやアルゼンチンなどの農産品生産者や関連する流通業者も、米国の農産品先物を基準として取引に参加しています。また、農産品の輸入大国である中国も、輸入価格を米国の先物価格を参考にして決定しています。そのため、米国の農産品マーケットには米国だけではなく、他の農業国や消費国の人々も広く参加しています。

　飼料用コーンを輸入する場合、購買契約は実際にCBOTのコーン先物価格を組み込み、購入価格がXX月限コーン先物価格＋αセントのような契約になっているケースが多いです。契約に先物価格を組み込むメ

リットは、購入者、輸出者ともに自分の好きなタイミングで先物価格部分の値段を決めることができる点にあります。

　購入者は先物が安くなってきたタイミングで先物を買い、輸出者は逆に先物が高くなった時点で先物を売ります。そして、購入者は契約上の品物を受け取るタイミングで、輸出者と同時に反対売買を行うことで先物ポジションを清算します。その清算価格＋αセントが契約上の価格となりますが、この価格と反対売買を行ったときに発生した損益の金額をあわせることで、両者ともに自らが決めた先物価格の水準で取引したことと同じ経済効果を得ることができます。

　また購入者や輸出者だけではなく、米国の農家の人たちも先物を利用しています。毎年春になると農家は作物を植えますが、同じような気候で育つコーンと大豆は同じ場所に植えることができます。そこでコーンと大豆の先物マーケットを観察し、より高いほうの作物を植えるという戦略をとることができます。

　同じ面積に対する収穫量はコーンと大豆では異なるので、その分を考慮してどちらが割高かを見極めます。割高な作物を植えると同時に、先物市場でそれに対する作物の先物を売り、安いほうを買うというヘッジを行います。限月は収穫時期後に当たる11、12月限などを使用することが多いです。この取引によって、割高な作物価格の優位性がロックされたことになります。

　簡単のため大豆が割高、コーンが割安として、農家のポジションを考えると、大豆先物のショートと作付けした大豆のロング（現物のロング）、コーン先物のロングの3つのポジションになります。これらをあわせて考えると、大豆現物と大豆先物は最終的には相殺されると考えれば、コーン先物のロングのポジションになっています。

　収穫期までコーン先物を観察し、その価格が上昇したときにコーン先物を反対売買します。大豆現物が収穫できた後は、流通業者（エレベーターと呼ばれています）にそれを売却すると同時に大豆先物のショートを反対売買で手仕舞いします。流通業者は毎日、先物価格からαセント

（流通業者のマージン）を差し引いた価格で買値を提示していますので、先物の反対売買価格と整合性のある価格で作物を売却できます。

　このように農産品市場では、CBOTやICEの先物契約をもとに売買契約や輸入契約を結ぶことが一般的です。これにより、流通業者や消費者は、それぞれのタイミングで価格を固定し、価格変動リスクを回避することができます。また、生産者である農家も、先物取引を活用することで、収穫前に作物の販売価格を確保し、安定的な経営を維持することができます。このように、先物取引は、農産物の生産から消費までのサプライチェーン全体において、価格変動リスクを管理し、効率的な取引を促進する重要な役割を果たしています。

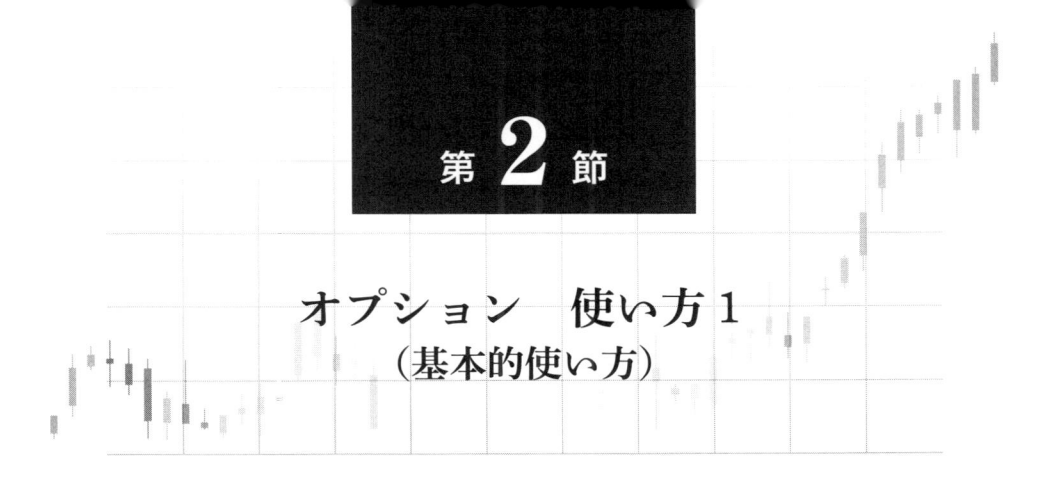

第2節

オプション　使い方1
（基本的使い方）

(1)　日経平均株価オプション

　はじめに日経平均株価指数オプション（以下、日経オプション）の概略を説明します。ここでは「オプション」とは、市場がどのような動きをしても、一方的に有利な選択が行える権利と理解します。

　最低限押さえるべき点は、

① 　権利の種類

② 　行使価格

③ 　満期日

④ 　オプション価格（オプション・プレミアム）

⑤ 　売買の種類

の5点です。

① 権利の種類

　コール、プットの2種類あります。コールは買う権利、プットは売る権利と訳されています。はじめのうちは、コールは上昇（ブル）、プットは下落（ベア）と読み替えてもよいと思います。

　コールオプションは、行使価格と呼ばれる、あらかじめ決められた価格で日経平均を購入することができる権利です。日経平均が行使価格を超えて上昇したときに、その市場価格よりも安く買える一方的に有利な権利です。また日経平均が下落した場合は買わないという選択ができます。

　行使価格が35,000円のコールオプションを保有している人は市場が40,000

円のときに35,000円で購入できます。逆に30,000円まで下落した場合は35,000円で買わないという選択をして、市場価格の30,000円で買えば損失を出さないですみます。

プットオプションは行使価格で日経平均を売却することができる権利です。行使価格が35,000円のプットオプションを保有している人は市場が30,000円のときに35,000円で売却できます。逆に40,000円まで上昇した場合は35,000円で売らない選択をして、市場価格の40,000円で売れば損失を出さないですみます。

② 行使価格

行使価格は上で述べたように、権利に付随する、あらかじめ決められた、買うことができる、または売ることができる価格です。実際には取引所がさまざまな行使価格を用意しています。日経平均が38,000円のとき、取引所は45,000円から24,000円まで125円〜1,000円刻みでの行使価格を用意しています。投資家は45,000円の行使価格のコールオプションや45,000円のプットオプションを保有することができます。

③ 満 期 日

オプションの満期日とは、取引の効力がある期間の最終日のことです。最終日に権利を行使するかしないか決めなければなりませんが、日経オプションの場合、権利の行使は第1節(2)で説明したSQ値をもって自動で判定され、現金で決済されます。権利なので自動的に判定されるのはやや違和感をもつかもしれませんが、SQ値を基準に、オプションを保有する人が必ず有利になる判定なので、権利を正しく行使したのと同じ効果になります。

現金での決済金額は、行使価格とSQ値の差額で決まります。①で説明した行使価格35,000円のコールオプションを保有している場合を考えてみましょう。たとえばSQ値が40,000円に決定した場合、コールオプション保有者は行使価格である35,000円で買うことができます。そこで、35,000円で買い、それをすぐにSQ値である40,000円で売ることで利益を得ることができます。この差額5,000円を受け取るという仕組みです。一方、SQ値が35,000円以下の場合は、権利を行使すると損失になるため、権利を放棄し、決済金

額はゼロとなります。これらのプロセスは取引所が自動的に行います。

　取引所にはいくつもの満期日のオプションが上場しています。そのうち 3、6、9、12月第2金曜日に満期日になるオプションが、最も流動性が高いものとなります。特に12月満期日のオプションは5年前から上場しているため、建玉が他に比べ多いのが特徴です。これら4つはメジャーコントラクトとも呼ばれています。残りの月、1、2、4、5月……などの月のオプションはシリアルコントラクトと呼ばれています。メジャーに比べやや流動性が低い傾向にあります。また、個人投資家向けにミニオプションも上場しています。通常のオプションに比べて金額が10分の1サイズであり、比較的少ない資金でも取引できるのが特徴です。

④　**オプション価格（オプション・プレミアム）**

　オプションの保有者は一方的に有利な立場になるので、オプション自体に価値があります。その価値をオプション価格、オプション・プレミアム、あるいは単にプレミアムといいます。

　オプションの価値は市場環境によって刻々と変化します。それゆえオプション市場でも先物と同様に売買が活発に行われています。

⑤　**売買の種類**

　オプションを買う（ロング）または売る（ショート）となります。

　オプションを買った人は、オプション価格分の金額を支払い、その対価として権利を行使することができます。このポジションをとる取引者はオプションのバイヤーまたはオプションホルダーと呼ばれます。

　オプションを売った人はオプション価格分の金額を受け取り、権利を行使される側になります。市場環境によっては履行義務が発生する場合があります。このポジションをとる取引者はオプションのセラーまたはライターと呼ばれます。

オプション例

　取引所は異なる満期、異なる行使価格、そして2種類の権利であるコール、プットの組合せでいくつものオプションを用意しています。例をあげて

みていきましょう。

① 満期日：2023年12月8日

② 権利の種類：コール

③ 行使価格：34,000円

④ オプション価格：150円

⑤ 売買の種類：買い

　このオプションは2023年12月8日まで有効です。コールオプションは日経平均を行使価格で買うことができる権利であり、平たくいえば相場上昇（ブル）を見込むものなので、日経平均が上昇すると有利になります。どの程度有利になるかの基準となるのが、行使価格の34,000円です。日経平均が上昇して34,000円を超えると利益が発生します。その利益は、日経平均が34,000円をどれだけ超えているかによって決まります。たとえば、日経平均が35,000円になれば、$35,000円 - 34,000円 = 1,000円$の利益となります。

　この権利が必要な場合、取引所にて購入します。その価格がオプション価格の150円になります。またこの利益はだれのものになるかは、売買の種類で決まります。この例では買いなので、利益を得る権利を保有しています。

① 満期日：2023年12月8日

② 権利の種類：プット

③ 行使価格：30,000円

④ オプション価格：50円

⑤ 売買の種類：売り

　このオプションも2023年12月8日まで有効です。プットオプションは行使価格で売る権利で下落（ベア）を見込むものなので、日経平均が下落すると有利になります。どの程度有利になるかの基準となるのが、行使価格の30,000円です。日経平均が下落して30,000円を下回ると利益が発生します。その利益は、日経平均が30,000円をどれだけ下回っているかによって決まります。たとえば、日経平均が29,000円になれば、$30,000円 - 29,000円 = 1,000円$の利益となります。また、この取引例では、売買の種類は売りなので、利益分を支払う義務があります。その対価としてオプション価格50円を

受け取ります。

権利の種類と売買の種類

　上の2つの例でみたように、コールやプットが有利かどうかは日経平均の上下で決まり、売買の種類によってその利益を得る側になるか、支払う側なのかが決まります。具体的には、コールの買い、コールの売り、プットの買い、プットの売りの4つの組合せがあり、それぞれ市場の動きに応じて有利か不利かが変わります。

　日経平均が上昇したとき、有利に働くのはコールの買いとプットの売りです（図表1-2-1）。コールオプションは、行使価格で日経平均を買う権利です。日経平均が上昇すると、この権利を保有している投資家にとって有利になります。

　一方、プットオプションは行使価格で日経平均を売る権利です。このプットオプションを売った投資家は、相手から権利を行使される可能性があります。しかし、日経平均が上昇すると、相手の権利保有者は権利行使して売るよりも市場で直接売ったほうが有利になる可能性が高まります。結果として、プットオプションを売った投資家には、支払義務は発生せず、オプション価格分の受取りだけになり、有利に働きます。

　同様に日経平均が下落したとき有利に働くのはコールの売りとプットの買

図表1-2-1　オプション特性表
（日経平均上昇時）

	買い	売り
コール	有利	不利
プット	不利	有利

図表1-2-2　オプション特性表
（日経平均下落時）

	買い	売り
コール	不利	有利
プット	有利	不利

いになります（図表1－2－2）。

　このようにオプションの場合は、コール・プットと売買の組合せが4通り
あり、はじめは混乱するかもしれません。しかし、後述するシミュレーター
で慣れると先物と同じような感覚で取引ができるようになります。

(2)　オプションの状態

　オプションの状態には3種類あります。アウトオブザマネー（Out of the
Money：OTM）、アットザマネー（At the Money：ATM）、インザマネー（In
the Money：ITM）です。行使価格と原資産価格を比較し、現時点が満期日
と仮定したときに権利義務が発生する状態をITMと呼びます。ATMは原資
産価格と行使価格が等しい状態のことを指します。もっともATMに関して
は、ほかにもいろいろ定義があり、第4節で再び説明します。また、
ITM、ATM以外の状態はOTMと呼びます。

　コールオプションでは行使価格が原資産価格より低い場合ITM、行使価
格と原資産価格が同じ場合ATM、行使価格が原資産価格よりも高い場合は
OTMになります。

(3)　オプションのペイオフ

　先に説明したように、日経オプションは、満期日にSQ値を基準として、
権利行使が自動的に行われます。このSQ値に基づいて決定される最終的な
清算金額のことを、オプションのペイオフと呼びます。例えば「30,000円
コールの買い」のペイオフは、SQ値が30,000円以下ならば清算金額はゼ
ロ、32,000円なら、清算金額は2,000円の受取りという対応のことです。こ
の例のSQ値と清算金額の対応をグラフにすると、図表1－2－3のように
なります。

　もっとも、一般的にペイオフは、最初に支払った（オプション売りの場合
は受け取った）オプション・プレミアム分を考慮してつくられるケースが多

いです。「30,000円コールの買い」の場合は、プレミアムが150円と仮定すると、図表1－2－4のようなペイオフになります。

　グラフの縦軸は清算金額ではなくプレミアム分のやりとりを含めたトータルの損益とします。SQ値が30,000円以下の場合、権利を放棄し清算金額はゼロになりますので、オプションを購入するときに支払った150円分だけ損失となります。

　以後、オプションのペイオフを考える場合は、トータルの損益を考慮したグラフを考えます。オプションの戦略を考える場合、トータルの損益を使う

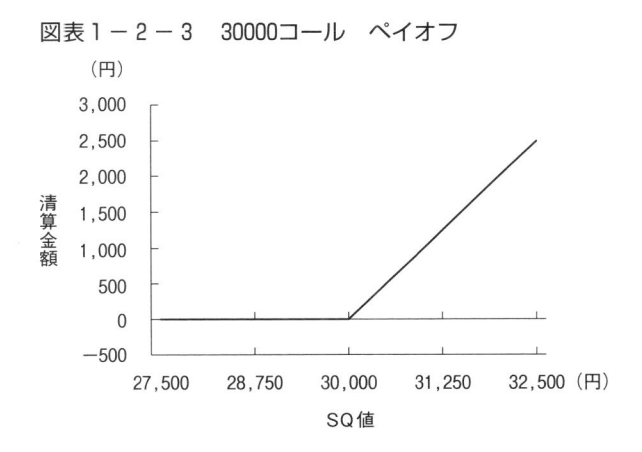

図表1－2－3　30000コール　ペイオフ

図表1－2－4　30000コール　ペイオフ

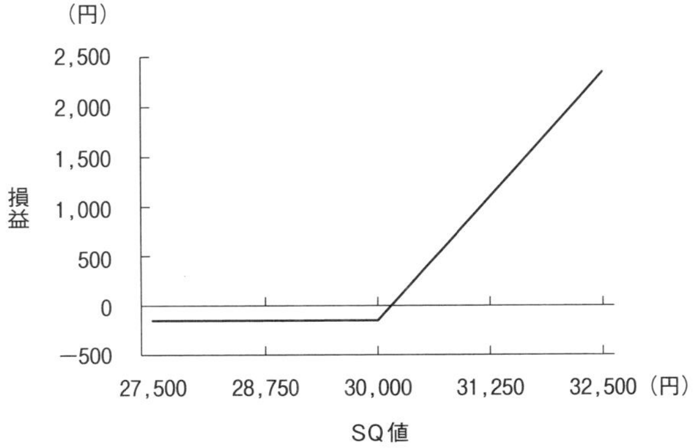

図表1－2－5　30,000先物　ペイオフ

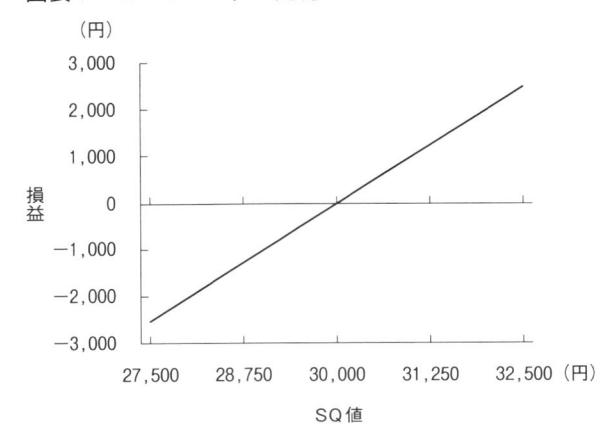

ことで、とるリスクと得られるリターンのバランスをみることができるためです。

　またこのグラフからSQ値がある数値よりも上ならば利益、それよりも下ならば損失ということがわかります。具体的な数値は、プレミアムとして支払う150円分をカバーできる30,150円となります。このように、オプションのトータルの損益がちょうどプラスマイナスゼロになる値を損益分岐点と呼びます。

　損益分岐点を確認することで、オプション戦略が成功する度合いをみることができます。損益分岐点が現在価格よりもかなり離れている場合は、実現する確率は低くなります。そのため損益分岐点が合理的な価格になっているかを十分検討する必要があります。

　またオプションを複数組み合わせる場合、それらを合成したペイオフのグラフを考えることが重要になります。合成したペイオフは、最終的な損益とSQ値の関係がはっきりとわかるので、オプションの組合せ方や行使価格の選択の手がかりになります。後述する(6)ストラテジー取引では、合成したペイオフを用いて戦略を考えます。

　また先物についてのペイオフを考えることができます。第1節(2)で述べたように日経先物も満期日にSQ値により清算されます。たとえば30,000円で

買った先物のペイオフについて、SQ値が30,000なら損益はゼロ、SQ値が35,000なら損益は5,000といったようにグラフが描けます（図表1－2－5）。またオプションとは異なりプレミアムの受払いはないことに注意します。

(4) オプション・シミュレーター　BASIC

後に説明する(5)単体取引や(6)ストラテジー取引において、さまざまなオプション取引例（オプショントレード戦略）を紹介します。その際、付録のシミュレーターを使って実際に取引を試し、損益を体感してみましょう。オプションは最終的には満期日のSQ値によって損益が確定しますが、満期日まで市場変動や時間の経過とともにその時価が刻々と変化します。実際に取引すると、時価評価の変化で、証拠金不足が起こることや、取引に対する心理的な影響も出てきます。

シミュレーターでは、オプション取引を体感するため少し単純化し、オプションの原資産を日経先物としています。実際のオプション取引の原資産は日経先物ではなく、指数そのものであるため、厳密には金利と配当分の考慮が必要となりますが、第3節(3)で説明するように、満期日が同じ先物価格を参照する方法もあるので、問題はないでしょう。

シミュレーターの使い方を説明します。出版社サイトからダウンロードしてきたZIPファイルを解凍し、フォルダー「OptionSimulator」をクリックします。

図表1－2－6のファイル群があるので、そのなかから index.html というファイルをブラウザーで開きます（ダブルクリック）。

その後、図表1－2－7のように、4種類のシミュレーターの選択が出てきますが、はじめは 「BASIC」を選択し図表1－2－8へ進みます。

「BASIC」ではシナリオが7つ用意されていて、これらは、後で説明するオプション単体でのさまざまな取引にあわせたものになっています。ここではシミュレーターの使い方を学習しますので、シナリオ1を選択し、

図表1−2−6　フォルダー「OptionSimulator」ファイル群

名前	更新日時	種類	サイズ
.vscode	2024/08/29 7:41	ファイル フォルダー	
json	2024/08/29 7:41	ファイル フォルダー	
src	2024/09/13 11:46	ファイル フォルダー	
tmp	2024/09/13 11:35	ファイル フォルダー	
index.html	2024/09/13 11:10	Chrome HTML Do...	2 KB
simulatorBASIC.html	2024/09/11 11:23	Chrome HTML Do...	25 KB
simulatorPRO.html	2024/08/29 8:42	Chrome HTML Do...	26 KB
simulatorSABR.html	2024/09/14 14:06	Chrome HTML Do...	19 KB
simulatorSTRATEGY.html	2024/08/07 10:39	Chrome HTML Do...	25 KB

図表1−2−7　OPTION SIMULA-
TORのINDEX

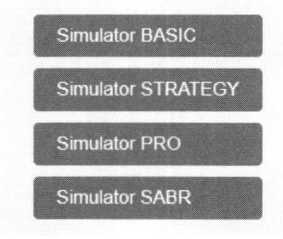

「Start」ボタンを押してください。

　その後、図表1−2−9の画面が出てきます。ここでは主に丸で囲ってある部分を中心に使います。左側上部①では、「単体コール」とシナリオのテーマが表示されます。また残りの取引回数や、本日の日付、時間なども表示されています。左側下部②では現在の先物価格と前日比と市場環境についての情報が表示されます。

　まずオプションをトレードしてみましょう。31,000円コール（以下、31000Cなどと略します）を50枚買う取引を例にあげ、説明します。取引に

図表1-2-8　OPTION SIMULATOR-BASICシナリオ群

図表1-2-9　OPTION SIMULATOR-BASICシナリオ1

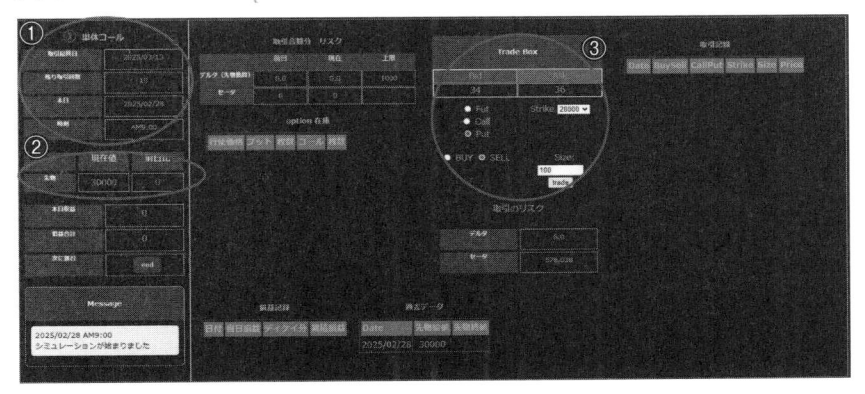

図表1−2−10　OPTION SIMULA-
　　　　　　TOR-BASICシナリオ1
　　　　　　のTRADE BOX

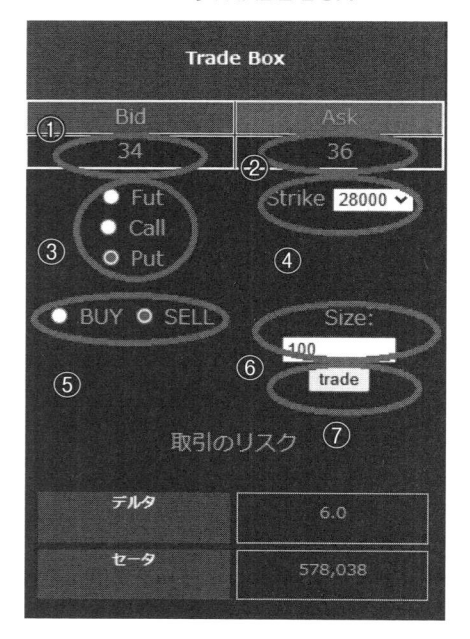

は、右側の③「Trade Box」を使用します。

　図表1−2−10は「Trade Box」を拡大したものです。

● 　①②　それぞれ取引所が提示する買値、売値になっています。

● 　③　Fut（先物）、Call（コール）、Put（プット）から選択します。

● 　④　Call、Putのときの行使価格を選択します。

● 　⑤　売買の選択です。

● 　⑥　取引する枚数で直接入力します。

● 　⑦　取引を実行するボタンです。

　ここでは③でCallを選択し、④で31000、⑤で BUYを選択します。また⑥
で50と数値を直接入力してください。

　正しく選択できていれば、図表1−2−11のようになっているはずです。

図表1−2−11　OPTION SIMULATOR-BASIC
シナリオ1 TRADE BOXへの入力

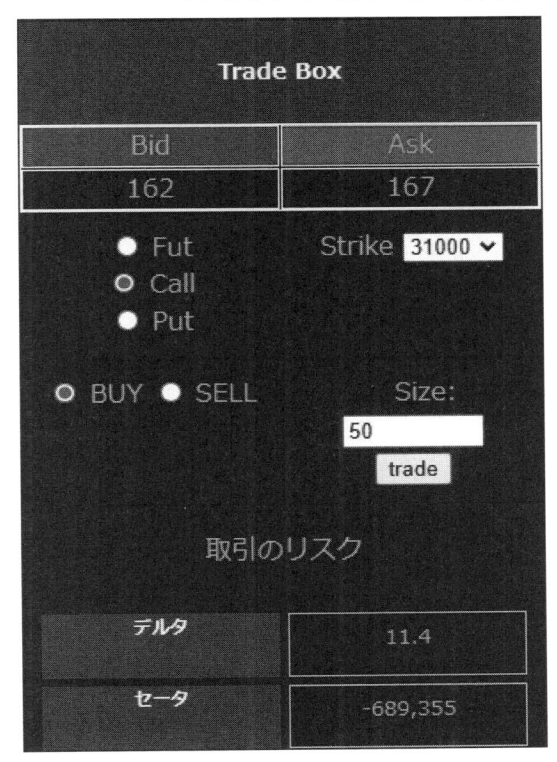

ここで、図表1−2−10の⑦の［trade］ボタンを押し、このオプションを取引してください。

　図表1−2−12にあるように、画面左下の「Message」に取引内容が表示されると、無事に取引が完了したことになります。「Message」には、このほか当日の損益やSQ値などの情報も表示されます。この続きは次のオプションの取引戦略の説明とともに行います。

図表1－2－12　OPTION SIMULATOR-BA-
SICシナリオ1の取引開始

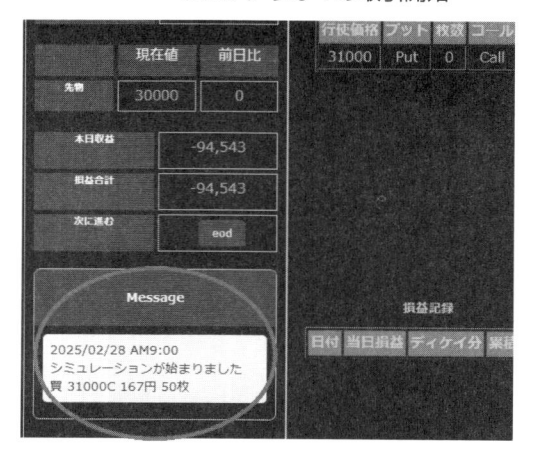

(5)　単体取引

単体コール買い

　単体コール買い戦略はコールオプションを単純に買う戦略です。ネイキッドコールロングとも呼ばれます。原資産や他のオプションをもたず、単独でオプションを使用する場合、ネイキッドオプションと呼ばれます。

　相場見通しを強気でみている場合、かつ損失を限定したい場合に使います。オプションを購入する戦略では、満期日にSQ値が行使価格を超えていなければ、受取金額はゼロになるので、行使価格と支払うプレミアムのバランスをみる必要があります。

　オプション・シュミレーター・シナリオ1「単体コール」の初日の市場環境（先物現在価格30,000円など）において、いくつかの行使価格のコールオプションのペイオフを重ねたものが図表1－2－13になります。

　30000Cは、先物現在価格が30,000円であることから、行使される確率が十分なため、対価のプレミアムも大きくなります。シナリオ1ではプレミアムは522円となるので、利益を得るためにはSQ値は30,522円よりも上昇する

図表1－2－13　コールオプション

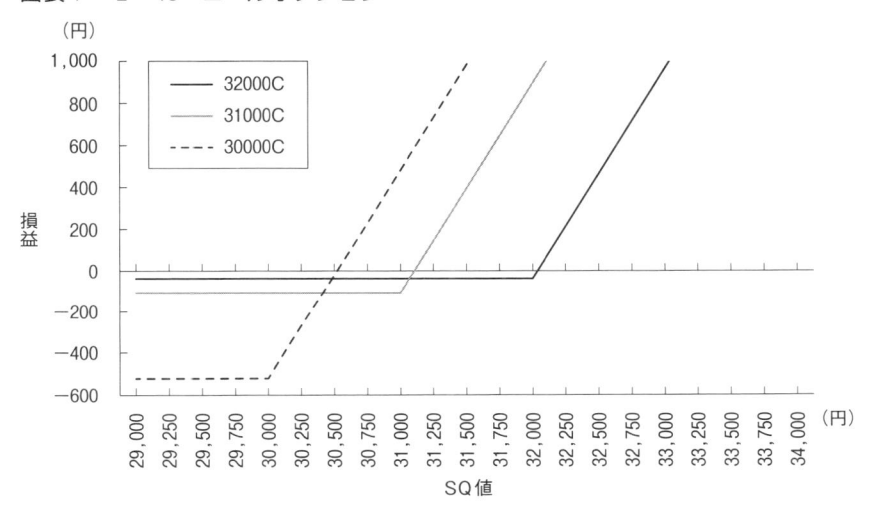

必要があります。また、30000Cのペイオフのグラフをみると30,522円で買った先物のペイオフに近いことがわかります。行使価格が低くなれば、ペイオフは先物に近くなっていき、オプション特有の一方的有利さが失われていくことになります。

　一方、32000Cについては、行使価格が現在の先物価格から非常に離れており、行使する確率は低いので、その分プレミアムは小さくなっています。利益の出るチャンスはあまりないオプションといえます。

　日経先物がどの程度上昇するのかある程度見通しをもっていると、行使価格の選択がやさしくなります。たとえば、あるニュースで先物価格が急落し、その後そのニュースが市場に十分織り込まれた場合を考えます。このとき、先物価格が急落前の水準に戻るという見通しがあるケースなどが該当します。そのケースでは行使価格をもとの水準よりもやや下に設定し、急落前の水準と行使価格の差を利益とする戦略です（逆張り）。また相場が上昇トレンドとなり、これまでの上昇ペースを考慮して、行使価格を決めるといった戦略もとることができます（順張り）。

　相場の見通しとオプション戦略の例を以下のように設定し、マーケットの

日々の変動によって、この取引の損益がどのように変化するかをシミュレーターで体験してみましょう。

> 市場見通し：日経平均現在価格30,000円。日経平均は10日後には31,000
> 　　　　　　円を超えて上昇する見通し。
> オプション戦略：31000C（行使価格31000コール）買い。

　31000Cは、ペイオフを確認すると31,167円から利益の出るコールオプションとなります。また見通しが間違っていた場合の損失も30000Cと比較すればそこまで大きくないので、上の見通しであればバランスがとれた選択といえます。

　はじめに、先の(4)で述べたのと同様に31000Cを167円で買います。シミュレーターをリセットして最初から始めるには、ブラウザーの更新ボタンをクリックしてください。今度は損益がわかりやすいように購入枚数を100枚とします。

　取引履歴は図表1－2－14の右側の④「取引記録」に随時記録されます。ここで自分の取引をすべて確認することができます。また中央⑤の「option在庫」でも、31000Cを100枚保有していることを確認することができます。ここでは行使価格別にコール・プットのそれぞれの合計枚数が（ショートの

図表1－2－14　31000Cを100枚購入

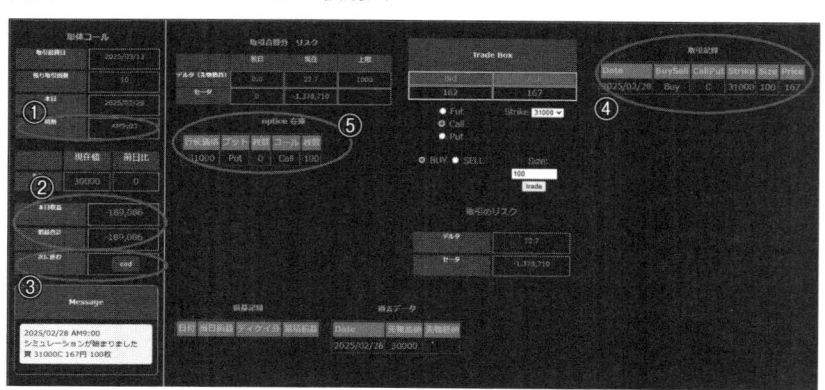

場合はマイナス(欠きで）在庫として表示されます。

　現在時刻は左側上部①の時刻で確認できます。取引できる時間は「BA-SIC」シミュレーターでは午前９時の１回となっています。また取引できる価格も始値（このシミュレーターでは前日終値に等しくなります）のみです。なお、シミュレーター「PRO」からは朝と夕方の２回可能になっていて、取引できる価格は始値と終値になります。

　左側②「本日収益」と「損益合計」には−189,086とあります。「本日収益」は本日午前９時時点から市場の終了する午後３時までの市場変化による時価の変化の金額となります。時価は本日行った取引も含め、これまでの既存の取引すべてが計算されます。

　現在はいま行った取引しかないため、「本日収益」はその時価評価になります。取引後すぐにマイナスになるのはBid Askスプレッドがあるためです。時価評価を行うための評価値はこのBidとAskの値の平均値で行います。そのため取引直後はその差額分が時価評価上、損失となります。なお実際の個人向けの先物やオプションでは、反対売買を前提に、買いの場合はBid値、売りの場合はAsk値で評価され、このシステムよりも厳しい時価評価になっている場合が多いです。

　「損益合計」は日々の「本日収益」の累積額です。その時点で、すべての在庫を反対売買すれば「損益合計」（Bid Askスプレッド分を除く）が損益として確定します。

　無事取引が完了したのを確認できたら、本日の取引終了時間（引け）まで時間を進めます。時間を進めるには図表１−２−14の左側③「次に進む」の［eod］と表示されているボタンを押します。

　図表１−２−15のように、2025年２月28日の午後３時のマーケットの終了時点まで時間が経過しました。先物は午前９時のトレードした時点の30,000円から30,100円と100円値上りしています。ここで確認しておきたいことは「本日損益」の下にある2,244,304円です。これは朝取引したオプションから発生する本日の時価評価の上昇分です。朝取引した時点では時価評価はBid Askスプレッド分マイナスでした。先物が100円上昇したことでコールオプ

図表 1 − 2 −15　当日取引終了時の状況

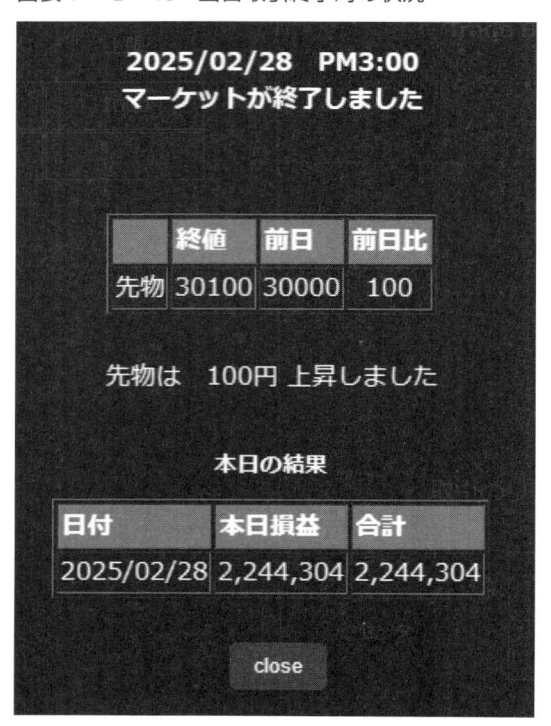

図表 1 − 2 −16　当日午後 3 時（取引終了時）の画面

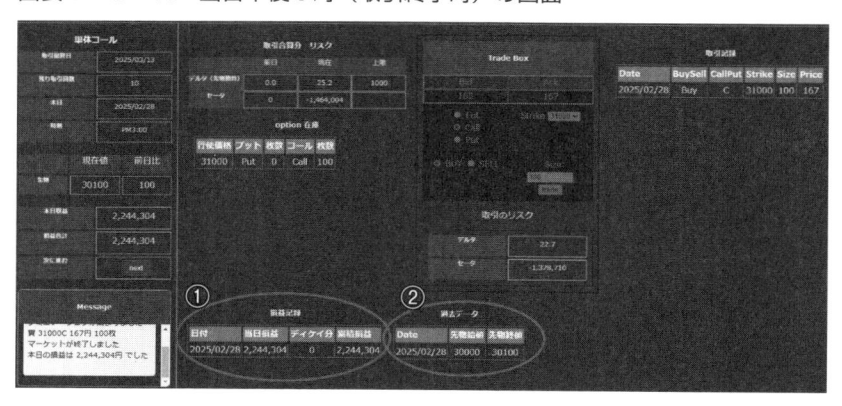

図表 1 － 2 －17　翌営業日の画面

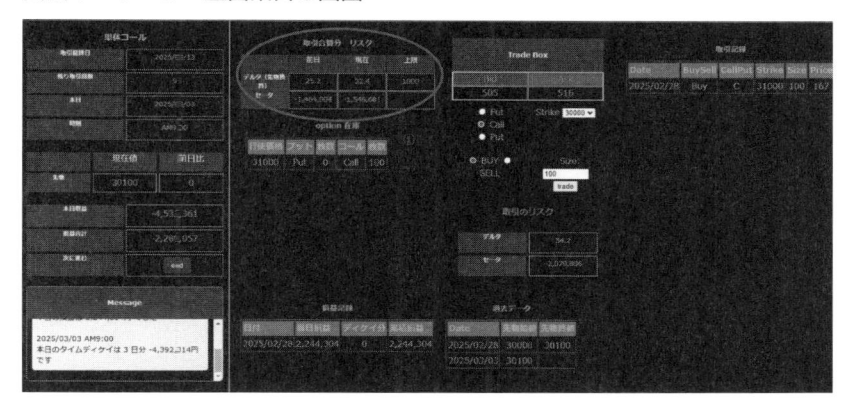

ションの価格も上昇し時価評価が上昇しました。先物価格の変化と「本日損益」の数値を確認したら、下にある［close］ボタンを押し次の画面に移ります。

　図表 1 － 2 －16は同日の午後 3 時時点の画面です。中央下部の①では本日の損益と本日までの累積損益が記録されています。②では先物の当日の変化も記録されています。

　翌日に時間を進めます。「次に進む」の［next］ボタンを押して図表 1 － 2 －17に進んでください。

　日時が2025年 3 月 3 日、午前 9 時になりました。「損益合計」を「損益記録」と比較して確認すると昨日終了時点＋約200万円からだいぶ減って逆に－約200万円になっています。また先物価格は昨日の30,100円から変化はありませんが、「本日収益」では、－約450万円と表示されています。これはオプション特有のタイムディケイと呼ばれるもののためで、時間の経過だけでオプションの価値が下がってしまう現象です。「Message」には具体的にタイムディケイは 3 日分4,392,014円と表示されています。

　タイムディケイはオプションのグリークスのうちの 1 つで、詳しくは第 4 節で説明します。図表 1 － 2 －17の中央にセータというコラムがありますが、これが現在保有しているオプションの時間経過により失われる 1 日分の

図表1−2−18　2025年3月10日の画面

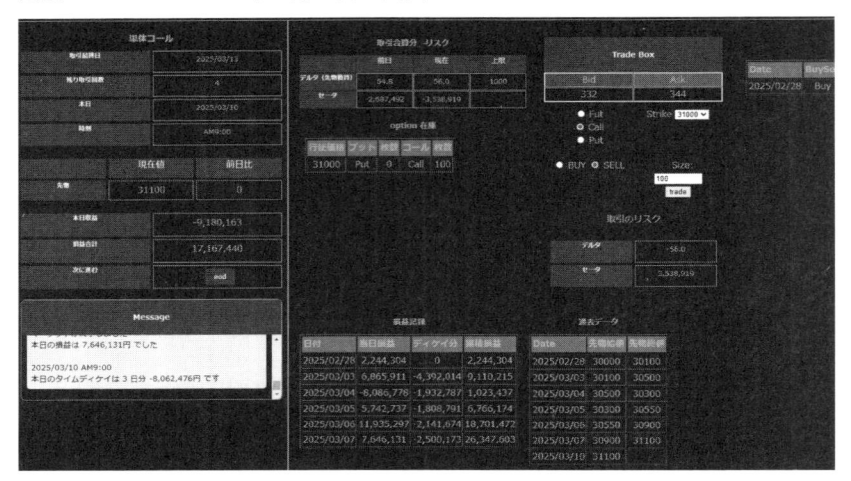

金額です。2025/2/28から翌営業日までは休日をはさんでいるため3日が一気に経過してしまいます。そのためこのような金額の損益が朝時点で出てしまいます。こうしたことは、オプションのペイオフだけをみていてもなかなかわからないことなので、実際に体験することが重要です。

　ここではセータを気にせず、このまま進みます。図表1−2−14で説明したように［eod］ボタンを押し、3月3日マーケット終了の午後3時に進みます。この日の市場変化、損益等を確認すると、先物は400円上昇、「本日損益」は約700万円、「損益合計」は約900万円になっています。先物の大きな上昇で、朝時点の損失約400万円をカバーし、さらに利益を伸ばしたことになります。

　同様に、［eod］ボタンで日時を3月10日の午前9時まで進めてください。先物は予想どおり31,000円を超え、損益合計は約1,700万円になりました（図表1−2−18）。

　ここでオプション満期日までの「残り取引回数」を確認するとあと4回となっています。「損益合計」は約1,710万円、オプションの単価ベースにすると、約171円分の利益が出ています。つまりはじめのオプション構築コスト

図表1－2－19　反対売買で利益を確定

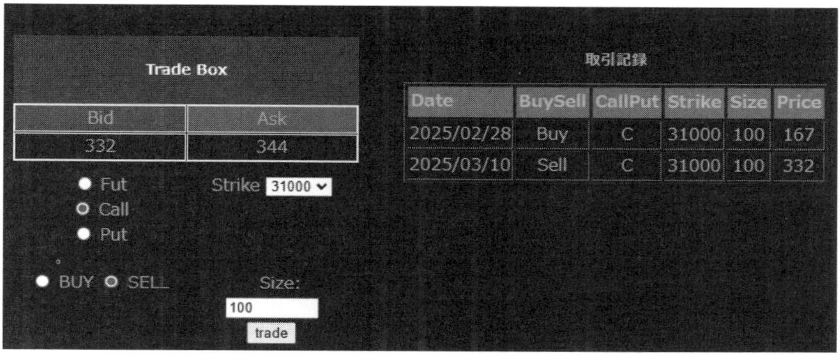

167円が約2倍になったということです。これで十分だと思えば再び「Trade Box」で反対売買を行うことで利益を確保できます。

　再び31000Cのペイオフを思い出してください。31,167円よりSQ値が上ならばはじめて利益となるものでした。現在先物価格は31,100円とほぼ損益分岐点あたりです。それにもかかわらず約1,700万円の利益が確保できると考えれば、ここで利益を確定する選択もマーケットの状況次第でありえます。

　もし利益を確定したい場合は図表1－2－19のように「Trade Box」でコール、行使価格、売り、100枚を選択し、[trade]　ボタンを押します。「取引記録」では332円で売却できたことが確認できます。「option在庫」でも、現在何も保有していないことを確認できます。

　また「取引記録」から、結果的に167円で購入し332円で売却したので差額165円、実額1,650万円の利益が確定していることが読み取れます。この数値は時価評価の累積である「損益合計」と一致していることも確認できます。

　オプションを売却しなかったとし、さらに日時を進め3月13日午前9時にします。図表1－2－20にあるように先物価格は予想どおり31,000円を超え31,200円になりました。「損益合計」は1,000万円弱になっています。ここで「Message」にあるように、オプションの満期は翌日となり、本日が取引最終日となります。つまり、明日以降はこのオプションの取引はできないということです。このままオプションを保有し続けると、明日の朝のSQ値でオ

図表1－2－20　2025年3月13日取引開始時の画面

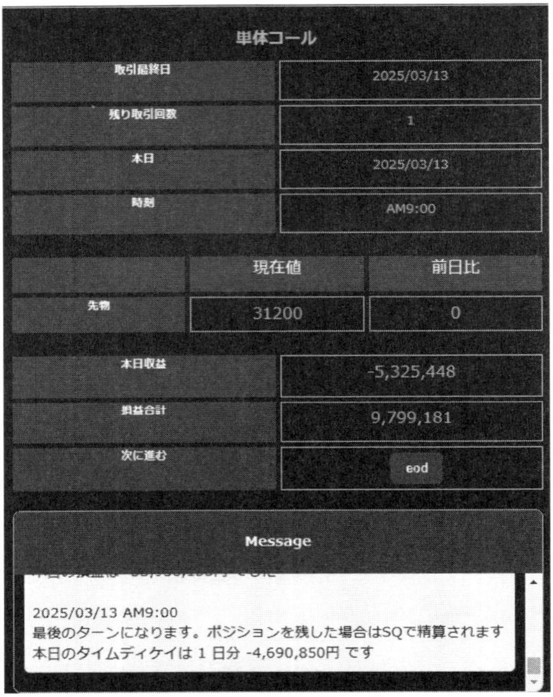

プションは差金決済されます。SQ値は当日の市場始値で決定されるため、現時点での具体的な金額は予測できません。31,200円を上回る可能性もあれば、下回る可能性もあります。

　損益分岐点である31,167円より上であれば、利益は確保できますが、いま現在の1,000万円弱の利益を確保できるかどうかはわかりません。また31,000円を下回った場合、当初のコストである1,670万円が損失となります。したがってSQ直前に利益確保する取引をするかどうかも考慮する必要があります。

　実際の取引では、このように時価評価をしているがゆえに、いろいろな選択肢が現れる場面があります。こうした状況に直面するたびに、トレーダーはむずかしい判断を迫られます。そのために、あらかじめいくつかのシナリ

図表 1 − 2 −21　2025年 3 月13日取引終了時の画面

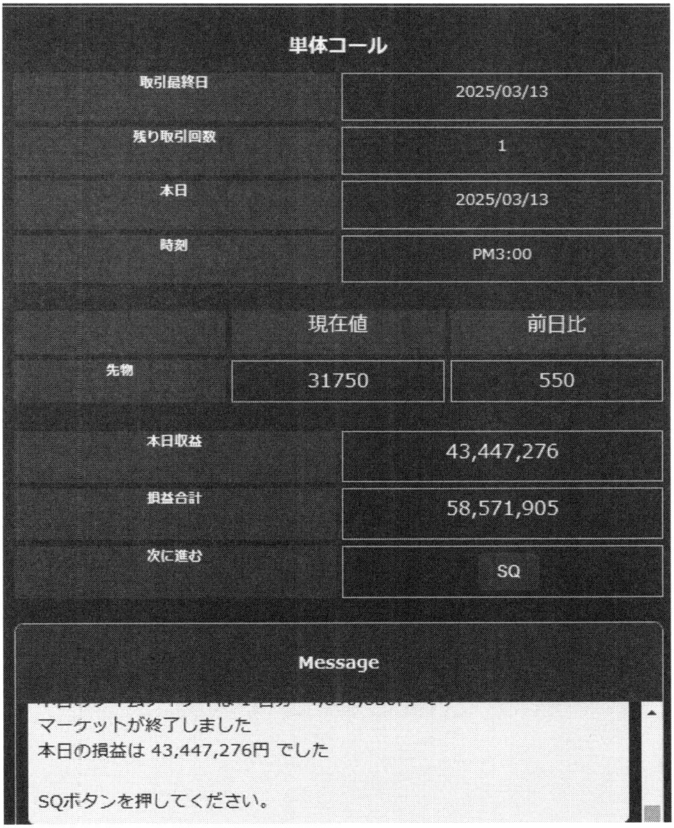

オを立て、選択肢が現れた場合の心構えをしておくことも重要です。

　このままさらに進めていくと図表 1 − 2 −21のように、 3 月13日の終値は550円高の31,750円となります。

　利益はだいぶ伸びましたが、シミュレーター「BASIC」では夕方の取引はできません（「PRO」はできます）ので、「次に進む」の［SQ］ボタンを押します。翌日の朝になりSQ値が32,000円に確定します。さらに［END］ボタンを押すと図表 1 − 2 −22のように結果が表示され、シミュレーターは終了します。

図表 1 － 2 －22　シミュレーター終了画面

> **シミュレーター終了**
>
> SQ(特別精算数値): **32000**
>
> 前日終値: **31750**
>
> SQは前日終値より高く決定しました
>
> 損益の合計: **83,300,000**
>
> お疲れ様でした
>
> close

　マーケットが予測と異なった場合、どのようなことになるのでしょうか。こちらもシミュレーターで体験してみることができます。ブラウザーの更新ボタンをクリックしシミュレーターをリセットしてください。シナリオ 2「単体コール 2 」を選択し先ほどと同様にコールオプションを購入します。

　相場は予想とは反対に下落基調となっています。日時を 2 日後の 3 月 4 日の午後 3 時まで進めると、先物は29,300円まで下落し、損益合計は約 －1,400万円になっています。はじめにオプションを購入し支払った金額は1,670万円なので、約80％を失ったことになります。

　ここで損失を確定するための反対売買を行うのも、心理的には厳しいものがあります。このように単体コール買いの戦略の成否は、相場の見通しの精度に強く依存する面があります。

ヘッジプット買い

　ヘッジプット買いはプロテクトプットともいいます。日経先物を保有している場合に、その先物に対応するプットオプションを購入する戦略です。この戦略は、日経先物が今後上昇すると予想される一方で、経済指標や中央銀

行の政策発表などに対して一時的にヘッジしたい場合に有効です。

> 市場見通し：日経先物現在価格31,000円。先物を数日前に30,000円で購
> 入ずみ。日経先物は10日後には32,000円を超えて上がる見
> 通し。一方1週間後に日本銀行の金融政策決定会合があ
> り、そこで金融引締めに転じる可能性がある。その場合に
> は先物は下落する可能性がある。
>
> オプション戦略：30500P（行使価格30500プット）買い。

　シナリオ3「ヘッジプット」を選択します。「取引記録」を確認すると、すでに先物を100枚30,000円で保有しています。現在のマーケットでは、先物は31,000円となって1,000円分の利益が「損益合計」になっています。もちろんここで利益確定することもできますが、さらにマーケットが上昇する予測なので、ここではこのポジションを保持し、決定会合のヘッジとして30500Pを100枚279円で購入します。

　はじめに、ヘッジプット戦略のペイオフをみてみましょう。先に述べた(3)「オプションのペイオフ」では、オプションと先物のそれぞれのペイオフを考えましたが、ここでは先物とプットオプションという2つの取引を同時に扱っています。そこでペイオフもこの2つを合成して考えます。満期日にSQ値が30,100円と仮定すると、先物の損益は＋100円、一方プットオプションの損益は＋400円からプレミアム分279円を差し引いた121円です。合計すれば＋221円となります。このようにそれぞれのSQ値に対応する先物のペイオフとプットオプションのペイオフを合計することで合成したペイオフをつくることができます（図表1－2－23）。

　このペイオフから、ヘッジプット戦略では最悪の場合221円確保（金額ベースで2,210万円）、31,279円でヘッジ前の含み益1,000円に回復するということがわかります。

　ここでシミュレーターに戻って、日時を3月7日午後3時まで進めると、先物は購入した価格30,000円を割り込み29,400円まで下落してしまいます。「損益合計」は約2,500万円となっていて、合成したペイオフの最悪のケース

図表1−2−23　ヘッジプット戦略のペイオフ

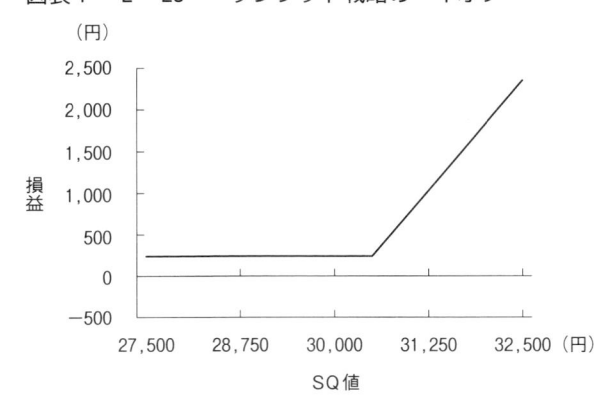

に近い金額になっています。したがって実際のトレーディングでは、このままポジションを保持する選択をするケースが多いと思われます。

　その後SQまで日時を進めると予想どおり、先物は32,000円まで回復し、結局約17,000,000円の利益となります。オプションの行使価格を30,500円に設定することで、はじめの含み益の一部をオプション料として使用し、最悪の場合でも利益を少し確保できるという安心感から、先物ロングを維持できることがメリットとなります。先物単体の場合、先物が29,400円まで下落した時点でロスカットする可能性も高いと思われます。安心感があることで、予想と相場が反対に動いても冷静に対処できることもトレーディングでは必要なことです。

　この戦略と単体コール戦略の違いは、相場の見通しが予想どおりとなった場合、満期近くのタイムディケイの金額が大きく異なる点にあります。コール買い戦略は、予想どおり上昇すると、先物価格と行使価格が近くなります。利益が出るか出ないかの確率が50％といったように不確実性が高まります。そのためオプションの価値が上がりますが、時間の経過でそれが急に失われることになります。

　一方ヘッジプット戦略では、見通しどおりに相場が上昇すると、ヘッジで購入したプットの行使価格と先物価格はどんどん離れていきます。ゆえにオ

プションとしての価値はなくなり、時間の経過による損失もなくなります。コール買い戦略とは異なり、SQ前にオプション部分の利益を確定させるかどうかの選択はほぼないことになります。これもトレーディング上ではメリットの1つになります。

カバードコール

カバードコールは、日経先物を保有している場合にその先物に対応するコールオプションを売却する戦略です。日経先物が今後しばらく横ばいか緩やかな上昇が続くと予想したときに有効な戦略です。この戦略では、オプション売却によるプレミアム収入を得られる一方、大幅な上昇時の利益が限定されるというトレードオフがあります。

> 市場見通し：日経先物現在価格30,000円。先物を数日前に30,000円で購
> 　　　　　　入ずみ。年末年始で参加者も少なく、経済指標もない。市
> 　　　　　　場は年明けまで閑散とし値動きも少なくなる見通し。
> オプション戦略：30750C売り。

シナリオ4「カバードコール」では、30,000円で購入した先物をすでに保有しています。先物の現在価格は30,000円となっていますので、やや離れた30750Cを239円で売却し、最終的にOTMになる予測でプレミアム分を利益とする戦略とします。

時刻を進めて1月7日午前9時にします。先物はスタート時点とほぼ変わらずの30,050円となっていますが、「損益合計」は2,300万円（単価ベース230円）と利益が伸びてきています。これは売却したコールの価値が年明けに一気に減少し、その分タイムディケイとして収益となったものです。実際「Trade Box」で確認すると、17円が売値になっています。年明けに新規のマネーがマーケットに流入し、一気に相場上昇という年もこれまでありました。そのようなアノマリーも考慮すれば、もともと239円で売却したオプションなので、ここで買い戻す選択も十分あります。

30750Cを売りましたが、行使価格が低い30000Cなどを売ることも考えら

図表 1 – 2 –24　OPTION SIMULATOR-BASICシナリオ 4 「取引合算分リスク」

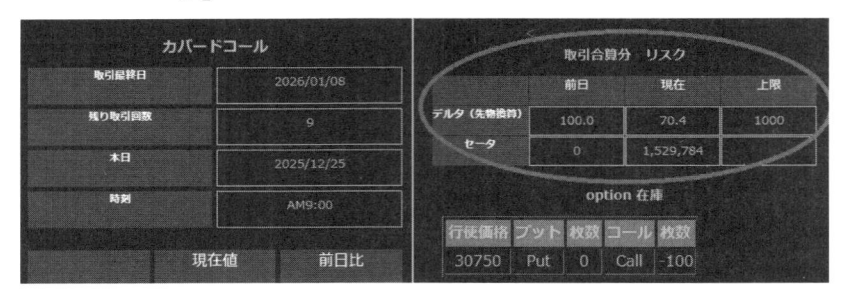

れます。ここで、12月25日時点のシミュレーターの中央上部にある「取引合算分リスク」をみてみます（図表 1 – 2 –24）。セータに関しては「単体コール買い」で簡単に説明しましたので、デルタ（先物換算）の現在値を確認します。この値は70.4となっていますが、前日の値100から30減少しています。コールを売却する前は、先物100枚保有していた分の100と一致していましたので、コールを売却することで、あたかも先物を30枚ほど売却したものと考えておきます。デルタとは、ここでは、オプションに内在する先物の性質をみえるかたちに変換したものと思っておきましょう。

このことをふまえ、シミュレーターをリセットし、30750Cのかわりに30000Cを売却します。今度は、このデルタ値は49になります。低い行使価格のコールを売ると、それだけ保有していた先物のリスクを減らしたようなかたちになります。

このようにカバードコール戦略では、低い行使価格のコールを売却するとヘッジとしての要素が高まり、高い行使価格のコールではプレミアムどりとしての性質が強くなります。そのため相場の見通しにあった行使価格を選択することも重要な要素になります。

米国のNASDAQに上場しているQYLDというETFはカバードコール戦略のETFです。NASDAQ100の現物を買い、 1 カ月満期のATM（アットザマネー）のコールを売却することで大きなプレミアムを得ています。常にATMを売却という戦略のため相場環境によってリターンが異なってきます。

ターゲットバイイング

　ターゲットバイイングの戦略は、今後日経先物を保有する予定があるが、先物の現在価格が予定よりも高く、自分のターゲット価格（買いたい価格）に届いていない場合に有効な戦略です。

　ターゲット価格に等しい行使価格のプットオプションを売却します。オプションがITM（インザマネー）で終わった場合には、新たに先物を買うことで、ターゲット価格かそれ以下で先物の購入ができます。またオプション売却のプレミアム収入も得られることが最大の特徴です。

　オプションがOTM（アウトオブザマネー）になった場合には、オプション売却のプレミアム収入のみ得られ、再びプットオプションを売却することで、繰り返し戦略を行うことができます。

> 市場見通し：日経先物現在価格30,750円。30,000円で日経先物を買う予定であったが、買えなかった。急いで買う必要もないのでようすをみることに。今後の経済指標の内容によっては押してくる場面も期待できそう。
>
> オプション戦略：30000P売り。

　シナリオ5「ターゲットバイ」で30000Pを166円で売却し、満期まで保有します。満期日に、たとえばSQ値が29,500円の場合は、SQ値が決定される午前9時過ぎに次の限月の先物は、配当、金利分を除いて29,500円近辺で取引されているはずですから、その価格で先物を買います。

　売却したプットオプションは500円ITMになっていますので、500円の支払が発生します。一方オプションのプレミアムが166円ありましたので、都合334円の支払となります。先物の買いは29,500円でしたが、この334円も含めると29,834円がコストとなり、30,000円の指値で待っていた場合よりもオプションのプレミアム分安く仕上がりました。

　満期日のSQ値が30,000円以上の場合は特段に何も起こりません。プレミアム166円を受け取り、次の満期の30,000円プットオプションを売却します。このように繰り返しプットを売却しプレミアムを収益化することを目的

とする場合は、ウイークリーオプション（ミニオプション：毎週金曜日に満期日が設定されている）など満期が短いオプションを使うほうが効果的になります。

また3、6、9、12月限のSQ値は実際に取引されている日経先物と乖離することがあります。それは「裁定取引」などSQで清算する取引があるためです。市場が始まるときに成り行きで現物株のオーダーを入れるため、値が飛ぶことがあり、それが乖離の一因となっています。そういう意味でも、ウイークリーオプションを選択肢に入れておくのもよいでしょう。

また、ターゲットバイイング戦略は、株価指数オプション以外にも、現物決済になる為替、債券、商品などのオプションでよくみられます。それは、オプションが満期日に行使されれば実際の現物で清算されるためです。現物決済では日経のように満期日にあらためて先物の買いをする必要や、上で述べたように価格が乖離するリスクがないのが特徴です。

またこの戦略は30,000円で買いの指値をし、そのまま市場が下落してくるのを待つ、通常の買いと似たような戦略になっています。特に必ず30,000円で買うという場合はターゲットバイイングの戦略は有効です。

一方、マーケットが下落し始めたとき、その下落の仕方や市場環境によって、指値をいったん考え直す選択を残したい場合、ターゲットバイイングはとるべき戦略ではありません。下落方向はプットオプションのリスクが大きくなる方向であり、買戻しすることがむずかしい場合が多いためです。

ファーアウトオプション

ファーアウトオプションの買い戦略とは、現在の日経先物価格から大きく離れた行使価格のオプションを購入する手法です。ITMになる確率が低いため、オプション価格は非常に安く、低コストで取引できるのが特徴です。一方で、市場が大きく動いた場合は利益が大きくなる可能性があります。ただし、成功確率は低く、高リスクな性質をもちます。主に、大きな相場変動や急激なボラティリティの上昇を予想する投資家によって用いられます。

> 市場見通し：日経先物現在価格31,000円。マーケットがまったく織り込んでいない地政学リスクがあると考える。このリスクはオプションマーケットにも織り込まれていない。
>
> オプション戦略：28500P買い。

　投機的取引となります。数円のプレミアムのオプションなので、失敗しても損失はかなり限定的となります。一方見立てどおりになった場合の利益は大きなものとなります。

　シナリオ6『ファーアウトオプション』で28500Pを4円で購入します。これまでのオプション戦略ではプレミアムは2桁から3桁のオプションを使っていましたが、この戦略では極端に小さいプレミアムのオプションを使います。

　日時を進め3月12日午前9時に先物が29,200円になると、プレミアムは35円くらいまで上がります。下落スピードが想定よりも遅ければ、いったんこのあたりで反対売買により利益確定することができます。初期投資4円に対して約9倍の35円でも投資効果は十分と考えられます。

　一方で2024年の8月5日のように1日で日経先物が15％下落することもあります。その場合、プレミアムは1,000倍近いものになりますので、この戦略では非常に大きな利益を生む可能もあります。

　逆にいえば、ファーアウトのオプションを売却する戦略は非常にリスクが高いものです。何事もなければ数円のプレミアムを収益化することができますが、一度大きな下落があるとそれまでの利益の数百倍を失う可能性があるためです。特に株式や株価指数は想定外の下落方向の動きがありえます。そのためファーアウトオプションのプットの単体売り戦略は推奨されない取引です。

オリジナルシナリオ　ランダム

　オプションの戦略を立て、マーケットの動きとオプションの効果を実際に体験するには、シナリオをつくり時間とともに損益をみることも役立つと思

図表1－2－25　OPTION SIMULATOR-BASICシナリオ7
「シナリオ作成」

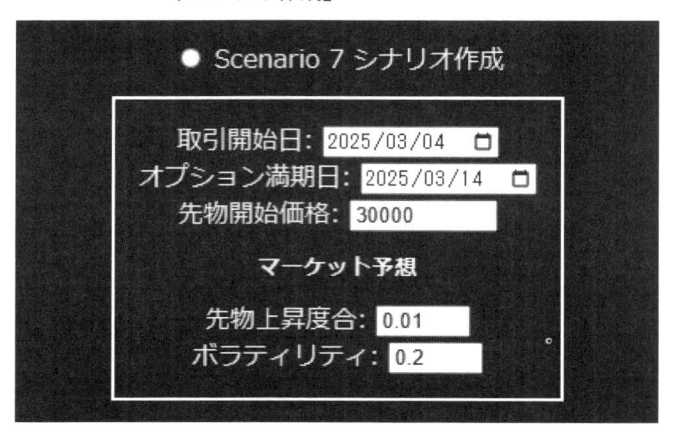

われます。シナリオ7（図表1－2－25）では、これまで用意したシナリオ
1～6以外のシナリオを自分でつくることができます。ここで作成するシナ
リオは、上昇または下落の基本的な傾向を選択した後、個々の価格変動は乱
数により生成されるため、毎回異なる結果となります。

　「取引開始日」と「オプション満期日」を指定します。休日のカレンダー
は2025年から2027年まで用意してありますので、この範囲にしてください。
次に先物開始価格を入力します。1,000円単位での入力になります。

　今度は「マーケット予想」を入力します。「先物上昇度合」は今後マー
ケットが上昇するか下落するかが決まる入力値で、1日当りの上昇（下落）
率です。たとえば0.01を入力すると（最初に設定されている値）1日当り先物
で1％上昇するペースという意味になります。下落するシナリオをつくりた
い場合は－0.01などマイナス値を入力してください。

　この項目の下にあるボラティリティは先物の動き方がどれくらい乱雑かを
決める数値です。初期値は0.2で設定しています。株式市場では一般的に0.2
前後ですので初期値のままでも大丈夫です。0.0に設定した場合は乱雑さが
まったくなく、先物上昇度合で設定した上昇率どおり先物の価格が変化して
いきます。第3節ではボラティリティについて詳しく説明しますので、理解

ができた後にはいろいろ試してみるとよいと思います。

⑹ ストラテジー取引オプション・シミュレーター STRATEGY

　市場予測は単なる上昇や下落だけでなく、一時的な停滞（凪）の後に急激な変動が起こるなど、さまざまなパターンの予測があります。たとえば、同じ上昇予測であっても、途中に重要な経済指標の発表や金融政策会合が控えている場合は状況が異なります。このような場合、急激な上昇や方向感のない相場の後に上昇が起こる可能性があります。そこでマーケットの見通しを立てる際、単純な上昇や下落だけでなく、その過程や程度も考慮することが重要です。これらの要素を反映させるためにいくつかのオプションを組み合わせた取引戦略をストラテジー取引といいます。ストラテジー取引を構築することで、より市場予測を効果的に反映するポジションが可能になります。

　ストラテジー取引には、2つのオプションの買いと売りを組み合わせるものがあり、その場合はスプレッド取引ともいいます。スプレッド取引は、合算したオプション・プレミアムが受取りの場合はクレジットスプレッド、またプレミアムが支払の場合はデビットスプレッドと呼ばれることもあります。

　またプレミアムが発生しないストラテジー取引をゼロコスト・ストラテジーと呼ぶことがあります。ゼロコストはしばしば立会外取引でファンドなどが行っています。

　複数のオプションを組み合わせる場合、それぞれのオプションのペイオフを考え、それを組み合わせることで市場の予測に沿ったストラテジーをつくることができます。以下ストラテジー取引の例をいくつかあげますので、オプション・シミュレーターの「STRATEGY」を参照してください。

コールスプレッド買い①

　コールスプレッドの買い戦略は、低い行使価格のコールを買い、同時に高

い行使価格のコールを売る手法です。この戦略は単体コール買いよりもリスクとリターンをともにやや抑制した戦略です。単体コール買いは先物の上昇分をすべて利益として得られるのに対して、コールスプレッドは利益を限定的にします。一方でコール単体よりも初期コストが安くなります。したがって市場見通しを見誤った場合の損失も少なくなります。

> 市場見通し：単体コール買いと同じ状況を想定。日経先物現在価格
> 　　　　　　30,000円。日経先物は10日後には31,000円を超えて上がる
> 　　　　　　見通し。
> オプション戦略：31000C買いと同時に32000C売却。

　シミュレーター「STRATEGY」シナリオ1でコールスプレッドの日々の変化を観測してみましょう。このシナリオは「BASIC」シナリオ1と同じ内容になっていて、コール単体とコールスプレッドの違いを体感できるようになっています。はじめにシミュレーターで31000Cを167円で100枚買い、32000Cを35円で100枚売り、コールスプレッドを構築します。

　はじめに支払うプレミアムの合計は132円となりコール単体に比べて35円ほど安くなります。このため、見通しに反して相場が下落した場合、最終的にはコール単体と比較してこの35円分、つまり350万円分損失額を抑えることができます。

　もっともメリットはこれ以外にもあります。図表1－2－26は、時価評価の推移をコール単体とコールスプレッドで比較したものです。

　最終的に見通しどおり市場が上昇して満期日になったとしても、途中で先物が売られる場面は必ずあります。3月12日はやや大きめの下落があった日です。コール単体では当日の時価評価は約3,400万円の損失ですが、コールスプレッドでは2,500万円の損失と1日の損失額で比較すれば、損失額は少なくなっています。また累積損益もコールスプレッドでは＋1,700万円ですがコール単体では＋1,500万円となり、コールスプレッドのほうが利益を残せています。

　このように、1日の下落での時価評価のぶれは、コールスプレッドのほう

図表１－２－26　時価評価の推移
（左：コールスプレッド、右：コール単体）

損益記録					損益記録			
日付	損益	ディケイ分	累積損益		日付	当日損益	ディケイ分	累積損益
2025/02/28	1,356,389	0	1,356,389		2025/02/28	2,244,304	0	2,244,304
2025/03/03	5,607,457	-2,405,553	6,963,846		2025/03/03	6,865,911	-4,392,014	9,110,215
2025/03/04	-5,549,370	-986,624	1,414,476		2025/03/04	-8,086,778	-1,932,787	1,023,437
2025/03/05	4,603,628	-1,109,820	6,018,104		2025/03/05	5,742,737	-1,808,791	6,766,174
2025/03/06	9,052,073	-1,207,548	15,070,178		2025/03/06	11,935,297	-2,141,674	18,701,472
2025/03/07	5,997,365	-1,101,757	21,067,544		2025/03/07	7,646,131	-2,500,173	26,347,603
2025/03/10	5,568,550	-2,861,996	26,636,094		2025/03/10	3,180,504	-8,062,476	29,528,108
2025/03/11	15,856,040	-1,043,675	42,492,135		2025/03/11	19,534,655	-3,298,594	49,062,764
2025/03/12	-25,138,353	764,290	17,353,781		2025/03/12	-33,938,135	-2,667,972	15,124,629
2025/03/13	39,342,900	-3,208,915	56,696,682		2025/03/13	43,447,276	-4,690,850	58,571,905
2025/03/14	30,103,317	4,883,424	86,800,000		2025/03/14	24,728,094	-893,815	83,300,000

が少ない場面があります。これは、高い行使価格のコールを売ることが、買いのコールのヘッジの役割を果たしていることに起因しています。

　時価評価のぶれの小ささは途中でストラテジー取引を終了させる場面でも役立ちます。市場に対する見通しが間違っていた場合、途中反対売買で損失を確定させることがあります。その場合は時価評価での損失確定になりますので、コールスプレッドのほうがよりダメージが少なくてすむメリットもあります。

　また時価評価は毎日確認するものですから、心理的な影響面でも時価評価が比較的安定しているコールスプレッドは有利であると考えられます。

コールスプレッド時間差②

　コールスプレッドは通常、買いと売りを同時に行います。しかし、常に同時に行う必要にありません。まず単体でコールを買い、その後、予想どおり価格が上昇した場合に、より高い行使価格のコールを売ることで、一部の利益を確保しつつ、さらなる上昇の可能性も残す戦略をとることができます。

　再びシナリオ１で31000Cを167円で買い、３月７日午前９時まで時間を進めてみましょう。「Trade Box」で確認すると31250Cが222円に上昇してい

ます。ここで31250Cを売却します。結果的に31000Cを167円で買い、行使価格の高い31250Cを222円で売却できた時点でこの戦略に負けはなくなりました。167円と222円の差額55円分の利益は確保、さらに満期日までこのコールスプレッドを保有する場合、SQ値が31,250円以上ならば31250と31000の差額250円も利益となり、合計305円の利益となります。

この時間差でつくるコールスプレッド戦略は、比較的短時間で利益が確保できるという点でメリットがあります。また①のコールスプレッド同様、時価評価のぶれも小さくなり、反対売買や心理的面でもメリットがあります。

またこのストラテジー取引の応用として、相場上昇後、31250Cを100枚ではなく50枚のみ売却するという数量面での調整もできます。さらに相場が上昇した場合、行使価格のさらに高い31500Cを50枚売り、といったように利益を伸ばす戦略をとることができます。いろいろ応用が利く戦略ともいえます。

コールレシオ

コールレシオはコールスプレッドを応用した戦略です。低い行使価格のコールを買い、同時に高い行使価格のコールを売るという基本構造は同じですが、買いと売りの比率を１：１ではなく、１：２あるいは１：３などにするのが特徴です。

上昇相場を予測しつつも、過去最高値や節目などの上値抵抗線と考えられる水準以上の上昇はないだろうという見通しをもっている場合に、コールレシオ戦略は有効です。その抵抗線を売りサイドの行使価格に設定することで、戦略の効果を最大化できます。

見通しどおり相場が上昇して抵抗線で止まった場合、コール単体よりも安いプレミアムのため利益は大きくなります。また、予想に反して市場が下落した場合も、プレミアムが小さい分、損失額が抑えられ有利になります。

市場見通し：日経先物現在価格30,000円。日経先物は数日後には31,000
　　　　　　円を超えて上がるが32,000円が過去最高値なのでいったん

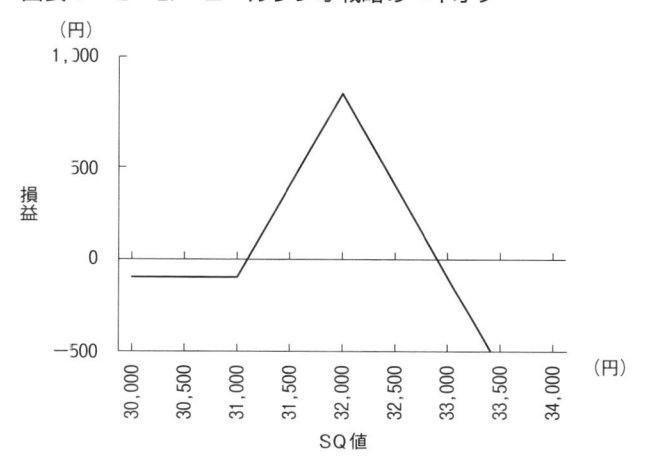

図表1－2－27　コールレシオ戦略のペイオフ

（円）

損益

SQ値

は上昇も止まる見通し。
オプション戦略：31000C買いと同時に32000Cを2倍売却。

　シナリオ2を用いてコールレシオ戦略を検証してみましょう。①のコールスプレッドの変形として31000C100枚買いと同時に32000Cを200枚売却。31000Cは167円、32000C円は35円ですが、2倍売却するので都合167円から35×2円を差し引いた97円のコストでストラテジーをつくることができます。

　満期日まで保有した場合の損益は、図表1－2－27の合成したペイオフのグラフをみるとわかりやすいです。

　グラフから損益分岐点が2カ所あることがわかります。1つ目は31000Cの利益と初期コスト97円がちょうど相殺する31,097円です。2つ目は31000Cの利益が32000Cの2倍の売りと初期コスト97円により相殺される32,903円です。

　またSQ値32,000円は、売却した32000Cの支払が発生しない最小の値なので、このストラテジーは最大の利益になります。

　初期コストが安く、相場が見通しと反対の場合の損失がかなり限定されま

すが、ペイオフがこのように非常に複雑なストラテジーになります。特に相場が想定以上に上昇した場合にも、損失が発生する可能性がある点に注意が必要です。

　もっとも株式市場では一般的に、相場上昇の速度は下落に比べて遅いと考えられています。そのため、想定以上の相場上昇でも32000Cを買い戻し、利益の確保を行える場面もあります。シナリオ2では3月12日に一度日経先物が32,000円まで到達しますが、この場面で32000Cの反対売買を行っても十分な利益を確保することができます。

　2024年の年初33,000円から41,000円までの強い上昇相場では、満期が約3カ月の41000C対43000Cのコールレシオ戦略などが散見されました。満期が長いオプションの割にプレミアムの総額は小さく、当時の人々の相場観に近い、理に適った取引であったと思われます。

コールラダー

　コールラダー戦略もコールスプレッドやコールレシオを応用した戦略です。低い行使価格のコールを1単位買い、それよりも高い行使価格のコールを1単位売り、さらに高い行使価格のコールを1単位売ります。

　この戦略はコールレシオの場合とほぼ同じ相場予測に基づいていますが、リスクとリターンのバランスをより柔軟に調整できます。投資家の市場見通しや選好に応じて、より積極的または保守的なポジションをとることが可能です。たとえば、売りの第一行使価格を抵抗線に設定し、第二の行使価格をそれよりも上に設定することで、より保守的なポジションをとることができます。この場合、上値を抑えつつも、中程度の上昇まではある程度の利益を確保できる構造となります。

　ここでは先に例をあげた31000Cと32000Cのコールレシオ戦略の応用として、コールラダー戦略を説明します。1つ目は、売りサイドの32000Cの200枚のうち、100枚分を32250Cとより高い行使価格のコールに置き換える戦略です。この場合は、上昇が想定よりも大きかった場合に収益を伸ばすことができます。

図表 1 − 2 −28　コールラダー戦略のペイオフ

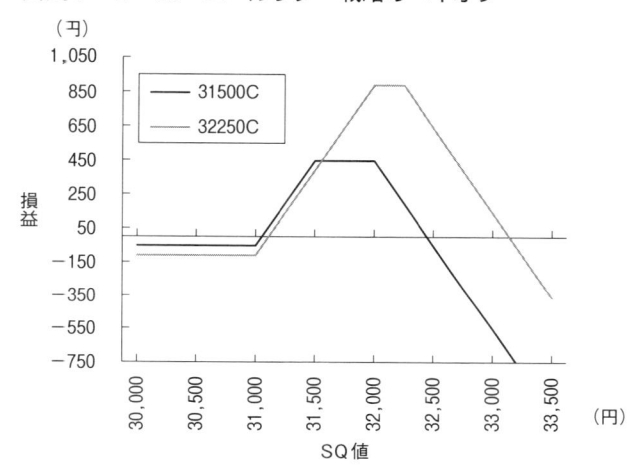

　もう1つは、売りサイドの32000Cの200枚のうち100枚をより低い行使価格の31500Cに100枚分置き換える戦略です。このコールラダーは急激な上昇には弱いですが、その分初期コストが53円ともとのコールレシオの97円より安くストラテジーをつくることができます。

　これら2つのパターンのコールラダー戦略のペイオフを確認すると（図表1 − 2 −28）、利益が得られるSQ値の範囲が明確になり、どの行使価格の組合せが相場見通しに合っているか、選択しやすくなります。

ブルプットスプレッド（プット・クレジットスプレッド）

　相場が横ばいかやや上昇を見込むときに用いられる戦略です。通常は高い行使価格のプットを売却、低い行使価格のプットを購入します。はじめにオプションのプレミアム受取りになるのでクレジットスプレッドともいいます。

> 市場見通し：日経先物現在価格30,000円。日経先物は数日間、30,000円を割り込むことはなく、徐々に下値を切り上げていく見通し。

> オプション戦略：29750P売りと同時に29250Pの買い。

　シナリオ3で検証してみます。29750Pを318円で売却、29250Pを163円で購入と差し引き155円のプレミアムの受取りになります。満期日に相場が予想どおりになった場合は155円の受取りのみ、またワーストケースで先物が29,250円を下回る場合、最大損失は500円から受取りの155円を差し引いた345円となります。

　シナリオ3では満期日の前日である3月13日の始値で時価評価（損益合計）が150円、実額で1,500万円程度となり最大利益に近い水準になっています。もちろんこのまま持ち越してSQ値で清算することもできますが、29750Pは5円程度で買戻しすることができます。オプションの売りは対価となるプレミアムが小さくなるとリスクとのバランスが悪くなりますので、ここでは買戻しする選択も十分ありえます。

　また、この戦略で行使価格の選び方を変えるとどうなるかみてみましょう。例として現在価格に近い30000Pを売却し、29500Pを購入するプットスプレッドを構築します。SQ値が30,000円以上の場合197円のプレミアム受取りになります。また最大損失は303円となります。

　この条件で同じシナリオ3で29750Pを用いたプットスプレッドと比較してみると、3月11日が終わった時点では29750Pの利益のほうがやや大きくなっています（図表1-2-29）。最終的利益では30000Pのほうが大きくなるはずですが、途中では逆転しています。これは日経先物が30,000円より少し上回った水準であり、時間の経過とともに29750Pのほうが30000PよりもITMになる確率が早めに失われ、価値が落ちてきたと解釈することができます。あるいは30000PはまだITMになる確率が残っているため、なかなか価値が落ちないと考えてもよいでしょう。

　このように相場が最終的に予想どおりになりペイオフでは利益が大きくなる行使価格の組合せでも、途中の場面では不利になるケースもあります。途中での反対売買でポジション解消も視野に入れ臨機応変にトレーディングを行う場合は、このようなケースにも十分な注意が必要となります。

図表1－2－29　ブルプットスプレッド時価評価の推移
（左：30000P売り・29500P買い、右：29750P売り・29250P買い）

損益記録				損益記録			
日付	損益	ディケイ分	累積損益	日付	損益	ディケイ分	累積損益
2025/03/04	922,856	0	922,856	2025/03/04	843,638	0	843,638
2025/03/05	-41,079	293,422	881,777	2025/03/05	170,649	455,325	1,014,288
2025/03/06	2,742,437	323,753	3,624,214	2025/03/06	2,626,884	511,943	3,641,173
2025/03/07	-1,569,428	504,180	2,054,786	2025/03/07	-1,074,612	670,018	2,566,560
2025/03/10	-172,053	1,457,946	1,882,732	2025/03/10	1,187,945	2,173,568	3,754,506
2025/03/11	5,637,316	819,560	7,520,049	2025/03/11	4,947,306	1,323,716	8,701,812
2025/03/12	7,158,087	1,708,882	14,678,136	2025/03/12	4,852,292	1,881,838	13,554,105
2025/03/13	4,198,288	2,588,175	18,876,424	2025/03/13	1,817,348	1,713,273	15,371,454
2025/03/14	823,575	1,905,484	19,700,000	2025/03/14	128,545	493,046	15,500,000

　また、相場が横ばいかやや下落を見込むときは、プットのかわりにコールを使います（ベアコールスプレッド）。30000Cを売り30500C買いというように、ストラテジーを組み、市場予測を収益化します。

コールvsブルプットスプレッド［プットvsベアコールスプレッド］

　単体のコール買いと上で紹介したブルプットスプレッドの組合せです。相場に対してもう少し強い見通しがある場合、コール単体買いとプットスプレッドと組み合わせることでプレミアムの支払を減らす、あるいはゼロにすることができます。

　同じくシナリオ3で、ブルプットスプレッド29750P/29250Pから得られるプレミアム155円で30750Cを163円で購入します。トータルでのプレミアムの受渡しは8円と、ほぼゼロコスト・ストラテジーになります。

　ペイオフをみると、コストがほぼかからないのでSQ値が目標の30,750円を超えると、直ちに利益が出るストラテジーになっています（図表1－2－30）。また、現在価格近辺で満期日を迎えた場合、損失がほぼ発生しない状態となります。そのため、市場が一時的に足踏みした状態で満期日となっても、同じストラテジー取引を繰り返し行うことが可能です。

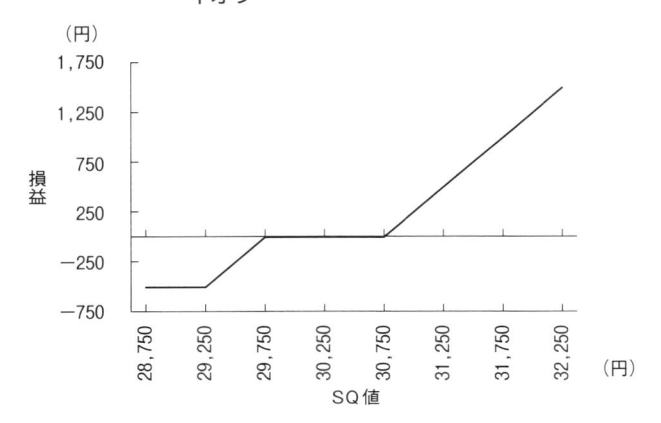

図表１−２−30　コールvsブルプットスプレッド戦略のペイオフ

リスクリバーサル

　コールとプットの組合せ取引になります。市場予測として上昇を考える場合、OTMのコールを買いOTMのプットを売ります。ペイオフは、一定の幅では損益はゼロ、その範囲以外では先物の買いに準ずるものになります。

　たとえば30750Cを買い、29750Pを売るというのがリスクリバーサル戦略です。これは上記の「コールvsブルプットスプレッド」で29250Pの買いをなくしたかたちになっています。そのため、市場が下落した場合、先物と同様に損失が限定的にはならないという点に注意が必要です。

　また日経先物の買いのポジションに組み合わせることで、ヘッジとして使われることもあります。この場合はプット買い、コール売りの組合せになります。シナリオ４で以下の見通しのとき、ヘッジとしてのストラテジーを体感してみましょう。

> 市場見通し：日経先物現在価格31,000円。先物を数日前に30,000円で購入ずみ。数日後発表の米CPIの高止まりから金利上昇が濃厚となり、日経先物は数日間上値の重い展開が続く見通し。

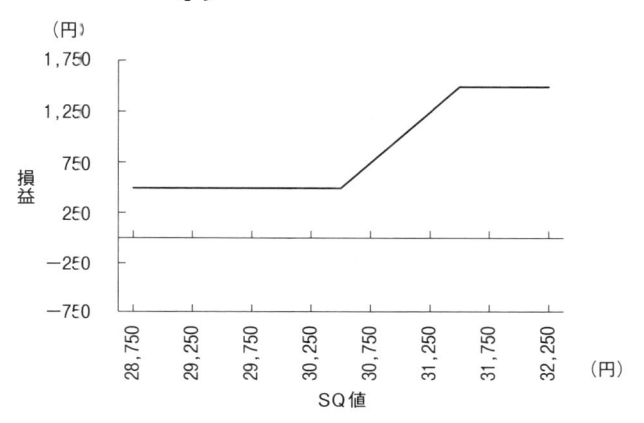

図表 1 －2 －31 先物買い＋リスクリバーサル戦略のペイ
オフ

オプション戦略：30500P買いと同時に31500C売り。

　このケースは、前述(5)の単体取引「ヘッジプット」に状況が似ています。
ヘッジプットは先物にヘッジをかける一方で、相場が上昇した場合のメリッ
トをすべて享受する戦略でした。

　リスクリバーサルの戦略では相場上昇のメリットの一部を放棄するかわり
にヘッジコストを削減することができます。相場上昇の見通しがやや弱めで
ある場合に適しています。

　シナリオ 4 でのストラテジー取引のプレミアムは、プットが324円、コー
ルが317円ですのでトータルのヘッジコストは 7 円とほぼゼロコストになり
ます。

　またリスクリバーサルと先物の合成したペイオフ（図表 1 － 2 － 31）をみ
ると、ワーストケースはSQ値が30,500円を割り込んだときの493円となりま
す。したがって、もともとの利益1,000円の約半分は確保できています。

　シナリオ 4 では 4 日目の 3 月 5 日ですでに日経先物は30,500円を割り込ん
でいます。一方、時価評価ではまだ751円（金額ベースでは約7,500万円）の利
益が残っていますので、見通しがさらに悪い方向に傾けば、すべてを反対売

買することも可能です。その場合は満期日まで保有しワーストケースになった場合よりも利益が残っています。

　このようにリスクリバーサルの戦略でも、満期日まで保有するか、または時価評価をみながら途中で反対売買し、利益をある程度確保するか、選択の余地があります。ストラテジー取引を行った場合は、いくつかのシナリオをつくり、途中の時価評価もあらかじめ想定しておくことが重要になります。

　実際の立会外取引でもリスクリバーサルはよく見かける取引です。大口投資家がヘッジのためにプット買いコール売りを行うことや、金融機関のトレーダーが自身のポートフォリオのスマイルリスクの調整（第3章で説明します）のために行う場合もあります。

バタフライスプレッド

　オプション満期日に日経先物がいくらになっているか、その範囲を見通しとしてもてるときに用いられる戦略です。特にオプション満期日が近いときによくみられる戦略です。コールオプションの組合せのときは、コールフライ、プットのときはプットフライとも呼ばれます。

> 市場見通し：日経先物現在価格30,000円。オプション満期まであと3日。日経先物はショートスクイーズで30,500円まで上昇して満期日を迎える見通し。
> オプション戦略：30250C 1単位買い、30500C 2単位売り、30750C 1単位買い。

　満期まであと数日という状況になると、おおよそいくらでSQが決定されるか、状況によっては予測を立てることができる場合があります。日経先物が現在30,000円、満期日までの3日間でショートスクイーズがかかり、SQ値が30,500円近辺とする予想を立てたとします。

　シナリオ5で、30250Cを100枚買い、30500Cを200枚売り、30750Cを100枚買いの3つの取引を同時に行います。トータルのコストは100枚換算で38円、一方、最大利益はSQ値が30,500円のとき、250円になります。つまり、

38円のコストで約6.6倍の収益を得る可能性があります。ピンポイントでの予測になるため、満期日に近いときに行うのが効果的です。

　注意すべき点は、予想されるSQ値が現在の価格から離れている場合に有効な戦略である点です。その場合はストラテジー取引のプレミアムが小さくなり、失敗したときの損失額は小さくなります。

　一方、SQ値が現在と同じ水準と予測した場合、このストラテジー取引のプレミアムは非常に高価なものになります。シナリオ5でSQ値が現在価格と同じ30,000円と予想した場合、29750C/30000C/30250Cでバタフライを組むとコストは72円になります。これは先の例の約2倍のプレミアムになり、コスト対収益で3.5倍程度と得られるリターンが小さくなります。

　また、この戦略は長期の見通しに対しても使われることがあります。2024年の相場では、日本経済がデフレからインフレへ大きく舵を切ったという観点から、9カ月オプションを用いて40000C/43000C/46000Cなどのバタフライスプレッド戦略も散見されました。長期間のオプションを使うことで予想の幅を広げることができるメリットもあります。

アイアンコンドル

　コールとプットのクレジットスプレッドの両方を組むストラテジーです。一定期間、マーケットは動かないであろうという市場予測を立てたときに使われる戦略です。前述(5)で説明したカバードコール戦略と似た市場状況で用いられます。

市場見通し：日経先物現在価格30,000円。年末年始で参加者も少なく、経済指標もない。市場は年明けまで閑散とし値動きも少なくなる見通し。

オプション戦略：30750C1単位売り、31000C1単位買い、29250P1単位売り、29000P1単位買い。

　シナリオ6で、日経先物30,000円時点で、上記のようにコールスプレッド30750C/31000C売り、プットスプレッド29250P/29000P売りでストラテジー

取引を組むと、得られるプレミアムは116円になります。満期日にSQ値が29,250円から30,750円の間で決定するとこのプレミアム分の116円がすべて利益となります。

　一方で、オプション満期日に、SQが予想を超えて31,000円超、または29,000円を下回る場合は250円の損失となります。はじめに得られるプレミアムで部分的にカバーすると、最終損失は134円となり、利益と損失の比率は1対1.15くらいになっています。

　コール、プットのそれぞれのスプレッドはともに58円程度のプレミアムになり、その金額が最大利益になります。そのため、仮にどちらか一方のスプレッド戦略をとった場合、最大損失は250円からこのプレミアム分を差し引いた192円になります。片側のみの戦略は、利益と損失の比率が1対3.31となり、アイアンコンドルの戦略と比較するとやや不利なものになります。

　アイアンコンドルの戦略はプット、コール両サイドのスプレッドを組むことで、利益と損失の割合を同程度のものにすることができます。もちろん、それだけ想定レンジから外れる可能性も高いということになりますが、マーケットがホリデーシーズンで横ばいが続く予測を立てた場合に、その予測を収益化する方法の1つとなります。そのような予測のときには先物取引だけでは収益はむずかしいので、オプション特有の戦略といえるでしょう。

　また、この戦略では行使価格の選び方にも注意が必要です。上記以外でもさまざまな行使価格の組合せがあります。たとえば、もっと現在価格に近い行使価格で30250C/30500Cと29750P/29500Pの組合せです。この場合は最大利益は177円となり、最大損失の73円（250円から177円を差し引いた額）を大きく上回っています。もちろん、市場が予想どおりに値動きが小さく、同じ位置にとどまっていた場合は問題ありません。しかし、同じくシナリオ6で試してみると、満期日が近づくまで大きな利益が発生しにくいことがわかります。満期日直前でも時価評価は約55円となり最大利益の約30％程度になっています。一方で、例にあげた現在価格から離れた行使価格の戦略では、満期日直前には80％程度まで利益が出ています。そのためSQ前に利益を確保する戦略もとることができ、その分有利な戦略と考えることができます。

第**3**節

オプション価格

　日経平均株価や為替レートなどは新聞やテレビなどの毎日のニュースで目にしているので、私たちは実際にそれらを取引する場合に、その価格自体に不透明性を感じることはありません。しかし、オプション価格はその原資産価格とは異なり、普段あまり目にすることがありません。一部の新聞などで清算値ベースでのオプション価格をみることはできますが、その価格が妥当なのかどうか確認することはむずかしいと感じられます。

　オプション・トレーダーでさえ、オプション価格そのものを逐次把握することはむずかしいのが実情です。特に電子取引の場合、多くのトレーダーはオプションをコンピュータで直接取引しています。コンピュータは、原資産価格が変動するたびに、オプションの売買の気配値を人間の目ではついていけないスピードで変更します。人間が取引する場合でも、電卓や参考書を見返したりする余裕はありません。そのため、まずは直感的にこのオプション価格はこのようなものであるというイメージをもつことが重要となります。精密な価格計算のためには、エクセルなどを使えばよいでしょう。

　オプション価格を直感的にとらえるための第一歩は、オプション価格をITM部分（イントリンシック・バリュー）とタイム・バリューに分解してみることです。大まかにいえば、オプション価格のうちいますぐ利益になっている部分と、将来利益になる可能性がある分に分けるということです。

　次のステップは、満期日と行使価格がともに同一のプットとコールの価格の関係性を理解し、コールオプションの価格がわかれば、同じ権利行使価格のプットオプションの価格も容易にイメージできるようになることです。

(1) イントリンシック・バリューとタイム・バリュー

イントリンシック・バリューとは、オプションを直ちに権利行使した場合に得られる利益のことです。直ちに行使して利益が得られない場合にはイントリンシック・バリューはゼロになります。コールオプションのケースでは、原資産価格から行使価格を差し引いた値になり、プットオプションでは逆に行使価格から原資産価格を差し引いた価格になります。

タイム・バリューとは、オプション価格からイントリンシック・バリューを差し引いた部分のことを指します。一般的にはオプションの残存期間や原資産価格の変動性など、時間の経過に伴って変動するオプションの追加価値を意味するとされています。

まとめると、

$$（オプション価格）=（イントリンシック・バリュー）$$
$$+（タイム・バリュー） \qquad ［式1］$$

となります。

タイム・バリューは、実際のところイントリンシック・バリューとは異なり、かなりあいまいな価値概念です。そのためオプション・トレーダーは、そのタイム・バリューの適正水準を評価し決定することに全精力を注いでいるのが実情です。

具体例として、日経先物が38,000円である場面で、37,000円コールオプションが市場にて1,200円で取引されているとします。この1,200円をイントリンシック・バリューとタイム・バリューに分解します。

直ちにオプションを行使できるものと仮定すると、コールの定義に戻って考えれば37,000円で買える権利であったので、現在価格38,000円より1,000円安く買えることになります。37,000円で買って現在価格38,000円で売れば1,000円の利益が発生します。したがって、イントリンシック・バリューは1,000円となります。

一方、タイム・バリューは市場価格1,200円とイントリンシック・バ

リューである1,000円との差200円ということになります。

　一方、日経先物が36,000円のとき、37,000円コールオプションが市場にて300円で取引されているとします。37,000円コールを直ちに行使すると市場価格36,000円よりも高く買ってしまうことになります。したがって権利行使することはないため、イントリンシック・バリューはゼロになります。しかし、このオプションはまだ満期まで時間があり、日経先物価格が上昇すれば行使することもありうるので、マーケットではなんらかの価格で取引されています。このケースでは、その価格300円がタイム・バリューとなります。

　［式1］をみると、イントリンシック・バリューは定義上、ゼロまたは正の値であるのに対し、タイム・バリューは、ある意味、市場価格とイントリンシック・バリューから推測しているため、［式1］上ではマイナスになる可能性もあります。仮にタイム・バリューがマイナスになれば、何か不都合なことが起こるのでしょうか。

　このことを検証するため、日経先物価格が38,000円で、37,000円コールオプションがイントリンシック・バリュー1,000円を下回る700円で売り注文が出ているケースを考えてみます。このケースでは、タイム・バリューは−300円ということになります。

　タイム・バリューがマイナスの場合、トレーダーは以下で述べる「裁定取引」を行えば、タイム・バリューのマイナス分300円をリスクなく得ることができます。その手順は、37,000円コールオプションを700円で買い、それと同時に日経先物を38,000円で売ることです。後はオプションの満期まで待てば、トレーダーは300円以上の収益を得ることができます。

　満期日に日経先物が36,000円になった場合、買ったオプションは無価値になり権利行使されません。損益ははじめに支払ったオプション料で−700円となります。一方、先物については最終価格36,000円で差金決済され、売値38,000円との差額2,000円の収益を得ることができます。したがって、オプションと先物の合計損益は1,300円の利益となります。

　逆に、満期日に日経平均が上昇し40,000円になっていた場合、トレーダーは満期日にオプションを権利行使することで、37,000円との差3,000円の収

図表1-3-1　ポジション損益計算表

満期日の日経平均	日経先物PL	コールオプションのPL	合計
36,000円	2,000円	−700円	1,300円
40,000円	−2,000円	2,300円	300円

益を得ることができます。ただし、オプション料700円をはじめに支払っているため、合計損益は2,300円です。一方、先物からは売値38,000円と決済価格40,000円の値差2,000円が損失になります。

　以上の考察により、満期日に先物価格が上昇していても下落していても、収益は最低300円以上残り、イントリンシック・バリュー1,000円を下回っていた分の300円は確保できます（図表1-3-1）。

　このように、もしオプション価格がイントリンシック・バリューを下回ると、すなわち、タイム・バリューがマイナスになると、トレーダーはリスクをとることなく利益を確保する「裁定取引」を実行できます。したがって、一般的にタイム・バリューはマイナスにはならないものと考えられます。

　なお、このオプションを700円で売った相手は、イントリンシック・バリュー以下で売却したからといって、必ずしも損失を被っているわけではありません。もしかすると、その相手は当初このオプションを100円で買い付けており、それを700円で売却したのかもしれません。このように、オプション取引においては、それぞれの取引主体が異なる手法をとっているため、常にゼロサムゲームになるわけではないのです。

(2)　プット・コール・パリティ

　プット・コール・パリティは、流動性の低いオプションの適正価格（フェア・バリュー）を知ることができるという点で、オプション取引において非常に重要なツールです。

　オプションの電子取引の板をみているとITMのオプションは流動性が低い傾向にあり、売値と買値の間が離れていて枚数も少ないケースが目につき

ます。その原因として、ITMのオプションは先物価格に対する感応度が高く、先物価格が少し動いただけでもオプションの理論値が変化してしまうので、板に指値をする市場参加者が少ないことがあげられます。

一方、個人投資家がオプション取引を行う場合、OTMのオプションを単独で買い、利益が乗ってITMになってから売却益を得るというケースや、逆にOTMのオプションを売り、ITMになったらロスカットというケースが多いと思われます。このような状況では、流動性の低いITMのオプションを取引しなければならず、適正価格がいくらかわからないまま余分なコストを市場に払っていることも多いと推測されます。

そこで、プット・コール・パリティを使うことで流動性の高いOTMのオプションを使ってITMのオプションの適正価格を知ることが重要となってきます。

コール価格とプット価格の関係

プット・コール・パリティは、満期日と権利行使価格がともに同一のプットオプションとコールオプションの価格の間で成り立つ関係です。これらのオプションは行使価格が同じなので、どちらか一方はITM、もう一方はOTMになっています。よって、一方はイントリンシック・バリューをもち、他方はゼロです。たとえば、日経先物が38,000円のとき、37,000円コールオプションのイントリンシック・バリューは1,000円であり、37,000円プットオプションのそれはゼロです。

一方でタイム・バリューはどうでしょうか。先に答えをいうと、プットオプションとコールオプションで等しくなります。

（コール・タイム・バリュー）＝（プット・タイム・バリュー）

［前提1］

コールオプションのタイム・バリューが100円とすると、プットオプションのそれも100円になるということであり、コールオプションとプットオプションの価格の違いは、イントリンシック・バリューがあるかないかだけな

のです。この［前提1］が正しいかどうかは後で検証しますが、この前提ではコール価格とプット価格の間には次のような関係式が成り立ちます。

コール価格＝（日経先物−行使価格）＋プット価格　　　　　　　　　［式2］

または、

プット価格＝（行使価格−日経先物）＋コール価格　　　　　　　　　［式2′］

［式2′］は［式2］を変形させただけのものです。

　以下、行使価格がともに37,000円のコールとプットを考え、コールがITM、プットがITMの2つのケースでこれらを確認してみましょう。

　1つ目のケースは日経先物が38,000円とし、37,000円コールがITMでタイム・バリュー100円とするとコールとプットの関係は図表1−3−2のようになります。

　［式2］に表の数値を当てはめてみると、

$$コール価格（1,100円）＝日経先物（38,000円）−行使価格（37,000円）$$
$$＋プット価格（100円）$$

となり、コールの価格がプットの価格から計算することができます。

　このようにITMのコールの適正価格が1,100円とわかると、電子取引で流動性が低い場合に、不利な価格での取引を避けることができます。流動性が低い場合、たとえば板の買値が600円、売値が2,100円のように大幅な価格差が生じていることがあります。そのような状況では、自ら1,090円の買い、

図表1−3−2　オプション価格分析表（コールITM時）

日経先物38,000円のとき		
	37,000円コール	37,000円プット
イントリンシック・バリュー	1,000円	0円
タイム・バリュー	100円	100円
オプション価格	1,100円	100円

あるいは1,110円の売りと適正価格に近い指値を入れることで、取引を有利に進めることができます。

　もう少し一般的に［式2］を説明してみましょう。オプション価格は常にイントリンシック・バリューとタイム・バリューに分解できたので、

$$コール価格 = （イントリンシック・バリュー）$$
$$+ （コール・タイム・バリュー） \qquad ［式 a］$$

が成り立ちます。また、イントリンシック・バリューとは直ちに行使したときの価値であり、コールはITMなので、

$$（イントリンシック・バリュー） = （日経先物 - 行使価格） \qquad ［式 b］$$

も成り立ちます。［式 a］に［式 b］を合わせると、

$$コール価格 = （イントリンシック・バリュー）$$
$$+ （コール・タイム・バリュー）$$
$$= （日経先物 - 行使価格）$$
$$+ （コール・タイム・バリュー） \qquad ［式 c］$$

となります。

　プットについても、

$$プット価格 = （イントリンシック・バリュー）$$
$$+ （プット・タイム・バリュー） \qquad ［式 d］$$

ですが、プットはOTMなので（イントリンシック・バリュー）はゼロです。すなわち、

$$プット価格 = （プット・タイム・バリュー） \qquad ［式 e］$$

です。

　ここで（プット・タイム・バリュー）は［前提1］で（コール・タイム・バリュー）と同じとしていることから［式 c］は［式 e］を使えば、

図表1-3-3　オプション価格分析表（プットITM時）

日経平均35,000円のとき		
	37,000円コール	37,000円プット
イントリンシック・バリュー	0円	2,000円
タイム・バリュー	50円	50円
オプション価格	50円	2,050円

$$コール価格＝（日経先物－行使価格）＋（コール・タイム・バリュー）$$
$$＝（日経先物－行使価格）＋（プット・タイム・バリュー）$$
$$＝（日経先物－行使価格）＋プット価格$$

となり、［式2］が確認できます。

　今度はプットオプションがITMのケースを考え、日経先物を35,000円、行使価格37,000円コールのタイム・バリューを50円とすると、コールとプットの関係は図表1-3-3のような価格の構成になります。

　［式2′］から、

　　プットの価格（2,050円）
　　＝行使価格（37,000円）－先物価格（35,000円）＋コールの価格（50円）

となり、コール価格からITMのプット価格を計算することができます。

コールとプットのタイム・バリュー

　ここまでは、［前提1］の満期日と行使価格が同じであるコールとプットのタイム・バリューは等しくなることを仮定してきました。今度は、本当にこの仮定が正しいのかを検証します。市場で異なるタイム・バリューで取引されている場合、「裁定取引」の機会が生じ、それによってタイム・バリューが結局、等しくなることを確認しましょう。以下、この状況を考える例として、現在の市場が図表1-3-4のようになっているとします。

　37,000円のプットオプションのタイム・バリューがコールオプションのタイム・バリューよりも50円高い価格で取引されている状況を考えます。この

図表1－3－4　オプションマーケット例

日経平均38,000円		
	37,000円コール	37,000円プット
イントリンシック・バリュー	1,000円	0円
タイム・バリュー	100円	150円
オプション価格	1,100円	150円

図表1－3－5　裁定取引ポジション

37,000円プット	150円	売り
37,000円コール	1,100円	買い
日経先物価格	38,000円	売り

場合、トレーダーは150円でプットを売り、1,100円でコールを買い、さらに38,000円で日経先物を売ります。まとめると図表1－3－5のようになります。

　トレーダーはこのポジションをオプションの満期まで保有し、SQ値で清算することで利益を確保できます。

　もしSQ値が35,000円まで下落した場合、トレーダーは売り建てた37,000円プットが行使され、差金決済されます。これにより、トレーダーは2,000円の損失を被りますが、オプションを売却したときのプレミアム150円が利益として残ります。したがって、トータルで－1,850円となります。また、37,000円のコールオプションはOTMなので行使されず、はじめに支払ったプレミアム1,100円の損失となります。最後に、38,000円で売却した先物による利益は3,000円です。このオペレーションにより、トレーダーは最終的に利益50円を得ることができます（図表1－3－6）。

　日経先物が39,000円に上昇した場合も同じようにSQ値での清算により最終的な利益は、図表1－3－7のようになります。

　2つのケースについてのみ表にまとめましたが、同様な考察により満期日のSQ値がどのような値であっても、50円以上の利益は確保できることがわかります。このように一般的には、コールとプットのタイム・バリューは「裁定取引」によって等しい値に収斂していき、［前提1］が成り立つことが

図表1-3-6 裁定取引ポジションの損益（日経平均35,000円のとき）

	アクション	価格	オプションの行使	損益
37,000円プット	売り	150円	行使される	−1,850円
37,000円コール	買い	1,100円	行使しない	−1,100円
日経先物	売り	38,000円		3,000円
損益の合計				50円

図表1-3-7 裁定取引ポジションの損益（日経平均39,000円のとき）

	アクション	価格	オプションの行使	損益
37,000円プット	売り	150円	行使されない	150円
37,000円コール	買い	1,100円	行使する	900円
日経先物	売り	38,000円		−1,000円
損益の合計				50円

わかります。

　なお、実際にこの「裁定取引」を行ううえで、トレーダーはオプションを買うために金利の負担をしなければなりません。そのため、利益は50円とはならず、実際のプット・コール・パリティの式でも金利分の調整が必要となります。

　そこでもう少し厳密に［式2］を書くと、イントリンシック・バリューをボラティリティがゼロと仮定したときのオプションの現在価値として計算します。そのときプット・コール・パリティは、

　コール価格＝（イントリンシック・バリュー）＋（タイム・バリュー）

の［式a］から、

> コール価格＝|原資産のフォワード価格（先物価格）−行使価格| の現在
> 価値＋プット価格　　　　　　　　　　　　　　　　　［式3］

となります。さらに、|原資産のフォワード価格（先物価格）| の現在価値とは原資産価格のことなので、

> コール価格＝原資産価格−行使価格の現在価値＋プット価格　　［式3′］

となります。

　先ほど考察した「裁定取引」では、満期までポジションを持ち続け、利益を確保しました。［式3］［式3′］は、ポジションを構築した際に必要な資金が満期まで拘束され金利負担が生じた分が反映された式となります。これは、次の⑶BSの公式でも確認することができます。

　なお、現在価値の概念や計算は、本章では詳しくは説明しませんが、将来の価値を（1＋金利×期間）で割り算するものとします。金利が1％で満期までの期間が1年では、1.01で割り算（約0.99倍）するということです。仮に［式3］において ｛原資産価格のフォワード価格（先物価格）－行使価格｝の部分が2,000円になったとしても、その現在価値は1.01で割り算した値である1,980円程度になり、それほど大きな変更にはなりません。

　そこで、実際のトレーディングでは、簡単な［式2］のほうを念頭に置き、「裁定取引」の機会がないかを常に注視します。このような機会を感じた場合、即座に行動するのではなく、まずエクセルなどのツールを使用して精密な価格計算を行います。その計算結果をもとに実際の取引に臨むことで、より確実な判断が可能になります。

　また、電子取引のマーケットでは、タイム・バリューの「裁定取引」をねらったアルゴリズム取引が動作しており、適正価格からわずかでも乖離した価格は取引の対象となります。そのため、人間にとっての「裁定取引」の機会は一瞬でなくなってしまいます。個人投資家は、早急に取引が必要な場合、むしろこうしたアルゴリズム取引を利用し、プット・コール・パリティから算出される適正価格よりもわずかに高い（安い）指値を置くことで、瞬時に取引を成立させることができるのです。

⑶　オプション価格の要素

　オプション価格の計算には、ブラック・ショールズ（以下、BS）の公式と呼ばれるものを用います。BSの公式以外にもオプション価格を計算する方法はモンテカルロ・シミュレーションなども含めいろいろあります。実際の

オプションマーケットではこのモデルではあわない現象もあるので、多くの
トレーダーやブローカーはBSの公式を発展させた公式を使っています。し
かし、お互いマーケットの話をするときは共通言語としてBSの公式を用い
ます。

　以下、エクセル版かブラウザー版のどちらかの資料を参照して読み進める
ことで、理解が深まります。ブラウザー版の場合は、ZIPファイルを解凍し
てできたフォルダー「BookAll」をクリックし、ファイル「index.html」を
ブラウザーで開いてください（ダブルクリックでデフォルトのブラウザーで開
きます）。エクセル版はフォルダー「Excel」にそれぞれのファイルが格納さ
れています。

BSの公式　使い方

〈参照〉
ブラウザー：リンク「オプション価格」
エクセル：EXCEL_CHAPTER 1 - 3　シート「オプション価格」

　この公式ではいくつかの変数を入力する必要がありますが、そのうち日経
オプションを計算するのに必要なものは以下のとおりです。

① 　原資産価格または先物価格

② 　行使価格（Strike Price）

③ 　現在からオプション満期までの時間（Time）

④ 　オプション満期までの期間の金利

⑤ 　オプション満期までの期間の配当利回りまたは④と同じ値

⑥ 　インプライド・ボラティリティ（Implied Volatility：IV）

　①から③まではオプションの契約内容や原資産価格であるため、既知のも
のです。また④⑤の金利と配当利回りはオプション期間が数カ月程度の場
合、変更する頻度は少なく、特にこの後で述べる先物価格を使用する方法で
は、そこまでの重要性はありません。

　一方、⑥のインプライド・ボラティリティ（以下、IV）は、オプション価

格を理解するための重要な変数です。ここでは簡単に、現在からオプション満期までの時間のなかで、①の原資産やその先物価格の「値動きの激しさの度合い」を指すと考えることにします。この数値が大きければ、今後のマーケットは不透明であり、予想もしない方向に大きく動く可能性があります。投資家はリスクに対して敏感になる傾向があります。逆に、小さければ今後マーケットはあまり動かず、投資家にとっては投資しやすい環境という意味になります。

　この変数だけは既知ではなく、各証券会社のオプション・トレーダーが全精力を注いで推測し、時にはマーケットで実際に取引を行い、マーケットの修正を図ります。また、本節(1)で述べたタイム・バリューを決定する要素にもなります。後の(4)でもう一度詳しく述べますので、おおよそ20%前後で推移する1つの変数としてとらえておきましょう。

　これらの変数を公式に入力すれば、オプション価格は計算されます。オプション価格を計算するには、以下の2つの方法がありますが、どちらの方法で計算しても、もちろん同じ値になります。

A）　原資産価格から計算する方法
B）　オプション満期と同じ満期の先物価格から計算する方法

　B）の方法は、オプション満期と同じ満期の先物価格または先渡価格が明らかにわかるときに有効で、A）の方法よりも簡単なことがメリットになります。デメリットはオプション満期をいろいろ変化させてオプション価格を計算するには、そのつどそれにあわせた満期の先物価格が必要になることです。

　A）の方法は、BSの公式内部で金利と配当利回りを用いて、原資産価格から先物価格を自動的に計算し、それからオプション価格を導いているイメージです。デメリットは、先物価格が既知のときには配当利回りを先物価格にあうように調整しなければならないという点です。特に原資産である日経平均は、配当の権利確定日の前後で大きく変化します。たとえば、3月末の権利確定日前の日経平均は4月限の先物価格よりも数百円高く、先物価格

にあわせるための配当利回りは数パーセントになります。しかし、権利確定日直後の日経平均は数百円安くなり、4月限の先物価格に近い値になります。そのため、配当利回りはほぼ0％にしなければ4月限の先物価格にあわなくなります。

　このように、A）の方法で株価指数オプションの価格を計算するには手間がかかり、ミスプライスも起こりやすいので、本書では主にB）の方法を用います。

　B）の方法で重要な点は、理由は後で述べますが、⑤の配当利回りを④の金利と同じ値に設定することです。この点に注意し、ブラウザーでリンク「オプション価格」、またはエクセル「オプション価格」を用意し、BSを用いて図表1－3－8のオプション価格を計算してみましょう。

　なお、計算に用いる関数名は「ALKOM_OptionPrice」となっています。これらは直接エクセルやブラウザーでみることはできませんが、VBAやJAVASCRIPTを習得されている方は、そのプログラムを観察することができます。

　「オプション価格」には図表1－3－9のような入力項目がありますので、順にFuture Priceには先物価格の39000、Strikeには行使価格の40000を入力します。

　Timeは満期までの時間を入力しますが、少し注意が必要です。BSの式では単位は年単位になります。満期まで30日ですのでこれを年単位に変換すると、1年は365日として30（日）÷365（日／年）＝0.08219（年）となります。細かいですが、うるう年に当たるときは366で割り算することもあります。ま

図表1－3－8　コールオプション取引事例

日経先物価格	39,000円
行使価格	40,000円
満期までの時間	30日
IV	20%
円金利	0.10%
配当利回り=円金利	0.10%

図表1－3－9　入力値

入力項目	入力値
Future Price	39000
Strike	40000
Time	0.08219
Interest	0.001
Volatility	0.2
Dividend	0.001
OptionType	Call

た、超長期の満期のオプションの場合はうるう年が途中で混ざるので365.25を使用することもあります。

　Interestは円金利で0.1％＝0.001を使います。この変数は満期時点でのオプション価格を現在価値に変換するために使われます。別の言い方をすると、オプションを買うときにその資金を借りるときのコストになります。オプション満期が数カ月程度のときはそれほど計算に影響してきませんので、日本銀行のホームページなどで掲載されている無担保コール金利などを参照します。

　Dividendは配当利回りですが、いまはB）の方法を使うので、先ほど述べたように金利と同じ0.1％を入力します。Volatilityはいま20％を想定していますので0.2を入力します。最後にOption Typeですが、CallかPutの選択式にしていますので、Callを選びます。以上入力が完了すると計算されコールオプションの価格はPriceの横にある490円となります。

先物価格とオプション価格

　今度は、オプション価格を決定する主な4つの変数①②③⑥とオプション価格の関係について調べてみましょう。

　行使価格、時間、IVは一定にし、日経先物価格を変化させてコールオプション価格を計算すると図表1－3－10のようになります。

　図表1－3－10から日経先物価格が38,000円のときのオプション価格は227円であり、日経先物が3,000円上昇し41,000円になると、オプション価格

図表1−3−10　日経先物価格対オプション価格

日経先物	行使価格	時　間	IV（%）	価　格
38000	40000	0.082192	20.00	227
38500	40000	0.082192	20.00	340
39000	40000	0.082192	20.00	490
39500	40000	0.082192	20.00	681
40000	40000	0.082192	20.00	915
40500	40000	0.082192	20.00	1,192
41000	40000	0.082192	20.00	1,511

は1,511円になっています。日経先物が上昇すればコールオプションの価格も上昇するという関係になっています。このコールオプションは日経先物を40,000円で買うことのできる権利なので、日経先物が上昇すれば、オプション満期日にマーケット価格よりも安く買うことができる可能性が高くなるからです。逆に日経先物が下落すればそのチャンスはなくなり、オプション価格も下落します。

　このような関係性があるので、コールオプションの保有は、経済的には日経先物を保有するのと同様の効果があります。ここでもう少し細かく数値をみると、日経先物が38,000円から39,000円に上昇したとき、オプション価格は227円から490円と263円上昇しています。これは先物の変化幅1,000円の約4分の1の変化幅であるので、日経先物を約4分の1保有していると考えてもいいでしょう。一方、日経先物が40,000円から41,000円へ変化した場合には、オプション価格の変化幅は約596円となり、先ほどの227円よりも大きくなっています。このことから、コールオプション保有者は日経先物を保有しているのと同じような経済効果は得られますが、日経先物の値と行使価格との位置関係によって、その効果の大きさは異なってくることがわかります。

　プットオプションもみてみましょう。図表1−3−11は行使価格40,000円のプット価格と先物価格の関係を示しています。日経先物が上昇するとプットの価格は下落するようにみえます。そのため、プットの保有者は日経先物をショート（売り）のポジションを保持しているのと同様な効果を得られます。変化幅も確認すると、日経先物が41,000円から40,000円に1,000円分下

落するとき、プット価格は511円から915円になり404円分上昇しています。この上昇分は先物1単位のショートから得られる利益1,000円の約40％に相当するので、プットを保有することは先物を40％分ショートしているのと同様な効果になります。また、先物価格が39,000円から38,000円へ下落したときのプット価格の変化は737円上昇ですから、この値位置ではプットは先物の約70％の効果をもつことになります。

行使価格とオプション価格

　先物価格、時間、IVは一定にし、行使価格を変化させてコールオプション価格を計算すると図表1－3－12のようになります。

　図表1－3－12から、行使価格が38,000円のオプション価格は2,227円であり、行使価格が1,000円高い39,000円のコールオプションは1,490円です。行使価格が高いコールオプションほど、その価格は安くなっています。行使

図表1－3－11　日経先物価格対オプション価格

日経先物	行使価格	時間	IV（％）	価格
38000	40000	0.082192	20.00	2,227
38500	40000	0.082192	20.00	1,840
39000	40000	0.082192	20.00	1,490
39500	40000	0.082192	20.00	1,181
40000	40000	0.082192	20.00	915
40500	40000	0.082192	20.00	692
41000	40000	0.082192	20.00	511

図表1－3－12　行使価格対オプション価格

日経先物	行使価格	時間	IV（％）	価格
40000	38000	0.082192	20.00	2,227
40000	38500	0.082192	20.00	1,840
40000	39000	0.082192	20.00	1,490
40000	39500	0.082192	20.00	1,181
40000	40000	0.082192	20.00	915
40000	40500	0.082192	20.00	692
40000	41000	0.082192	20.00	511

価格が高いコールオプションは、低いものに比べて満期日までに先物価格が大幅に上昇していないと行使できないことから、不利な条件になっています。そのため、このような価格の違いが生じます。

時間とオプション価格

日経先物39,000円、行使価格40,000円、IV20％にそれぞれ固定し、オプションの満期までの時間を変化させてコールとプットオプションの価格を計算します。満期1日（0.00274年）、30日（0.082192年）、3カ月（0.25年）、6カ月（0.5年）……3年のオプションを計算するとコールとプットの価格は図表1－3－13のようになります。

満期までの時間が短いオプションほど安くなる傾向がみてとれます。これを直感的にとらえると、満期まで1日のコールは、現在の39,000円の先物価格が明日までに40,000円を超えて上昇しなければ、行使することができません。したがって、利益を得られる可能性はあまりないため、価格は1円とほぼ価値がない状態です。こう考えると満期の短いオプションほどその価格は低くなることが想像できます。

逆に、満期までの時間が長くなればなるほど、日経平均が上下のどちらかに動くかの可能性は等しいかもしれませんが、40,000円を超え、より高い価格まで到達する可能性は増えます。したがって、満期の長いオプションのほうが、有利に働くチャンスが大きいので価格は高くなります。

ITMのプットについては、先物価格が40,000円を超えなければ行使する

図表1－3－13　時間対オプション価格

日経先物	行使価格	時間	IV（%）	コール	プット
39000	40000	0.00274	20.00	1	1,001
39000	40000	0.082192	20.00	490	1,490
39000	40000	0.25	20.00	1,125	2,125
39000	40000	0.5	20.00	1,761	2,761
39000	40000	1	20.00	2,669	3,668
39000	40000	2	20.00	3,952	4,950
39000	40000	3	20.00	4,931	5,928

ことが予想されます。特に満期1日ではほぼ行使すると思われるので、現時点でのイントリンシック・バリューである1,000円は確保されている状態です。満期までの時間がもっと長ければ、さらにITMになる可能性も大きいので価値も上がります。

　また、本節(2)で説明したプット・コール・パリティを思い出してみると、コールの価格はOTMなのでタイム・バリューのみになっています。一方、プットは、満期が長いと少し乖離はありますが、イントリンシック・バリュー1,000円にタイム・バリューが加わった価格になっています。このことからも満期が長いコールの価値が高くなれば、同じ行使価格のプットも高くなります。

インプライド・ボラティリティとオプション価格

　日経先物、行使価格、オプション満期は一定とし、IVを変化させてコールとプットの価格を計算すると図表1−3−14のようになります。

　IVとは「値動きの激しさの度合い」です。いまからオプション満期までの日経先物の値動きが荒れると、オプション価格も高くなる傾向が表から読み取れます。この状況は、先に述べた期間が長くなるとオプション価格が高くなることと似ています。満期までの時間が長くなると、予期しないことが起こる確率も上がり、今後の見通しが不透明になるからです。戦争や自然災害などのさまざまな下落要因や、テクノロジーの急速な進歩により企業業績が爆発的に伸びる可能性など、今後日経先物の値動きが激しくなる確率が上

図表1−3−14　ボラティリティ対オプション価格

日経先物	行使価格	時間	IV（％）	コール	プット
39000	40000	0.082192	10.00	117	1,117
39000	40000	0.082192	15.00	292	1,292
39000	40000	0.082192	20.00	490	1,490
39000	40000	0.082192	25.00	699	1,699
39000	40000	0.082192	30.00	913	1,913
39000	40000	0.082192	35.00	1,130	2,130
39000	40000	0.082192	40.00	1,350	2,350

昇するため、IVが上昇するときと同様なオプション価格の変化が生じます。

インプライド・ボラティリティと時間の関係

少し応用ですが、IVと時間の関係をみるために、IVと時間の平方根の積が一定の場合、オプション価格がどのようになるか観察します。

図表1 - 3 -15から、それらの積が一定の場合オプション価格も一定になることがわかります。これは、たとえばIVが2倍に上昇したときのオプション価格は、IVはもとのままで満期までの時間が4倍になったオプション価格に等しくなることを意味します（現在価値に引き戻す金利分を除いて）。このように、オプションの価値を決める時間とIVは密接な関係になっています。

ま と め

以上をまとめると、それぞれの要素が高くなったときコール価格とプット価格は図表1 - 3 -16のようになります。

図表1 - 3 -15　ボラティリティと時間の平方根の積

日経先物	行使価格	時間	IV（%）	コール	プット
39000	40000	0.328767	10.00	490	1,490
39000	40000	0.146119	15.00	490	1,490
39000	40000	0.082192	20.00	490	1,490
39000	40000	0.026838	35.00	490	1,490
39000	40000	0.020548	40.00	490	1,490
39000	40000	0.016235	45.00	490	1,490

図表1 - 3 -16　各要素の上昇とオプ
ション価格の関係

要素 上昇時	コール	プット
原資産価格	高い	安い
行使価格	安い	高い
時間	高い	高い
ボラティリティ	高い	高い

プット・コール・パリティ　再計算

　BS公式を使って自由にオプション価格を計算できるようになったところで、プット・コール・パリティを再び確認してみましょう。

　ここでは、金利の調整分も含め、厳密な式、

> コール価格＝｜先物価格－行使価格｜　の現在価値＋プット価格
>
> ［式３］再掲

の両辺が等しくなることをみます。そのため図表１－３－17のように金利を10％とし、期間を２年にします。この条件でブラウザーまたはエクセル「オプション価格」を用いてコールを計算すると、2,198.22円となります。同様にプットは6,291.87円です。先物価格と行使価格の差は5,000円なので、これを現在価値にします。

　現在価値は（１＋金利×年）で割り算して求めるものでした。この値を計算すると、

$$5000 \div (1 + 0.1 \times 2) = 5000 \div 1.200 = 4166.667$$

となり、この値をプット価格から差し引くと2,125.21円になります。コール価格2,198.22円と比較するとかなり大きな誤差です。

　厳密には、実際ＢＳの公式に使用する金利、配当利回りは、連続複利ゼロレートと呼ばれるレートを用います。10％がこれに相当するものとすれば、現在価値を求めるときは、（１＋金利×年）のかわりに指数関数EXP（金利×年）で割り算して求めます。指数関数EXPは後で述べる対数変化率で扱いま

図表１－３－17　オプション価格の入力値例

日経先物価格	40,000円
行使価格	45,000円
満期までの時間	２年
IV	20％
円金利	10.0％
配当利回り＝円金利	10.0％

すが、eのX乗を意味する関数です。ここで、eはネイピア数と呼ばれる定数で、およそ2.718という値をもちます。なおeについては、次の(4)で再度説明します。

$$5000 \div EXP\ (0.1 \times 2\ ) = 5000 \div 1.2214 = 4093.65$$

となり、プット価格から差し引くと2198.22とコール価格と一致します。

　このようにBS公式を使っても、プット・コール・パリティを確認することができました。また、BS公式に使用する金利と配当は、少し特殊な"単位"に変換する必要があるということも理解できますが、低金利、短期間ではそれほどの誤差ではないため、通常の金利等を使ってもさしつかえないと思われます。

(4)　インプライド・ボラティリティとは

インプライド・ボラティリティの逆算

〈参照〉
ブラウザー：リンク「インプライド・ボラティリティ」
エクセル：EXCEL_CHAPTER 1 - 3　シート「インプライド・ボラティリティ」

　IVとは、現在からオプションの満期までの間の「値動きの激しさの度合い」を表す指標でした。このほかの変数である原資産価格や金利などは市場観測によって得られ、時間の変数は単に日数を年に換算するだけですみます。しかし、IVは主観的な予測値であり、ゆえに先物と同様、常に動いているものです。

　もっとも、オプション価格がマーケットで観測できるときは、その価格からBSの公式を用いてIVを逆算することはできます。そこでブラウザーまたはエクセルを用意し、ブラック・ショールズの逆算用関数を用いてオプション価格が450円のときのIVを計算してみましょう（図表 1 - 3 - 18）。

図表１−３−18　IVの逆算

日経先物価格	39,000円
行使価格	40,000円
満期までの時間	30日
コールオプション価格	450円
円金利	0.10%
配当利回り=円金利	0.10%

　ブラウザー、エクセルシート「インプライド・ボラティリティ」にある入力項目のうち、Target Option Priceという項目に、オプション価格450円を入力します。残りの項目はBSの公式の使い方で述べたのと同様に入力します。入力が正しければVolatilityの項目に19.0％と表示され、オプション価格から逆算されたIVを得ることができます。

　オプションマーケットで観測できる価格には気配値である買値（Bid）、売値（Ask）、実際に取引がついた値段（約定価格）の３種類です。したがって、それぞれの価格に対応するIVを計算することができます。

　たとえば、日経先物、金利などが上の条件で、同時刻に、買値が450円、売値が500円、480円が約定価格とします。それぞれの価格からIVを逆算すると、19.0％、20.2％、19.8％となります。買値を提示している参加者は、19.0％が適切なIVよりも低いと考え、この水準で購入すれば利益が出ると判断しているということです。売値の20.2％も同様に売れると利益が出るIVと判断しているということです。約定価格に対応する19.8％は、売りたい人と買いたい人がそれぞれ折り合いをつけて、そのときに最も適切なIVの水準と判断した値という意味になります。

　このようにIVは、取引参加者の期待ボラティリティを反映しているため、オプション評価や取引戦略の重要な情報となります。

　では、マーケット参加者はどのようにIVの適正水準を判断しているのでしょうか。その１つにヒストリカル・ボラティリティ（Historical Volatility：HV）またはリアライズド・ボラティリティ（Realized Volatility：RV）というものがあります。これは過去に起こった原資産価格の「値動きの激しさの

度合い」という概念で、客観的に計算することができる指標です。

　オプション・トレーダーはこのHVを計算し、それを参考にIVの適正水準を判断する大きな材料としています。つまり、HVをもとにIVがいくらであるべきかの手がかりを得ているのです。特に流動性が非常に低い商品、たとえばTOPIXのオプションにはHVを計算し、それを応用して使うこともあります。

　HVの計算方法は１日ごとの対数変化率（ログ・リターン）を計算し、その標準偏差を求めることです。対数変化率はあまり聞きなれない言葉ですので、まず一般的な変化率について復習しておきましょう。

　一般的な変化率は、１日分の変化率であれば、

　　（一般的な変化率）＝［（当日の終値）－（前日の終値）］÷（前日の終値）

から、

$$（一般的な変化率）= \frac{（当日の終値）}{（前日の終値）} - 1 \qquad ［式４］$$

となります。（当日の終値）を（前日の終値）で割り算し、それから１を差し引いたものです。ここでは対数変化率と区別するため「一般的な変化率」と書きます。

対数変化率（ログ・リターン）

　対数変化率は、（当日の終値）を（前日の終値）で割り算し、その自然対数をとって（LOGをとって）計算した変化率です。自然対数とは、ネイピア数（e＝約2.71）を底とした対数のことです。式にすると、

$$（対数変化率）= \log_{e} \frac{（当日の終値）}{（前日の終値）} \qquad ［式５］$$

となります。

　［式４］と［式５］を見比べると、「一般的な変化率」の計算とほぼ同じで

あり、最後に1を差し引くかLOGをとるかの違いだけと理解すると簡単かもしれません。

　今度は具体的に計算してみましょう。たとえば100が103へ上昇したときの対数変化率はLOG（103÷100）＝2.95588％と計算されます。エクセルに標準で用意されている関数LNを用いて、LN（103/100）＝2.955％として計算することができます。「一般的な変化率」の計算（103÷100）－1＝3％とほぼ同じ値になります。実際、変化率が数パーセントの場合、両者はほぼ同じになるといわれています。したがって、対数変化率は「一般的な変化率」とほぼ同じと考えることができます。

　また、対数を考える場合、底のとり方にはいろいろな方法があり、日常的には10を底とする対数が一般的に使われます。しかし、対数変化率の計算では、ネイピア数を底とすると、ほかのどのような数を底とするよりも、「一般的な変化率」に最も近い値になることが知られています。そのため、対数変化率の計算にはネイピア数が用いられます。

　今度は対数変化率と（前日の終値）を用いて（当日の終値）を計算する方法をみてみましょう。計算式は、

$$（当日の終値）＝（前日の終値）× e^{（対数変化率）} \qquad [式6]$$

と（前日の終値）にネイピア数の（対数変化率）乗を掛けたものになります。先ほどの例に当てはめると、対数変化率が2.955％で（前日の終値）が100のとき、（当日の終値）は100×EXP（2.95588％）＝103となります。ここでEXP関数はエクセルでネイピア数の指数関数に対応するものです。

　この式は「一般的な変化率」が3％で（前日の終値）が100のときの（当日の終値）の計算式100×（1＋3％）＝103と似ています。

　1日の変化だけでなく、ある日付から別の日付までの一定期間の最終的な変化率をトータルリターンといいます。このトータルリターンを計算するとき、対数変化率を使用すると1日ごとの対数変化率を足し算することができるので非常に便利です。「一般的な変化率」では期間が長くなるとリターンの加算性が失われるのに対し、対数変化率ではその問題がないため、長期間

のリターン計算が簡単になる利点があります。

たとえば、対数変化率で日経先物が当日2％上昇し、その翌日4.6％上昇し、さらに翌々日1.6％下落した場合、最終的な対数変化率は、2％＋4.6％＋（－1.6％）＝5.0％と計算できます。このことを実際に確認してみましょう。簡単のため日経先物ははじめの時点で100とします。

素直に1日ごとに計算すれば［式6］を用いて日経先物の100×EXP（2％）が当日の終値になります。同様に逐次エクセル関数で計算すると100×EXP（2％）×EXP（4.6%）×EXP（－1.6%）＝105.1271が最終的な終値になります。

一方、対数変化率を足し算した場合は5％になりますので、100×EXP（5％）＝105.1271と1日ごとに計算した終値と同じものになります。

もう少し単純な例として、2％上昇し翌日2％下落という相場用語で「いってこい」の状況をみてみましょう。はじめ100だった日経先物は2％＋（－2％）＝0％なので100×EXP（0％）＝100×1＝100とそのままもとの100に戻ります。念のため1日ごとに計算しても100×EXP（2％）×EXP（－2％）＝100×1.020201×0.980199＝100となります。

一方、「一般的な変化率」での＋2％、－2％ではこのように足し算では誤差が出てしまいます。足し算では0％ですので100はもとに戻り100になるはずですが、1日ごとに計算すると100×（1＋2％）×（1－2％）＝99.96となりもとには戻りません。

このように対数変化率を使えば、トータルリターンの計算はEXPの中身の足し算ですんでしまいます。したがって、複数の期間があり最終的な価格を計算する方法は、各期間の対数変化率をすべて足し合わせ、最後にエクセルのEXP関数を用いて価格に変換すればよいのです。

また、過去データを分析するときなど、「一般的な変化率」のデータのみある場合は、「一般的な変化率」を r 、対数変化率を x と置いたとき、［式4］［式5］から、

$$x = \log\ (1 + r)$$

として対数変化率に変換することができます。

　「アノマリー」という、理由は明確ではないがよく当たるマーケットの法則性があります。代表的な例として、日経先物の夜間取引と日中取引の値動きを比較したものがあります。これは、過去数年分の両時間帯の変化率の累積和を分析し、夜間に買い・日中に売るなどの取引パターンを示唆するものです。このような変化率の累積和などの計算は、対数変化率を用いると簡単になります。

ヒストリカル・ボラティリティ

〈参照〉
ブラウザー：リンク「標準偏差」
エクセル：EXCEL_CHAPTER 1 - 3　　シート「標準偏差」

　対数変化率について学習しましたので、HVの計算方法に戻ります。HVの計算方法は、原資産価格の1日ごとの対数変化率を何日分か計算し、それらの標準偏差をとります。この数値は1日当りのボラティリティになります。

　BSの公式で使われるボラティリティ（IV）は年率なので、1日当りのボラティリティを1年当りに変換しなければなりません。変換方法は、市場の年間営業日数の平方根を掛けて算出します。日本の取引所の営業日は年によって異なりますが、一般的に245日と仮定します。したがって、計算結果に $\sqrt{245}$（≒15.65）を掛ければよいわけです。

　エクセル関数を用いるときは1日当りのボラティリティをvol（1 d）、年率換算されたボラティリティをvol（1 y）と書くと、エクセルではSTDEV関数とSQRT関数を用いて、

vol（1 d）＝STDEV（1日目の対数変化率、2日目の対数変化率、3日目の対数変化率、……）
vol（1 y）＝vol（1 d）×SQRT（245）

となります。

　標準偏差とは、1日ごとの対数変化率の平均を計算し、その平均値からどれくらいばらついているかを示す指標です。ここで注意すべき点は「ばらつき具合」ということです。毎日一定の上昇率（たとえば5％）で変化している原資産がある場合、その対数変化率は1日目も2日目以降もすべて5％となり、常に一定値になります。つまり、データの「ばらつき具合」はゼロになり、標準偏差は0になるのです。このことについて、エクセルを用いて確認してみましょう。STDEV関数に対数変化率の列［5％, 5％, 5％, ……］と入力すると0となります。

　感覚的には毎日上昇している相場をみると、過熱感や激しい動きがあるように感じるかもしれませんが、HVの観点では「ばらつき具合」はゼロです。またオプション取引の観点からいえば、毎日確実に上昇することが予測されるならば、オプションは不要であり、単純に原資産を購入するだけで十分です。そのため、オプションの価値はゼロになります。

　一方、原資産価格がある日に3％上昇し、翌日には3％下落する、というような繰り返しの相場では、HVは大きくなる傾向があります。日経先物マーケットでたとえると、40,000円から始まり、翌日には41,200円まで上昇した後、再び翌々日に40,000円に戻るような動きが続く場合が考えられます。このような場合、対数変化率の平均値は0％になりますが、各日の対数変化率は平均値から3％または−3％ずれています。つまりデータの「ばらつき具合」が大きい状態です。

　エクセルでSTDEV関数に対数変化率の列［3％, −3％, 3％, −3％, ……］を入力してHVを計算すると、何日分のデータをとるかによって多少異なりますが、おおよそ3％強になることが予想されます。原資産が毎日反対方向に動く場合、HVが大きくなる傾向があります。

　(4)のはじめにHVを過去の「値動きの激しさの度合い」と説明してきましたが、計算上では対数変化率の平均値からの「ばらつき具合」ということになります。

ローリング・ヒストリカル・ボラティリティ

〈参照〉
ブラウザー：リンク「ヒストリカル・ボラティリティ」
エクセル：EXCEL_CHAPTER 1 - 3　シート「ヒストリカル・ボラ
ティリティ」

　ここまでは、HVの計算に使うデータの個数については触れてきませんでしたが、実際には特に決まった基準があるわけではありません。使用するデータの個数や取得期間によって計算結果は異なります。そこで、使用するデータの個数を、取引しようとしているオプションの満期にあわせる方法もあります。

　たとえば、1週間満期のオプションを取引する場合、過去5営業日分の対数変化率の標準偏差を年率換算したものを参考にすることができます。一方、長期のオプションであれば、より長い期間（数カ月〜1年など）のデータから算出したボラティリティを用いるべきでしょう。

　オプション・トレーダーが実務でよく使用する方法の1つに、ローリング・ヒストリカル・ボラティリティ（以下、ローリング・HV）があります。この計算方法は、たとえば1週間満期のオプション取引を例にあげると、まず本日からさかのぼって過去5営業日分のデータからHVを計算します。そして次に、その前日から過去5営業日分のデータを使ってHVを計算し、その結果を前日のデータの後ろに並べます。これを繰り返し、過去の日数だけデータをずらしながらHVを計算し、その結果を順次並べていく方法です。

　以上の計算方法を、日経先物の2024年3月のマーケットを例にとって確認してみましょう。図表1 - 3 - 19のように、日付と日経先物の終値を縦に過去にさかのぼって並べていきます。次に3月5日から3月6日への対数変化率LN（40080 ÷ 40130）＝ −0.12％を3月6日の終値の隣の列に並べます。同様に3月4日から3月5日の対数変化率−0.05％を3月5日の終値の隣に、というように順次日々の対数変化率を計算します。

　今度はいま計算した対数変化率の列から5営業日分のデータを使ってHV

を計算します。はじめに3月6日から過去5営業日分の標準偏差を求めます。対数変化率の隣の列にSTDEV関数を入力し2月29日から3月6日までの5営業日分の対数変化率の列を参照することでHV＝0.81％と計算されます。これを年率に換算するため、さらに隣の列にSQRT（245）を掛け算する式を入力すると12.7％が得られます。同様に3月5日の対数変化率の隣の列にSTDEV関数を使用して、2月28日から3月5日までの5日分の対数変化率の列を参照して標準偏差を計算し年率に換算すると13.1％となります。このように順次3月4日、3月1日、……のHVを計算すると図表1－3－19のような結果が得られます。また比較のため、まったく同様に計算した20営業日分のデータからの年率換算したHVも付け加えています。

　短い期間、つまりデータ数が少ない標準偏差から計算されたHVは、その

図表1－3－19　ローリング・ヒストリカル・ボラティリティ

日付	終値	対数変化率 （％）	5営業日ヒストリカル （％）	5営業日ヒストリカル （年率、％）	20営業日ヒストリカル （年率、％）
2024/ 3 / 6	40,080	− 0.12	0.81	12.7	17.27
2024/ 3 / 5	40,130	− 0.05	0.84	13.1	17.14
2024/ 3 / 4	40,150	0.37	0.82	12.8	17.01
2024/ 3 / 1	40,000	1.87	0.82	12.9	18.14
2024/ 2 /29	39,260	0.23	0.94	14.8	17.53
2024/ 2 /28	39,170	− 0.25	1.06	16.6	17.63
2024/ 2 /27	39,270	0.10	1.03	16.2	17.56
2024/ 2 /26	39,230	0.28	1.07	16.7	18.85
2024/ 2 /22	39,120	2.14	1.14	17.8	18.93
2024/ 2 /21	38,290	− 0.57	0.78	12.3	18.16
2024/ 2 /20	38,510	− 0.03	0.90	14.0	17.99
2024/ 2 /19	38,520	− 0.23	1.63	25.5	18.63
2024/ 2 /16	38,610	1.22	1.58	24.7	18.71
2024/ 2 /15	38,140	0.97	1.65	25.9	18.55
2024/ 2 /14	37,770	− 0.95	1.71	26.7	15.23
2024/ 2 /13	38,130	3.31	1.68	26.2	17.13
2024/ 2 / 9	36,890	0.08	1.04	16.3	16.35
2024/ 2 / 8	36,860	2.00	1.02	16.0	16.40

計算する日付によって数値がかなり異なることがわかります。たとえば、2月20日の5営業日のHVは14.0％であり、一方で2月19日のそれは25.5％と大きなばらつきがみられます。これは2月13日に先物が対数変化率で約3.3％上昇し、大きく動いたことに起因します。一方、期間を20営業日にしたHVは、2月8日から3月6日までは15％強から18％で推移しています。

ローリング・HVの考え方は、先物取引における移動平均と似ています。たとえば、5営業日のローリング・HVは5日移動平均、20営業日のボラティリティは20日移動平均といった具合です。移動平均は過去のデータを一定期間ごとに区切り、その期間内のデータの平均をとることで、一定期間ごとの傾向や変化を把握する手法です。同様に、ローリング・HVも一定期間ごとのボラティリティを計算し、ボラティリティの動向を把握します。

また、ローリング・HVを過去10年間など長期間のデータから計算し、季節性などを分析することもしばしばあります。その場合には比較的安定した期間20営業日〜30営業日のデータを用いることが多いです。年末、年度末、夏期休暇時期など特殊要因があるときに日経先物のHVの傾向を知っておくことは、オプションのみならず先物取引においても重要なことだからです。また長期間のデータを用いると、金融商品固有のボラティリティを知ることにもなります。日経先物のような株価指数のボラティリティはおおむね20％程度といわれています。

参考のため2024年の米国大統領選挙の直前の為替マーケットでもHVをみてみましょう（図表1−3−20）。

5営業日のHVは7％〜12％程度となり、日経先物と比較すると全体的に小さい数値が並んでいます。特に10月終わりからは、HVは7％〜9％程度でドル円市場は変動の少ないレンジ相場が続いています。政策に関する不透明感から、積極的な売買を控える投資家が増加し、市場全体のボラティリティが低下しているのが要因です。一方長期間のデータを分析すると、20営業日〜30営業日のHVは1年を通しておおむね10％程度になっています。株価指数のHVの20％と比較すると約半分程度のボラティリティです。その他原油、農産品などコモディティのHVは25％程度、標準的な金利のHVもお

図表 1 − 3 −20　ローリング・ヒストリカル・ボラティリティ
（ドル円）

日付	価格	対数変化率 (%)	5営業日ヒストリカル (%)	30営業日ヒストリカル (%)
2024/11/ 5	151.85	− 0.18	9.25	11.85
2024/11/ 4	152.13	− 0.56	9.41	11.87
2024/11/ 1	152.98	0.62	9.98	11.73
2024/10/31	152.03	− 0.90	9.14	11.84
2024/10/30	153.41	0.04	7.32	11.36
2024/10/29	153.35	0.05	10.26	11.38
2024/10/28	153.28	0.64	10.12	11.74
2024/10/25	152.30	0.32	10.70	11.76
2024/10/24	151.82	− 0.61	12.22	12.08
2024/10/23	152.75	1.11	9.79	11.96
2024/10/22	151.06	0.15	7.58	11.69
2024/10/21	150.83	0.87	8.83	11.88
2024/10/18	149.52	− 0.45	6.82	11.77

おむね25％といわれています。

インプライド・ボラティリティとヒストリカル・ボラティリティ

　先にトレーダーはHVを参考にしてIVを推測していると述べました。では両者にどの程度違いがあるのでしょうか。図表 1 − 3 −19で計算したように、2024年 3 月 6 日の日経先物の20営業日HVは17％でした。一方、取引所のデータなどをもとに 3 月 6 日のマーケットのオプション価格からIV（ATM）を逆算すると18％程度になります。このように、HVとIVの水準はおおむね近い範囲にあります。このような場合、市場参加者の予測や期待が現実の価格変動に近い水準にあることが示唆されます。

　また古いデータですが、2013年 6 月のマーケットは非常に動きが激しい時期でした。30営業日HVは40％～45％、一方でIVはおおむね30％後半から40％程度となっていました（図表 1 − 3 −21）。

HVが非常に高い水準である程度の期間推移していた原因として、過去の変動の影響を受け、投資家やトレーダーが先物売買で不安定性に対処しなければならない状況であったことが考えられます。一方で、IVがHVよりも低い水準で推移していたことから、市場参加者は、ポジション整理が終われば近い将来、マーケットが落ち着き、ボラティリティが低下するという期待があったことが示唆されます。

　為替マーケットでは、図表1－3－20のように2024年11月の30営業日ローリングHVが11％台ですが、オプションマーケットがみているIVは、図表1－3－22のように1カ月（1M）オプションでは約12.87％、それよりも満期の短い1日～2週間（1DAY～2W）オプションでは18.02％～32.81％と非常に高い水準になっています。大統領選の結果待ちでドル円の動きが停滞し5日ローリングHVが9％台で推移する場面でも、オプション・トレーダーは選挙結果に対して大きな変動が起こると判断した可能性があります。一方で2カ月以降（2M～12M）のオプションでは、IVは長期間のHVの10％と同程度のIVになっています。これは、2カ月以降は大統領選の影響が薄れ、市場の変動も通常どおりの10％程度になることを見込んだものと推測さ

図表1－3－21　2013年6月　日経先物

日付	価格	対数変化率 （%）	5営業日ヒ ストリカル （%）	30営業日ヒ ストリカル （%）
2013/ 6 /13	12450	− 6.45	77.50	48.00
2013/ 6 /12	13280	− 0.75	58.90	44.50
2013/ 6 /11	13380	− 1.78	72.50	44.40
2013/ 6 /10	13620	7.15	74.80	44.20
2013/ 6 / 7	12680	− 1.10	49.70	39.30
2013/ 6 / 6	12820	− 0.93	52.20	39.20
2013/ 6 / 5	12940	− 5.34	56.30	39.40

図表1－3－22　インプライド・ボラティリティ（ドル円）

1 DAY	1 W	2 W	1 M	2 M	3 M	6 M	12M
32.81%	18.02%	15.06%	12.87%	11.89%	11.44%	10.77%	10.10%

れます。

　以上から、IVは、HVをもとに市場参加者のさまざまな推測や期待によって形成されます。HVが上昇すると、市場参加者は将来の価格変動の増加を予想し、それに対応してIVが上昇して、HVに収斂する傾向があります。逆に、HVが低い場合、オプションの買い手が少なくなり、価格が低下しIVが下落する傾向があります。また為替の例のように、大統領選のような大きなイベントがある場合は、イベントに対する思惑からHVと期間の短いオプションのIVに大きな乖離が発生することもあります。このように、市場参加者の期待や心理がIVの形成に影響を与えます。

　また、ローリング・HVの考え方は移動平均に似ていますが、その使い方も移動平均と同様なものです。IVが下がって20営業日ローリング・HVを割り込んできたらオプションを買い、5営業日ローリング・HVを超えてきたら売るといった具合にみているトレーダーもいます。そうしたマーケット参加者が多数いることで、自然とIVはHVに左右されることが多くなります。

コラム 2　インプライド・ボラティリティの観測

　為替、貴金属、LMEなどのオプションマーケットでは、IVを直接観測することができます。これらの市場では、基本的に相対で取引が行われています。相対取引では、各取引会社のオプション・トレーダーが、いくつかのブローカーにオプションの取引相手を見つけてもらいます。

　通常、トレーダーは取引したいオプションのIVをブローカーに伝えるだけで、具体的なオプション価格は直接伝えません。為替オプションの場合、たとえば満期が1カ月で、行使価格が130円のドルプット、円コール、11%bidのように伝えます。これは、IVが11%になるような価格でオプションを購入したいということを示しています。もし他社のトレーダーがそのIVで取引を希望すれば、IVベースで取引がいったん成立し、その後お互いのトレーダーがオプション価格についてあらためて合意します。

原資産価格が変化すればオプション価格も変化しますが、IVベースでの取引では、デルタニュートラル取引と呼ばれるオプションと原資産をパッケージとし、オプション価格変化を原資価格変化で相殺するような取引を行います。これにより、トレーダーは原資産価格の上下をそれほど気にせず、IVの水準の妥当性に集中することができます。

　IVの水準に集中できることで、トレーディング戦略では、たとえば、為替の値動きが落ち着いてくることを見込むと、1カ月オプションを11％で売却、翌日予想どおりIVが全体的に下がり1カ月オプションが10％で買戻しできれば1％分の利益を得るというような取引の組立てができます。

　日経先物のオプションのように取引所に上場しているオプションのマーケットでは、金融機関のオプション・トレーダーのほか機関投資家や個人（エンドユーザー）も参加できるため、為替オプションのようにIVを指定して取引することはできません。エンドユーザーは、IVの高い低いで取引するのではなく、保険やリスク管理のためにオプションを購入したり、ポートフォリオの一部として使用したりすることが一般的です。

　彼らは価格や特定の条件を基準にしてオプションを選択します。保険として使用する場合、自分が支払うことができる金額の行使価格や満期を選択してオプションを購入する傾向があります。また、投資目的でオプションを購入する参加者は、取引の利益を追求します。オプション価格はIVが上昇しなくても、先物価格の変動で上昇する場合もあります。こうした場合でも彼らは利益を確保するので、IVよりもオプション価格の変動に焦点を当てる傾向があります。

　このように取引所上場のオプションマーケットでは、IVを重視する参加者と価格を重視する参加者が混在しています。この相互作用により、市場には流動性が生まれ、オプション価格が形成されることになります。

　IVの過去の記録は先物の過去データと異なり、データとしてなかなか

(5) 裁定取引の復習と先物の先物価格

「裁定取引」は現物価格に対する先物の理論価格を構築するときや、マイナスのタイム・バリューを否定するとき、また、プット・コール・パリティを導くために使われました。このように、その原資産やその派生商品に十分な流動性があり、自由に売買ができるという条件では、理論価格から乖離した場合、乖離した分を無リスクで利益にする取引を行う参加者が必ずいます。そういう取引によって市場は理論価格に収束していきます。

「裁定取引」の理解は、理論価格に十分収束するかどうか見極めるうえで重要です。練習問題として次を考えてみましょう。

> 問い：本日の日経先物Z24（2024年12月満期の先物）が40,000円のとき
>   　 1週間後の日経先物Z24の理論価格はいくらになるのか。

いわゆる先物の先物価格です。これもまた「裁定取引」を使えば答えが出てきます。仮に1週間後のZ24の相対市場（1週間後のZ24の価格と相対市場で契約した価格の差を差金決済するものとします）があり、その価格が41,000円とします。その場合、相対市場でそれを売り、いまの40,000円のZ24を買います。必要な資金は証拠金のみになりますので、ここでは証拠金分の金利負担は無視します。

1週間後、たとえばZ24の価格が38,000円になったとします。40,000円で買ったZ24は2,000円の損失、一方、理論価格で売ったほうは41,000円と38,000円との差額3,000円を受け取ることができます。よって、都合1,000円の利益を得ることができます。1週間後に価格が上昇した場合も同様に1,000円の利益を得ることができるので、理論価格41,000円は高すぎるとい

う結論になります。そのように考えると、理論価格は現在の価格と同じ40,000円になります。まとめると先物価格の先物は、どの期間でもすべて現在の価格に等しくなるということです。

オプション　使い方2
（高度な使い方）

(1)　グリークスとは　オプション価格の変化

　これまでの学習で、オプション価格はいくつかの変数を入力すれば簡単に計算できることがわかりました。オプション価格を決める主な要素は、原資産価格（先物価格）、行使価格、満期までの時間、IVでした。このうち行使価格は契約事項なので変化することはありませんが、他の要素は時とともに変化しうるものです。オプション満期までの時間の変化量は一定ですが、原資産価格とIVはマーケットの動き次第でいろいろな値に変化し、それに伴ってオプション価格も変化します。そのため、マーケット変数とも呼ばれています。マーケット変数にはそのほかに金利もあります。

　私たちはBSの公式によってオプション価格を計算できるので、その変化を定量的にとらえることもできます。マーケットが動いたときにオプション価格がどのように変化するかを示す指標はグリークスと呼ばれています。オプション・トレーダーがリスクを管理し、取引戦略を構築する際に重要な情報源となります。

　グリークスには、原資産価格が変化したときのオプション価格の影響度合いを表すデルタ、IVの変化によるベガ、時間経過によるセータなどがあります。またグリークスを計算する方法には、オプション価格をそれぞれの要素で微分する方法もあります。はじめに実際にマーケット要素を動かしてオプション価格の変化を観察する方法を説明し、その後、微分などを用いた関数で直接計算する方法を紹介します。

また、ここではグリークスを計算するにあたって、図表1－4－1の条件のオプションを例として使用します。このオプションは満期日までの残存期間が短く、行使されるかどうかが不確実であるため、リスクが目まぐるしく変化します。

デ ル タ

〈参照〉
ブラウザー：リンク「デルタ」
エクセル：EXCEL_CHAPTER1－4　シート「デルタ」

　オプション価格を決める要素のなかでいちばん変動が大きいのは、マーケット変数の1つである原資産価格です。マーケットがオープンしている間は、常に原資産価格が変動するため、そのたびにオプション価格も変化します。そのため、トレーダーは「デルタ」を最も重要視します。デルタの定義は、原資産価格が1単位動いたときにオプション価格がどれだけ変動するかです。ただし、実際の計算では、ドル円の為替レートなど原資産価格1単位分が非常に大きい場合もありますので、原資産価格を十分に小さな量だけ変化させ、そのときのオプション価格の変化量を原資産価格の変化量で割ることで計算できます。実際にエクセルかブラウザーを使って、図表1－4－1のオプションのデルタを計算してみましょう。

　コールオプション価格はBS公式により263.82円となります。先物価格を1円上げて39,851円と置き、再びオプション価格を計算すると264.26円とな

図表1－4－1　日経先物オプション例

日経先物価格	39,850円
行使価格	40,000円
満期までの時間	4日
IV	20%
円金利	0.10%
配当利回り=円金利	0.10%

り、オプション価格の変化幅は0.43円となります。次に先物価格を1円下げて39,849円とし、再度計算すると263.39円となり、もとの263.82円からの変化幅も0.43円となります。この0.43円という量をデルタと呼びます。日経オプションを100枚保有していた場合は、100枚分で0.43円価格が変化するので、100×0.43×1,000（1枚とは1,000株あるいは1,000倍分であったことを思い出してください）＝43,000円がデルタとなります。

デルタの別の表し方もあります。日経先物が1円上がったにもかかわらず、オプション価格は0.43円しか上昇しませんでした。つまり、日経先物を0.43単位分しか保有していないことを意味します。これにより、日経先物とオプション価格の変化の比率は0.43です。したがって、デルタ43％という言い方もよく使われます。デルタが43％のコールオプションを100単位保有していれば、原資産換算（先物換算）で43単位保有していることになります。このようにデルタは絶対金額で表現する方法と原資産換算で表現する方法がありますが、実務的には商品によって便利なほうを使います。日経先物などは先物換算、金利デリバティブなどは0.01％当りの絶対金額を使うのが慣例です。

同じ条件のプットも計算しましょう。オプション価格は413.82円となりますが、日経先物を1円上げ下げして再計算すると、それぞれ413.26円、414.39円になります。したがって、日経先物が1円上昇するとオプション価格は0.57円下落し、1円下落すると0.57円上昇します。プットの価格はコールと反対に動くため、デルタの符号もマイナスになります。したがって、プットのデルタは−0.57または−57％です。

デルタが−57％のプットを200枚保有していれば、原資産換算で114枚分ショートになります。プットの定義を思い出すと、プットは売る権利であり、それを保有していれば将来先物を売る可能性があるため、ショートになります。

また、自明なことですが、原資産自体は、原資産価格が1円上がれば原資産価格も1円上がるので、デルタは1または100％です。金融機関で原資産である現物株式を扱う部署をデルタ・ワン（delta one）デスクと呼んだりす

るのはそのためです。

　日経先物でに1円上下させることでデルタ量を計測しました。この値幅は他の商品ではいくらが適切なのかを検証するため、図表1－4－2の為替のコールオプションの例を計算してみましょう。

　簡単のためドル円価格はオプション満期日と同じ受渡日のフォワード価格（実務上受渡日はオプション満期日の2営業日後になります）としています。オプション価格は0.41円となりますが、ドル円を1円上げ152.5円とするとオプション価格は0.92円となり、1円下げると0.15円となります。したがって、0.41円との差をとって、1円上げたときのデルタは0.50で50％、下げたときのデルタは0.27で27％となります。このように、ドル円のオプションでは上下でオプションデルタが大きく異なります。1円という単位は日経平均では大きな動きではありませんが、為替では大きな単位となります。

　そこで、1円のかわりに0.01円上下させてオプション価格の変化を計測し、後で結果を0.01円で割り算します。オプション価格を小数第3位までみると、0.415円からそれぞれ0.419円、0.411円となり、0.004円の変動になります。これを0.01円で割ることでデルタ0.38、38％を得ることができます。一般的に、デルタを計算するときの原資産価格の変化幅の目安は、その原資産価格の0.01％前後、そのマーケットでの最小変動単位くらいです。

　また、いま得られた38％というデルタを小数第2位まで表示させると、上下それぞれ37.97％、37.73％と若干異なっています。そのため、デルタの計算では上下の変化の平均をとることが一般的です。関数解析によると、上下の平均をとって計算したデルタの数値は、微分して計算した値により近いも

図表1－4－2　ドル円為替オプション例

ドル円 4日フォワード価格	151.50
行使価格	152.00
満期までの時間	4日
IV	10%
円金利	0.10%
ドル金利＝円金利	0.10%

のになることが知られています。

　以上をまとめると、デルタの計算は、原資産価格の0.01%程度の変化をE
とすると、オプション価格（原資産価格+E）からオプション価格（原資産価
格-E）を差し引いて2で割り、さらにEで割ることで得られます。

　さらにデルタの計算方法として、直接デルタを計算する関数を用いる方法
もあります。この関数は、先に述べた微分を用いて作成しており、関数名は
「ALKOM_OptionDelta」となっています。この関数の入力方法は、オプ
ション価格を計算する関数「ALKOM_OptionPrice」とまったく同じです。
図表1－4－1の例でデルタを直接求めるには図表1－4－3のように入力
します。すると43%を得ることができます。なお、結果は小数第1位まで表
示させると43.3%になります。また、同時にプットのデルタも計算しましょ
う。OptionTypeをPutに変更するだけで計算でき、－56.7%を得ることが
できます。

　この例のように、満期と行使価格の等しい「コール買い」と「プット売
り」（ポジション1とします）のデルタの合計は、100%になります。その理
由を説明するため、第3節(2)で説明したプット・コール・パリティを思い出
しましょう。

　　　コールの価格
　　　　＝（先物価格－行使価格）＋プットの価格　　　　　　　　　　［式］

でした。この［式］を変形すると、

図表1－4－3　BS DELTA公式への入力例

Future Price	39850	39850
Strike	40000	40000
Time	0.01096	0.01096
Interest	0.1%	0.1%
Volatility	20.0%	20.0%
Dividend	0.1%	0.1%
OptionType	Call	Put
Delta	43.3%	－56.7%

$$(コールの価格 - プットの価格) = 先物価格 - 行使価格 \qquad [式']$$

となります。つまり、（ポジション１）の合計のプレミアムは、先物価格から定数を差し引いたものになっているということです。

　［式'］で、行使価格は先物価格に依存しない"変化しない数"ということに注意すると、先物価格が１上昇すると（コールの価格 - プットの価格）も１上昇することがわかります。つまり、コールとプットの組合せは、先物価格と同じ価格変化の仕方になります。すなわち、デルタは常に１になることを確認できます。この組合せをシンセティック・フューチャーと呼び、第６節(3)で再び議論します。

　また、デルタは原資産の価格変化に対するオプション価格の変化率を表しますが、デルタを次のように解釈することもできます。デルタが50％のオプションの場合、そのオプションが最終的に権利行使される確率が50％程度であると考えられます。オプションは最終的に原資産100％になるか０％になるかのどちらかです。デルタが50％ということはそのオプションは原資産に換算すると50％で、これを期待値とみなせば、行使して原資産になる確率は半分です。

　また、デルタが５％の場合、権利行使される確率は５％程度とみなせます。つまり、デルタの値が高いほど、オプションが権利行使される見込みが高くなります。もっとも、実際の権利行使確率はデルタ値よりも低くなる傾向にあります。デルタは理論的な価格変化率を表すためです。

ベ　ガ

〈参照〉
ブラウザー：リンク「ベガ」
エクセル：EXCEL_CHAPTER 1 - 4　シート「ベガ」

　原資産価格の次に変化が激しいマーケット変数がIVです。IVはマーケットで直接観察される場合と、オプション価格から逆算しなければならない場

合があります。日経オプションのように価格しか観測できないマーケットの場合、原資産価格は常に変化しているので、オプション価格の変動要因が原資産価格の変化なのか、IVの変動なのか、なかなか見分けがつきません。

そこで、トレーダーはリアルタイムで常にオプション価格からIVを逆算しています。日経オプションの場合は、直近3限月分のすべての行使価格のコールとプットのIVを逆算し視覚化などの工夫をしています。また立会外取引のマーケットでの気配値などからもIVを逆算し、満期の長いオプション動向についてもモニターしています。

IVの変化は、もちろんマーケットやオプション満期によりますが、大きく動いて数パーセントくらいであり、普段1日の動きは1％未満であるとイメージしておけばよいでしょう。もっとも、トレーダーは抱えているリスク量が大きいことや、マーケットに売値と買値を同時に置いてマーケットメイクしているので、0.1％単位のIVの変化にも敏感です。そのため、リアルタイムでの把握が必要なのです。

ベガとはIVが1％変化した場合のオプション価格の変化量です。実際の計算ではデルタ計算と同様に変化幅を0.1％にとり、オプション価格の変化量を0.1で割り返す作業をします。また、0.1％上げたときと下げたときの両方の平均値をとるほうが、安定した数値を得ることができます。

ベガを直接計算する関数名は「ALKOM_OptionVega」になっています。図表1－4－4のように入力すると、16.4と計算されます。デルタは原資産

図表1－4－4　BS VEGA公式への入力例

	Call Vega	Put Vega
Future Price	39850	39850
Strike	40000	40000
Time	0.01096	0.01096
Interest	0.1%	0.1%
Volatility	20.0%	20.0%
Dividend	0.1%	0.1%
OptionType	Call	Put
Vega	16.4	16.4

価格とオプション価格の比率として使われるのでパーセンテージで表現することが多いですが、ベガはオプション価格の変化量として金額で表現します。この場合はIV 1 ％に対して16.4円といいます。 1 ％IVが上昇（下落）すると、このオプション価格は16.4円上昇（下落）するという意味になります。

デルタの項目で出てきた満期と行使価格の等しい「コール買い」と「プット売り」（ポジション 1 ）のベガについてここでも確認してみましょう。

コールを買ってプットを売っているので、合計のベガは16.4 − 16.4 ＝ 0 になります。つまり、（ポジション 1 ）の価格はIVの上下に無関係であることがわかります。先物自身も明らかにIVとは無関係ですから、（ポジション 1 ）は先物に等しいことが確認できます。

ガンマ

〈参照〉
ブラウザー：リンク「ガンマ」
エクセル：EXCEL_CHAPTER 1 - 4　シート「ガンマ」

ガンマとは原資産価格が 1 単位変化したときのデルタの変化量のことです。はじめにデルタ自体が変化することについて説明します。

デルタとは原資産価格とオプション価格の変化の比率でしたが、実際はデルタ自体も原資産価格の水準によって変化します。このことは直接デルタを求める関数「ALKOM_OptionDelta」を用いれば、すぐに確認することができます。図表 1 - 4 - 1 の例として計算した40000コールの場合、日経先物が39,850円のときのデルタは43％でしたが、かわりに日経先物39,950円としてデルタを再計算すると48％となり、日経先物が38,500円では3.4％と計算されます。

デルタの別の解釈は、大まかにはオプションを権利行使する確率と述べましたが、原資産価格が上昇すればコールオプションを行使する確率は上昇し、原資産価格が下がった場合はその確率も下がります。したがって、原資

産価格の水準によりデルタも変化することは想像がつきます。

　このようにデルタは変化するものですが、デルタのとりうる値の範囲について例をあげて考えてみましょう。行使価格40,000円のコールオプションを保有しているとします。満期日の前日で日経先物が45,000円で取引されているというように、原資産価格が行使価格を大きく上回っている場合を想定します。明日株価が急落し40,000円以下になってしまうということは、よほどのことがない限りないと考えられますので、このコールオプションは確実に権利行使されます。よって、デルタは100%と考えられます。これはオプションと日経先物の変化率は1対1ということなので、日経先物を同数量保有しているのと同じ状態になっています。反対に、日経先物が35,000円の水準で、満期日の前日で原資産価格が行使価格を大きく下回っている場合、1日で5,000円以上上昇することはほぼ考えられないので、40,000円のコールオプションを行使するチャンスはないと考えられます。したがってオプションのデルタ量は0%になります。原資産に換算すれば何も保有していない状態ということです。このようにコールのデルタは0%から100%までの間の数値であり、0%未満になったり100%を超えたりすることはないものです。

　また、デルタはオプションの満期が短いときに、最も変化しやすい性質があります。先ほどの例と同様に、オプションの満期日の前日に、日経先物が40,000円で取引されていると仮定します。明日、日経先物が40,000円以上になるかどうかは現時点では五分五分であるから、デルタは約50%と考えられます。しかし、日経先物が39,500円まで急落すると、明日1日で500円戻すことはなかなかむずかしいので、行使確率はかなり下がり、デルタも小さくなります。逆に、日経先物が40,500円まで上昇すれば、明日には権利行使できる可能性が高いため、デルタは大きくなります。

　満期が短く原資産価格が行使価格に近い範囲で変動するような状況では、デルタが非常に変化しやすいことが想像されます。一方、満期が1年ある場合、日経先物が39,500円でも40,500円でも1年後に40,000円コールを行使するかどうかは大差ありません。1年後までの間に日経先物が変動する範囲は非常に大きいため、デルタはあまり変動しないでしょう。

このように特に満期の短いオプションのデルタは変化しやすいので、今後取引する場合や、すでに保有しているときは、原資産価格が変化した際のオプションのデルタの変化量を事前に調べておくことが非常に重要です。そこでトレーダーは、原資産価格が1単位変化したときのデルタの変化量をガンマと呼び、デルタ、ベガと同様に重視しています。

　先の40000コールの例でガンマの計算をしてみましょう。日経先物が39,850円のときのデルタは43％でしたが、小数第3位まで表示すると43.290％となっています。今度は日経先物を39,851円と置き、デルタを直接計算できる関数を用いて計算すると43.337％、また日経先物を39,849円と置いて同様の計算をすれば43.243％となります。そこで、43.290％とそれぞれの差をとり平均すれば0.047％となります。この0.047％がガンマになります。日経先物が1円上昇するとデルタ量は0.047％増加し、逆に1円下落すれば0.047％分のデルタが減少するという意味になります。

　たとえばこのコールオプションを100枚保有している場合、デルタは小数第3位まで表示すると43.290％であるので、43.290枚の日経先物をロングしていることと同じことになります。しかし、日経先物が1円上昇し39,851円になると、オプションデルタは43.243％になり43.243枚のロングになるということです。

　ガンマの表し方はデルタとあわせるほうが便利です。デルタをパーセントで表示する場合はガンマもパーセントで表示したほうが、そのままデルタの変化量として使えます。また、デルタが先物換算で表示されている場合、ガンマも先物換算で表示するのが一般的です。特にデルタでも述べたように日経先物関連ではガンマも先物換算で表示することが多いので、いま計算したガンマ0.047％は0.047枚と表記することになります。

　もっとも、上昇幅が1円というのはあまり現実的ではありませんので、日経先物がもう少し大きく100円上昇し39,950円になったとしましょう。この場合、デルタの増加は1円につき0.047％でしたので、その100倍つまり4.7％になります。100枚保有している場合はデルタが43.290枚から48.035枚に約4.7枚分増加すると予測できます。一方、100円下落した場合は4.7％分

つまり4.7枚分減少します。1円当りのガンマは数値として非常に小さいため、100円当りのデルタの変化量として換算して表示されることがあります。

また、ガンマとして原資産価格の1％を掛けて得られる数をみることもあります。日経オプションの例では0.047％×（39,850円×1％）＝18.73％となります。これは原資産が1％変動したときのデルタの変化量という意味になります。原資産が日経先物などに限られている場合、単位当りのガンマを使用してトレードするほうが多いです。しかし、原資産が為替などの場合、通貨ペアごとに呼び値の単位が大きく異なるため、1％当りのガンマを使用するトレーダーも多いようです。そうすることで、それぞれの通貨ペアのリスクを比較することが容易になるためです。

ガンマがプラスの場合、日経先物が上昇するにつれ、追加で日経先物を買うことなく、次第に保有している日経先物換算の枚数が増加していきます。ただし、上で述べたようにデルタの上限は100％であるので、このオプションの日経先物換算枚数は最大で100枚までとなります。

このようにコールオプション保有者のデルタは、原資産価格が上昇すると増加し、下落すると減少する性質があります。このことはオプション保有者にとって非常に有利なことです。価格上昇時に原資産の保有量が増加するということは、増加した分と同じ量の原資産をマーケットで売却すれば利益を出せるということだからです。また、売却後に原資産価格が下落に転じるとオプションのデルタも減少するので、その売却した原資産を買い戻すこともできます。結果的にオプション保有者は、デルタの増減にあわせて原資産の売買を繰り返すだけで利益を得ることができます。これをガンマトレードと呼び、この状態をガンマロングといいます。後の本節(5)のオプション・シミュレーターで体験してみましょう。

なお、一般的にガンマの計算ではデルタの計算と同様に、原資産価格の水準により原資産価格を変化させる幅のとり方が異なります。原資産価格の0.01％の量をＥとすると、デルタ（原資産価格＋Ｅ）からデルタ（原資産価格－Ｅ）を差し引いて2で割り、さらにＥで割ることで得られます。

また、他のグリークス同様、ガンマを直接計算できる関数「ALKOM_Op-

図表1－4－5　BS GAMMA
公式への入力
例

Future Price	39850
Strike	40000
Time	0.01096
Interest	0.1%
Volatility	20.0%
Dividend	0.1%
OptionType	Call
Gamma	0.047%

tionGamma」を用いて計算することもできます。以下のように入力することでガンマ0.047％を得ることができます（図表1－4－5）。

セ ー タ

〈参照〉
ブラウザー：リンク「セータ」
エクセル：EXCEL_CHAPTER 1 - 4　シート「セータ」

　オプション価格は時間の経過によっても変化します。時間が経過すればオプション満期日までの原資産価格の変動要因は減少するため、オプションのタイム・バリューは小さくなります。したがって、オプションを保有しているトレーダーにとって、1日当りオプション価格がいくら下落するかという金額は非常に重要です。時間の経過によるオプション価格の変化量をセータと呼びます。

　一般的なセータは、単位時間当りの変化量ですが、BSの公式では、時間の1単位は1年であり、オプション満期よりも長い場合もあります。したがって、ここでは、当日のオプション価格と翌日のマーケットがオープンする前の価格差を計算し、それをセータとしています。言い換えると、オプション価格を求める公式において、時間のみ1日分短いものを入力し、他の

Future Price	39850	39850
Strike	40000	40000
Time	0.01096	0.01096
Interest	0.1%	0.1%
Volatility	20.0%	20.0%
Dividend	0.1%	0.1%
OptionType	Call	Put
Theta	-41.0	-41.0

変数はすべて同じものを使用します。また、デルタなどの他のグリークス計算の場合とは異なり、1日前と1日後を計算して平均をとる必要はありません。

　図表1-4-1の日経オプションのセータを計算してみましょう。取引日を翌日にして満期までの時間を再計算します。その時間をオプション価格算出公式に当てはめると、219.97円を得ることができます。当日の価格は263.82でしたから、差額−43.85円が1日分のセータとなります。

　また、他のグリークスと同様にセータを直接計算する関数「ALKOM_OptionTheta」もあります。入力方法は他のグリークスと同様ですが、この計算では−41円と上で計算した値と少し異なります（図表1-4-6）。直接計算する関数では1日分ではなく、ごく短い時間当りの価格の変化を計算し、それを1日分に変換しているためです。このようにオプション満期がこのケースのように数日といった非常に短い場合に誤差が顕著に表れてきます。

　比較のため、期間1年のオプションもまったく同様に計算してみます。満期までの期間を1日短くし差額をとって直接セータを計算した場合、それぞれ−4.3円とほぼ同じ数値を得ることができます。

　満期の短いオプションは計算の誤差が生じるほどセータが大きいともいえます。1日経過するだけでオプション保有者は約44円の損失というのは大きなリスクです。しかも、デルタリスク、ガンマリスクは先物取引である程度ヘッジができますが、時間とともにオプション価格が減少する場合、特にマーケットが凪状態になると効果的なヘッジ手段がありません。

セータとガンマ

オプションを買うとガンマロングになり、セータは支払になります。ガンマロングとは、マーケットが変動すれば必ずデルタポジションは有利な方向へ変化し、利益が出る状態です。ただし、そのような有利な状態に対してトレーダーは対価を支払っているはずで、それがセータの支払です。

オプション・トレーディングにおいて、オプションのロング戦略とは、日々、セータ分の金額を支払い、ガンマトレードを行って支払ったセータ以上の利益をあげることです。仮にその日、マーケットが凪の状態になりまったく動かないと、利益は得られず、支払ったセータがそのまま損失になります。逆にマーケットが大荒れになれば、支払ったセータの数十倍の利益も得ることができます。

もちろん、逆にオプションを売却しセータを確保するようにトレードすることもできます。この場合、トレーダーはネガティブガンマになり、原資産価格が上昇すれば原資産を買い、下落時には原資産を売却します。マーケットの上下の動きに応じて原資産を売買すると、それだけ損失が発生するため、トレーダーは慎重に原資産を売買する必要があります。基本的には1日1回だけ原資産の売買を行い、イベントなど特殊要因で方向感に変化があれば、追加で売買するというような戦略をとり、セータを確保します。

セータの項目でみてきたように、満期まで数日のオプションのセータは44円と比較的大きなリスクでした。トレーダーは、あと数日マーケットが動き続けるか、あるいは凪になるか、もちろんその見通しに自信がある場合はポジションを保持し、満期までマーケットと勝負することもあります。しかし、たいていの場合は勝負せず、ポジションをクローズする方向の取引を行います。日経オプションの満期日（SQ日：第2金曜日）に当たる週の月曜日から、オプションの建玉は減少方向になることが多いのは、こうした取引も影響しているためです。

デルタディケイ

〈参照〉
ブラウザー：リンク「デルタディケイ」
エクセル：EXCEL_CHAPTER 1 - 4　シート「デルタディケイ」

　その他のグリークスで注意が必要なものには、デルタディケイがあります。ガンマは、デルタの原資産価格に対する変化量でしたが、デルタディケイは時間の経過によるデルタの変化量を指します。オプションの満期日が近い場合、セータでみたケースではオプション価格が大きく減少しました。同様に、時間の経過によるデルタの変化も大きくなります。特に間に休日をはさむ場合、トレーダーはデルタディケイのリスクに注意を払う必要があります。

　図表 1 - 4 - 1 の日経オプションのデルタディケイをみてみましょう。説明のため、満期日までの間に休日があるケースとして2027年の 8 月を例にあげます。 8 月11日は休日で、満期である 8 月13日までの日数は、 8 月10日の 3 日の次に 8 月12日の 1 日となります。

　デルタを直接計算できる関数を用いると簡単です。もともとのデルタは43.3％でした。マーケットのその他の条件を同じとし、 1 日経過するとデルタは42.1％と約 1 ％ポイント減少します。さらに日数を進め、休日を超えた満期前日の 8 月12日には、デルタは36.2％となり、約 6 ％ポイント減少します。さらに満期日当日のデルタも計算しましょう。Timeの項に 0 を入力するとエラーになりますので、非常に小さい数、0.00001などを入力しましょう。するとデルタはほぼゼロになります（図表 1 - 4 - 7 ）。デルタの解釈の 1 つはオプションの行使確率でした。満期日当日にはこのオプションはOTMで行使せず終了します。したがって、行使する確率はゼロとなりますので、当日のデルタもゼロになるのは想像しやすいです。

　このように大まかなデルタの推移をあらかじめ把握し、途中休日がある場合に大きなデルタの変化（デルタギャップ）があることを認識することは重要です。後で紹介しますが、デルタをいつもゼロに保つトレード戦略があり

図表 1 － 4 － 7 　 デルタディケイの計算例

日付	2027/ 8 / 9	2027/ 8 /10	2027/ 8 /12	2027/ 8 /13
満期までの日数	4	3	1	0
Future Price	39850	39850	39850	39850
Strike	40000	40000	40000	40000
Time	0.010959	0.0082192	0.0027397	0.000
OptionType	Call	Call	Call	Call
Delta	43.3%	42.1%	36.2%	0.0%

ます。このケースのような大きなデルタギャップがある場合、休日の間に特に何事もなく 8 月12日の市場が 8 月10日の終値近辺で開始すれば、この戦略をとっているトレーダーは 8 月10日の終値で減少分の 6 ％の先物をカバーすることができます。

　ただ、これまで休日の間に金融機関が破綻、戦闘地域が急に停戦など予期せぬイベントが起こり、マーケットのセンチメントが急変することもありました。こうした場合、 8 月12日のマーケットの始値が 8 月10日の終値とまったく異なる価格になり、 6 ％ポイント減少したデルタを不利な価格で買い戻さなければならないこともありえます。

　そこでデルタをいつもゼロに保つトレード戦略をとっているトレーダーは、デルタが休日明けに 6 ％ポイント減少することをあらかじめ見積もっておき、 8 月10日時点での終値近辺ではデルタはゼロですが、この分を買い増してロングにすることがあります。これによって、 8 月12日のデルタをゼロに保ち、連続的にリスク管理ができるようになります。

　もっとも最終日にはデルタは36％から 0 ％とさらに大幅な減少になります。この減少分も前日にヘッジすることは可能ですが、通常の市場では先物価格も当然変動します。その場合、ITMになることも十分にあり、デルタが逆に増加する可能性も十分にあります。したがって、前日までに"デルタをいつもゼロに保つトレード戦略"は中止し、ポジション解消するのが普通です。

その他のグリークス

これまでデルタ、ベガなどのグリークスと呼ばれるリスク量をみてきました。これらのリスク量自身もオプション価格と同様に、原資産価格やIVが変化すれば変化します。

その一例にはガンマリスクがありました。これは原資産価格が動いたときの、デルタ量の変化でした。同様にIVが動いたとき、デルタ量の変化も考えられます。また、1日時間が経過するごとにデルタ量は変化します。この変化量は先に述べたデルタディケイのことでした。金利が変化すると、微小ながらデルタも変化します。

また、ベガも原資産価格が動けば変化します。原資産価格が動けばデルタが動くのと同じように、IVが動けばベガも動くのです。さらに、ガンマ、デルタディケイなどの量も原資産価格などに左右され、それらはすべてグリークスになります。

こうしてグリークスは理論上、無限に考えられます。しかし、すべてのグリークスを把握するのは無理なことですし、グリークスはリスク管理を単純化するためのものなのに、無数のグリークスを把握することは単純化とは逆のことになってしまいます。

実際のオプション・トレーディングにおいては、無数にあるグリークスのうち、これまで述べたデルタ、ベガ、セータ、ガンマでほぼ十分と思われます。後にオプション・シミュレーターを使ってトレーディングを疑似体験すれば、その他のグリークスはあまり必要ないことがわかるでしょう。

グリークスまとめ

これまで紹介したグリークスを要約すると、図表1−4−8のようになります。各グリークスにおいて、変化させる変数と観測する値を明確にしておきましょう。特にガンマとデルタディケイは、グリークスのなかでもデルタを観測することに関連しています。デルタはグリークスのなかで最も変動しやすい要素でしたので観測する必要があるのです。

図表1−4−8にはローというグリークスもあります。これは、金利が変

図表1－4－8　各グリークスの意味

名前	変化させる変数	観測する値	単位
デルタ	原資産価格1単位	オプション価格	数量（％）
ベガ	IV 1％	オプション価格	金額
セータ	1日経過	オプション価格	金額
ロー	金利が1％	オプション価格	金額
ガンマ	原資産価格1単位	デルタ	数量（％）
デルタディケイ	1日経過	デルタ	数量（％）
ボルガ	IV 1％	ベガ	金額
バンナ	IV 1％	デルタ	数量（％）

図表1－4－9　グリークスの分類

	オプション価格	デルタ	ベガ	ガンマ
原資産価格	デルタ	ガンマ		
IV	ベガ	バンナ	ボルガ	
時間	セータ	デルタディケイ		
金利	ロー			

化したときのオプション価格の変化量のことです。政策金利の変更などの期待が高まったときに重要性をもちます。その他のグリークスでは、ボルガ、バンナなども比較的有名です。ボルガはIVを変化させたときのベガの変化量、バンナは同じくIVを変化させたときのデルタの変化量になります。

また、為替オプション市場では、これまで勉強してきたコール、プットオプションのほか、バリアオプションなどもっと複雑なオプションも非常に多く取引されています。そのため、為替オプション・トレーダーはベガの変化量も重視しますので、特にIVが変化したときのベガの変化をボルガとして計算しています。

いろいろグリークスが登場してきましたので、別のまとめ方をしました。図表1－4－9で、第1列には変化させる量、第1行には観測する量を示し、第2行・第2列以下の欄に対応するグリークスの名前を示しています。いろいろな変数を変化させて「オプション価格」そのものを観測して得られるグリークスがデルタ、ベガ、セータ、ローの4つになります。これらは数

学的にはオプション価格を1階微分して得られるものです。またデルタ、ベガなど「グリークス」の変化を観測して得られる量がガンマ、バンナなどです。これらはオプション価格を2階微分して得られる値です。

　図表1－4－9には空欄もあります。たとえば、原資産価格が動いたとき、ガンマ自身も変化します。これはオプション価格の3階微分になりますが、それをスピードと呼ぶ人もいます。

　また、原資産価格が動いたときのベガの変化の比率も空欄ですが、これはバンナと同じものになります。バンナとは、解いて考えると、原資産価格を変化させたときのオプション価格の変化（デルタ）をさらにIVを動かして観測するものでした。つまり、原資産価格を動かし、その後IVを動かしてオプション価格の変化を観測するものです。そのため原資産価格とIVの動かす順番を入れ替えても、あるいは同時に動かしても、同じオプション価格の変化になります。よって、その順番を入れ替えたベガの原資産価格の変化もバンナと等しくなります。

　このようにグリークスはそれ自身も変数で変化する特性があるので、いくつでも考えることができます。

⑵　グリークスの応用　ダイナミックヘッジ

ダイナミックヘッジとは

　第2節で代表的なストラテジー取引を紹介しましたが、これらの取引手法は基本的に一度売買を行うとそのまま満期まで保有し、途中それに対するヘッジなどは行わないものでした。ストラテジー取引の時価は日々変動しますが、最終的な損益は満期日の原資産価格のみに依存します。したがって、投資家はこれらのストラテジー取引に入る前に、原資産価格ごとの満期日における損益を把握することができます。このとき投資家にとって許容できない損失が起こりうるのであれば、その取引はすべきではないのです。

　このようにストラテジー取引を満期まで保有しその効果を期待する投資家は、グリークスを積極的にみて日々のオプション価格の変化を追う必要はあ

まりありません。一方、常にトレーディングデスクにおいてマーケットをリアルタイムで把握しているトレーダーは、満期まで保有する必要はなく、異なった戦略をとることができます。マーケットの状況に応じて取引を加えていく方法をダイナミックヘッジと呼び、いくつかの手法がありますので、本節(3)で順に説明します。

　ダイナミックヘッジを行うことで取引数は増加します。先物の売買だけであれば、買戻し、売り返しなどで管理すべき商品数は限定的になります。しかし、ダイナミックヘッジではさまざまな満期、行使価格のプット、コールオプションを何度も取引することになり、管理すべき商品数は多くなります。そこで、こうした取引すべてをまとめてポートフォリオと呼び、ポートフォリオ単位での管理をすることになります。第2節で説明したストラテジー取引もまとめて1つのポートフォリオとしてさしつかえありませんが、ストラテジー取引そのものの市場価格をみるため、管理上、ストラテジー取引をポートフォリオとして扱うことは少ないです。ポートフォリオとは、いろいろな商品が混ざって入っているもので、個々の商品をあまりみず、全体の特性をとらえて管理するものというのが一般的な考え方です。

ポートフォリオ収益管理

　ダイナミックヘッジを行うトレーディングでは、ポートフォリオの日々の収益管理が重要になります。それ自体は、株式に投資をしている人々にとって一般的なことです。既存の保有銘柄の時価の1日分の変化の合算と、当日行った取引の損益の合計を日々確認することは日課です。

　オプションのダイナミックヘッジを行うポートフォリオについても、同様な作業が行われます。もっとも、オプションや先物は満期があり、反対売買せずともポートフォリオから消滅するという特異な点があります。また、各オプションの時価の変化が原資産価格とボラティリティという2つのマーケット要素に依存するという特徴もあります。こうした側面は、オプションのポートフォリオの管理を株式のポートフォリオ管理よりも少々複雑にします。

念のため、「ポートフォリオの１日分の損益」を把握する基本的な方法を確認しておきましょう。過去に構築した既存のオプションと先物取引の１つひとつについて、時価評価額の１日分の変動を計算し、それらを足し合わせることになります。具体的には前日のマーケット終了時点の先物とオプションの価格と、当日のそれらの終値との価格差が、当日の損益となります。これに当日新規に行った売買取引の損益を加えると、１日の損益額となります。

　以上が基本的な管理方法ですが、為替関連のポートフォリオでは、１日経過するごとにスワップポイントと呼ばれるコストまたは収益を加えることになります（翌日にポジションを持ち越すためのロール取引と呼ばれる取引自体もポートフォリオに含めることができます）。また、先物取引では証拠金の金利、信用取引でも金利や株を借りるためのコストなどを考慮することが必要な場合もあります。これら既存のポジションを翌日まで維持するためのコストや利益を「キャリー」と呼びます。

　こうして計算したポートフォリオの１日分の損益を毎日足し上げ、累積していくことでダイナミックヘッジがトータルで適切に機能しているか確認します。一定期間の累積損益がプラスならばダイナミックヘッジが効果的に機能しており、マイナスが続くようだとトレード戦略がよくなかったということになります。日次の損益および中長期的な累積損益の推移を追うことで、ダイナミックヘッジの精度や適切性を判断することができます。

　ダイナミックヘッジを行うポートフォリオの管理は、場合によっては収益の管理期間を区切ることができず、事実上無期限に損益の積上げを続けていかなければならないこともあります。単純なオプションの売買であっても、順次満期が長いものに乗り換えていくトレード戦略や、満期が数年から数十年のものをターゲットにする戦略があるからです。また、金融機関においては相対取引もしばしばあり、自分の判断だけでは反対売買ができない取引が混在している場合もあります。したがって、長期にわたる収益性の追跡と評価がきわめて重要になってきます。

ポートフォリオ収益分析とポートフォリオグリークス

ポートフォリオ収益を分析することはデリバティブ取引、特にオプションのポートフォリオの管理にはとても有効な手段です。1日分の損益金額は、先ほど述べたような計算で算出されますが、それだけでは不十分なことがあります。それはダイナミックヘッジがうまく機能していないときに、どうしたらいいのか手がかりがないからです。なぜ損失が続くのか、またうまく機能しているときは、どのようにしたら収益を確保できるのかを理解するために収益の分析を行うことは重要です。

ポートフォリオ収益の分析を行うためには、ポートフォリオグリークスを用いるのが一般的です。ポートフォリオグリークスとは、前日の終値を用いてポートフォリオに含まれるすべてのオプションと先物のグリークスを計算し、それを合算したものになります。たとえば、ポートフォリオのベガは、個々のオプションのベガを本節(1)で計算したように算出し、それらをすべて合算したものです。またポートフォリオのデルタは、同じくオプションのデルタをすべて合算し、それに先物のデルタを加えたものになります。先物のデルタは常に100%であったことを思い出してください。

このようにしてポートフォリオのデルタ、ベガ、ガンマなどのグリークスを算出できたら、次に各グリークスから生じる損益を分析します。デルタから生じる損益をデルタPL、ベガから生じる損益をベガPLなどと呼びます。最後に各グリークスから生じた損益と、ポートフォリオ収益管理で述べた「ポートフォリオの1日分の損益」を比較して収益の分析を行います。これらについて順を追って詳しく述べます。

デルタPL

デルタPLとは、先物とオプションのデルタから発生する損益のことです。たとえば、ポートフォリオのデルタが先物換算でロング20枚分であった場合、1日で先物価格が100円上昇したとすれば20枚に100円を掛け、1,000倍（1枚は1,000株）すると200万円の収益となります。これをポートフォリオのデルタPLと呼びます。

ベガPL

ベガPLとは、オプションのベガから発生する損益のことです。ベガとはIVが1％上昇したときのオプション価格の変化量なので、ベガPLはベガにIVの変化量を掛けることで得ることができます。ポートフォリオのベガが100万円あり、前日のオプションの終値から計算されるIVが当日の終値では0.5％分上昇していたとすると、100万円×0.5＝50万円がベガPLとなります。

なお、金融機関の実務では、ポートフォリオのベガPLを計算するために、すべての満期と行使価格のオプションのIVを毎日終値から計算し記録しておきます。縦軸に満期、横軸に行使価格をとってマトリックス形式で記録するのが一般的です。そのマトリックスをボラティリティマトリックスと呼ぶことがあります。

このようにポートフォリオに含まれないオプションに関してもボラティリティを記録しておくことは、トレード戦略を考えるうえで役立つことがあります。マトリックスの一部のIVだけ極端に低い（あるいは高い）、というようなことも見つけることができ、それを収益化する戦略をとることができます。

また、ベガPLを計算するときはこのボラティリティマトリックスからポートフォリオに含まれるオプションのボラティリティを取り出して計算します。

ガンマPL

ガンマPLはデルタPL、ベガPLとは計算方法が異なり、2段階で計算します。ガンマの定義を思い出すと、原資産価格の変化によるデルタの増減のことでした。そこで、はじめにデルタの増減を計算します。計算方法を復習するため、簡単な例をあげます。

ポートフォリオのガンマ：先物換算で0.05枚
先物：100円上昇

ガンマは原資産価格１円当りのデルタ変化量でした。ポートフォリオのガンマが先物換算で0.05枚、先物100円上昇ですから、0.05×100で５枚デルタが増加します。この原資産価格が変化したことによって発生した新たなデルタからも、なんらかの損益は発生すると考えられます。しかし、前に述べたデルタPLは、前日の終値（先物が動く前）で計算されたデルタに基づいているので、この新たなデルタ増減分は含んでいません。したがって、このデルタ増減分についても損益を計算すべきです。この損益のことをガンマPLといいます。

　ただし、デルタ増減分の原資産換算の数量は、原資産価格が変化するにつれ徐々に増加ないしは減少するので、デルタPLのように数量に価格変化分を掛けても正しい結果になりません。いまの例で考えてみましょう。

　先物価格が100円上昇する状態を10円ずつ区切ってみます。先物価格がはじめに10円上昇したとき、デルタは0.05×10で0.5枚増加します。最終的に先物は100円上昇しますから、この増加した分のデルタPLは残り90円分の利益をもたらします。つまり、0.5×90×（1,000株）円＝45,000円のデルタPLになります。次にもう10円、計20円先物価格が上昇した場合、デルタはやはり0.5枚増加します。この0.5枚分のデルタPLは0.5×80×（1,000株）円＝40,000円となります。同様に90円まで上昇した後、残り10円で増加したデルタ、0.05×10で0.5枚に関しては10円上昇分のメリットしか受けられません。0.5×10×（1,000株）円＝5,000円のデルタPLということです。これら各0.5枚分のデルタPLの合計、45,000＋40,000＋……＋5,000円がガンマPLになります。

　横軸を先物価格の上昇分、縦軸をいま計算したように増加分のデルタ0.5枚のデルタPLとして、図表１−４−10にまとめてみました。図表１−４−10のすべてのPLを足し算することでガンマPLを得ることができます。

　このように先物の上昇開始時点では0.5枚分のデルタPLは多くの収益をもたらし、終了時点では収益がほぼありません。したがって、各0.5枚分のデルタPLは平均的に先物上昇分100円の半分の50円の上昇メリットを受けていると考えられます。0.5枚×50円×（1,000株）円＝25,000円、これが10個あ

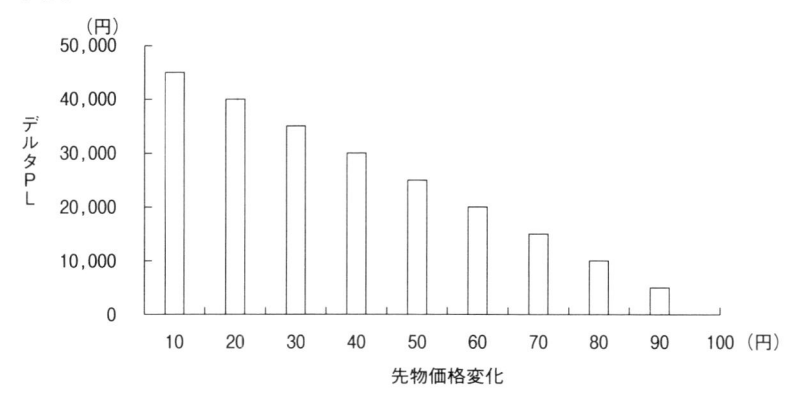

図表1－4－10　デルタPL

（円）

デルタPL（縦軸）
50,000
40,000
30,000
20,000
10,000
0

10　20　30　40　50　60　70　80　90　100（円）

先物価格変化

るので合計250,000円となります。

　もっとも、この数値は図表1－4－10の合計の数値とは少しずれています。いま10円ずつ区切って考えましたが、実際は先物価格の微小上昇でもデルタは微小に増加しています。そのため、正確に計算するには区切りをもっと細かく、たとえば1円で区切って各増加分のデルタのPLを計算することになります。しかし、それは実務的ではありません。

　そこで、感覚的にはなりますが、先物100円の上昇でデルタの総増加分5枚が先物の上昇分100円の半分の50円分のメリットを平均的に受けていると考えます。それをガンマPLとして5×50円×（1,000株）円＝250,000円とします。

　一般的に書くと、

> ガンマPL＝デルタの変化量×原資産価格の変化量×0.5（半分）

となります。

セータPL

　セータPLとは、前日の終値から本日の終値までの時間の経過によるオプションの価格の変化のことです。セータの計算方法は、1日分のオプション

価格の変化を計算することでした。したがって、1日分のセータPLはセータそのものです。もっとも、金曜日から翌週月曜日までは週末をはさみ3日間あるので、月曜日には1日分のセータの3倍を計上することになります。休日をはさむ場合でも1日分のセータに休日の日数分を掛けて求めます。

日経先物に関しては2023年から、日本の休日でも先物が取引できる日が取引所によって設定されています。その場合、先物を使ったダイナミックヘッジが可能になるので、場合によっては休日も営業日と同様に扱うことができます。ただし、こうした休日取引では取引所から正式な終値が発表されず、あくまでも営業日の夜間取引の延長という位置づけなので、特に金融機関の場合は休日扱いにすべきものと思われます。

ポートフォリオ損益の内訳

「ポートフォリオの1日分の損益」は、既存のオプションと先物すべての取引の時価評価額の1日分の変動を計算し、それらを足し合わせることで求められるものでした。その1日分の損益は、先ほど述べたポートフォリオのデルタPL、ベガPLなど各グリークスから計算される損益を足し合わせることで近似できます。別の言い方をすると、1日分の損益は、各グリークスのPLに分解できます。

グリークスのPLはその定義から発生理由がはっきりとしているので、トレード戦略を立てるのにとても重要です。たとえば、デルタPLが損失を示していれば、それはデルタリスクを大きく保有しているからで、デルタを打ち消す取引（ヘッジ取引）を行うとこれ以上の損失を食い止めることができます。同様に、ガンマPLやベガPLが損失の要因となっている場合も、それぞれガンマリスク（デルタ変化リスク）、ボラティリティリスクを保有しすぎている証拠です。適切なヘッジ取引を行うことで、これ以上のリスクを低減できます。

例として、1日分の損益が−100だったとしましょう。そのとき各グリークスのPLが、デルタ0、ベガ10、ガンマ15、セータ−120だったとします（図表1−4−11）。

たいていの場合、1日分の損益とグリークスPLの総和には若干の乖離があります。その誤差をレシデュアル（Residual）PLとか、アンエクスプレインド（Unexplained）PLなどと呼びます。図表1－4－11で、レシデュアルPLは、1日分の損益である－100と各グリークスの総和－95との差である－5となります。

　誤差であるレシデュアルPLが1日分の損益と比べ、十分に小さいことを確認することも重要です。もしレシデュアルPLが1日分の損益と同じくらいの大きさであれば、1日分の損益はほぼすべて誤差に起因するということになり、トレード戦略を立てるうえではあまり役に立たないからです。誤差が大きくなる主な原因としては、取引の入力間違いや、オプションの満期が過ぎたのにきちんと処理しなかったなどのケースが多いようです。

　このケースでレシデュアルPLは、損益－100に対して－5、つまり5％程度なので、十分に小さいといえます。したがって、グリークスの内訳を使ってトレード戦略を立てることができます。図表1－4－11をみると、損益のほぼすべてがセータに起因していることがわかります。もし今後損失を出したくないと考えるのならば、セータのリスクを減らせばよいわけです。

　さらに、この内訳からセータ－120に対してガンマPLが15しかないことがわかります。以前説明したガンマとセータの関係を思い出しましょう。セータを支払った場合、ガンマPLでその損失以上を回収する戦略となります。この例では、当日はマーケットが期待ほど変動しなかったため損益はマイナスとなったという説明ができます。そして、翌日も本日と同じようなマーケット環境になれば、同じような損益になってしまうことが推測できます。

図表1－4－11　ポートフォリオの損益例

1日分の損益	－100
デルタPL	0
ベガPL	10
セータPL	－120
ガンマPL	15
レシデュアルPL	－5

翌日、経済指標発表などがあり、市場が大きく動く機会が望める場合はポジションの維持、そうでなければいったんオプションの売却など、オプション戦略を変更するかどうかの重要な判断材料となります。

⑶　ダイナミックヘッジ　各戦略

ポートフォリオの収益管理の方法と分析方法を学んだところで、具体的なダイナミックヘッジの戦略例をみていきましょう。

デルタニュートラル取引

〈参照〉
ブラウザー：リンク「デルタニュートラル取引」
エクセル：EXCEL_CHAPTER 1 - 4　シート「デルタニュートラル取引」

オプション・トレーダーはオプション価格から逆算したIVをリアルタイムで把握し、トレードしています。その目的の1つは、IVが低ければオプションを買い、IVが高ければオプションを売って利益をあげることです。しかし、私たちは実際のマーケットにおいてIVそのものを取引することはできないので、デルタニュートラル取引という手法を用いてボラティリティの売買を行います。

デルタニュートラル取引は、IVがHVに比べ大きく乖離している場合に特に有効な戦略です。HVが低くかつ今後も原資産価格はレンジ相場という見通しであるにもかかわらず、オプションマーケットだけが過熱気味になっている状況を仮定しましょう。たとえば、HVが18％のとき、コールオプションのIVが22％だったとしましょう。この場合、コールを売却しますが、コールのデルタを思い出すと、コールのショートは先物何パーセント分かのショートをもっているのと同じ効果があるものでした。そのため、先物が上昇するとコール価格も上昇してしまい、含み損になります。先物が動いて損

得が発生することは意図していませんので、コールのデルタを同数の先物を買うことで相殺します。これをデルタヘッジと呼び、デルタを完全に打ち消すことをデルタニュートラル取引といいます。

　具体的な例として図表1－4－12のオプションを用いてデルタニュートラル取引を行ってみましょう。

　このコールオプションを100枚売却しデルタニュートラルにするために、デルタを計算してみましょう。本節(1)で使った関数ALKOM_OptionDeltaを用いれば、デルタは46.2％になります。したがって、このオプションを100枚売却することで発生するデルタはショート46.2枚になります。実務では小数点以下四捨五入して、先物を39,500円で46枚買うことでデルタニュートラルにすることができます。

　いまコールオプションを用いてデルタニュートラル取引を行いましたが、同じ行使価格のプットを用いてもまったく同じリスクの取引をすることができます。40,000円プットのデルタは同様に計算すると−53.8％になるので、100枚プットを売却し、今度はデルタ分の先物54枚を39,500円で売却します。なお、プットを売却するとデルタはロングになることに注意しましょう。

　どちらのケースでもベガのリスクは約−636万円、セータは約＋116万円、ガンマも1円当り−0.01枚になり、これらのグリークスは同じ数値になります。図表1－4－13のコール、プットをそれぞれ100枚売却したときのグリークスをみると、デルタ以外はまったく同じになっていることがわかります。また、デルタは先物でそれぞれ46枚、54枚調整してゼロになるようにし

図表1－4－12　コールオプションの例

日経先物価格	39,500円
行使価格	40,000円
満期までの日数	60
IV	22.00%
円金利	0.10%
配当利回り＝円金利	0.10%

図表 1 − 4 −13　デルタニュートラル取引のグリークス

Future Price	39500	39500
Strike	40000	40000
Time	0.16438	0.16438
Interest	0.10%	0.10%
Volatility	22.00%	22.00%
Dividend	0.10%	0.10%
OptionType	Call	Put
Delta	46.2%	−53.8%

100枚分のグリークス		
Delta（枚）	−46	54
Vega（円/１%）	−6,359,419	−6,359,419
Gamma（枚/円）	−0.01127	−0.01127
Theta（円/日）	1,165,379	1,165,242

ていますので、グリークスはともに等しくなっています。

　この理由を確認するため、再びプット・コール・パリティを思い出しましょう。同じ行使価格、満期日のコールとプットの価格は、

　　コールの価格−プットの価格＝先物価格−行使価格　　　　　　　［式］

という関係がありました。ここで［式］の右辺のデルタ以外のグリークスを考えます。右辺は先物価格のみがマーケット変数になっています。先物のデルタはいつでも100%となり、デルタは変化しません。つまり、先物のガンマはゼロです。また、先物価格の価格計算はそもそもしませんが、IVも無関係ですので、先物価格のベガもゼロになります。したがって、［式］の右辺のベガ、ガンマなどのグリークスはゼロです。また、行使価格は定数ですので、先物価格やIVが変化してもこの部分は変化しません。これらのことを［式］に当てはめて、左辺のコールとプットのグリークスを考えてみると、

　　コールのグリークス−プットのグリークス＝ 0 − 0 = 0

となります。つまり、コールとプットのデルタ以外のグリークスは等しくなります。

　ここで、コールまたはプットと、そのデルタ打消し分の先物取引をあわせて1つのポートフォリオとします。ポートフォリオのグリークスをみるとき、トレーダーは実務上、中身がコールなのかプットなのかをほとんど気にしません。プット・コール・パリティがあるため、デルタがわかっていれば、先に確認したようにどちらでもグリークスが同じになるからです。そして、図表1－4－13から、このポートフォリオのグリークスは、ベガが約－636万円、セータが約＋116万円、ガンマが1円当り－0.01枚となります。また、デルタは先物取引を行っているので、端数の枚数を除いてゼロになります。

　デルタニュートラル取引を行う目的は、IVが22％と割高だからでした。この取引を行ってすぐにIVがHVの18％まで下落した場合は、反対売買を行えば利益確保することができます。先物が動かずにIVが下がるということは、オプション価格が下がっている状況です。オプションはショートしていますので、安く買い戻して利益を確定することができ、また先物を同じ値段で反対売買すればすべてのポジションを清算することができます。

　もっとも、そのようなケースはまれです。たいていの場合、数日あるいは数週間後にIVの割高感が修正されることになります。それまで先物は上下に変動しますので、それに伴ってこのポートフォリオのデルタも変動します。その理由は、このポートフォリオのガンマが、1円当り－0.01枚だからです。たとえば、先物が100円上昇するとデルタが1枚ショートになります。私たちはIVが下がるのを見込んでこの取引を始めました。デルタがゼロでなければ、そこからの損益が発生することになり、当初の目的とは異なってしまいます。そこで、デルタがゼロではなくなった場合は再び先物を取引して、デルタをゼロに回復させます。

　時間を追って1日ごとにこの戦略をみていきましょう。この取引を行った後、もしマーケットが動かなければ、セータ分約116万円が翌日収益となります。一方、マーケットが上昇あるいは下落した場合、ポートフォリオのデ

ルタはそれぞれのケースでマイナスまたはプラスになるので、トレーダーはデルタをゼロに保つために先物を売買することになります。

　デルタニュートラル取引で最もむずかしいのは、この先物の売買のタイミングになります。マーケットが一方的に上昇または下落と単調な動きの場合は、早めにデルタをゼロに戻す取引を行ったほうが損失は少なくなります。しかし、実際のマーケットで1日の動きは上下の振れを繰り返すことが多く、このようなマーケットで常にデルタをゼロに保とうとすると損失が大きくなります。マーケットが上昇したときに先物を買い、下落時に売るという調整を繰り返すことになるからです。特に先物が終値では前日比と変化なしの結果になった場合にはガンマPLはゼロになりますが、日中に行った先物の売買からの損失がそのまま当日の損失になります。

　このようなことを避けるために、ブレークイーブンポイントという指標を知っておくとよいでしょう。原資産価格の変動によるガンマの損失額とセータの収益がちょうど一致する原資産価格の変動幅のことです。いまの例を使ってブレークイーブンポイントを求めてみましょう。これをX円と置くと、先物がX円上昇したときのガンマPLは、

$$0.01127 \times X^2 \times 1000 \times 0.5$$

となります。この金額がセータの金額である約116万円に等しいので、平方根を開いてX＝455円となります。

　このようにブレークイーブンポイントが得られれば、1つの先物取引の方法として、次のようにすることができます。1日の値幅がこのブレークイーブンポイント455円以内ならばセータの収益がガンマの損失を上回っているので、先物の調整は終値近辺で一度行いデルタをゼロにします。日中455円を超える場合は一度デルタをゼロにして損切を行い、また新たに455円をメドに先物の調整を行います。この場合、損失は大きくなりますが、もともとのマーケットの見立てとしてレンジ相場を想定していたので、やむをえないものとします。もちろん、このブレークイーブンポイントのほかにもチャート上のテクニカルポイント、たとえば200日移動平均線などを組み合わせる

ことで、先物取引の選択の幅を広げることができます。

　このようにマーケット終了までにデルタをゼロにし、終値を用いてポートフォリオの1日の損益と内訳を計算します。当日行った先物PL、ガンマPL、セータPLを合算することで、実際にマーケットが見立てどおりレンジ相場になったかどうか確認することができます。また、ベガPLから割高感のあったIVが下がって収益が発生しているかどうかも確認するポイントになります。

　思惑どおりレンジ相場でデルタPL、ガンマPL、セータPLの合算から収益があがっているにもかかわらず、ベガPLで損失ということもあるでしょう。この場合はマーケットが落ち着いているものの、どうしてもオプションを買わなければならない参加者がいるということも考えられます。こうしたケースでは、買いが終了するとIVが急速に下がってくることもしばしばです。翌日もポジションを維持し、同様の先物オペレーションを行い、収益があがるのを待つ戦略も可能です。逆にベガPLでは収益が生じたが、ガンマPL等で損失ということもありえます。この場合はマーケットがレンジ相場にはならず、不安定な相場に逆戻りということも考えられます。その場合は翌日いったんオプションを買い戻し、戦略の立て直しという選択肢もあります。

　このようにポートフォリオの損益の内訳を確認し、翌日のトレード戦略を考えることがダイナミックヘッジでは重要なことになります。

デルタベガニュートラル取引

〈参照〉
ブラウザー：リンク「デルタベガニュートラル取引」
エクセル：EXCEL_CHAPTER 1 - 4　シート「デルタベガニュートラル取引」

　デルタニュートラル取引の戦略は、IVがHVと比較して割高、割安なときに実行するのが効果的でした。割高なときにはオプションを売却し、デルタ

ニュートラル取引を行い、見立てどおりマーケットが落ち着けば利益を出せるのですが、さらにマーケットがパニック的に動くこともまれにあり、その場合の損失は大きくなることもあります。また、ポジションをとって利益を出せるくらいIVが大幅に割高、割安の水準になる機会が少ないこともあります。

　そこで、デルタベガニュートラル取引と呼ばれる、IVの取引をさらに細かく行うことができる戦略があります。この戦略は中長期の満期のオプションを扱い、また幅広い行使価格のオプションを大量に取引するため、個人投資家にはむずかしいかもしれません。その場合でも別途用意したオプションのシミュレーターで体験することができるので、同取引の理解を深めることはできます。

　オプションは行使価格、満期ごとにそのIVが異なっています。株式関連のオプションは行使価格が原資産価格に比べて低くなるほど、IVは高くなる傾向があります。また、場合によっては行使価格が原資産価格よりも高い方向でもIVが高くなることもあります。このように行使価格とIVの関係の傾向を把握するため、トレーダーは同じ満期のオプションについて、横軸を行使価格、縦軸をIVとしてグラフを描き、その形状をいつも観察しています。また、そのグラフをボラティリティ・スマイル・カーブと呼んでいます（図表1－4－14、滑らかなスマイル・カーブ）。

　そこで、図表1－4－15のように、スマイル・カーブになんらかのゆがみが生じた場合、収益機会があると考えデルタベガニュートラル取引の戦略をとります。

　こうしたゆがんだスマイル・カーブが現れる理由の1つは、通常取引量よりも大きな取引がある場合です。図表1－4－15のスマイル・カーブは、行使価格36,000円のIVが周囲の行使価格のIVより低いことが特徴になっています。

　通常の立会外取引でオプションは100枚〜300枚程度が標準的な取引サイズですが、大口投資家の取引サイズは場合によっては3,000枚〜5,000枚となることもしばしばです。このようなサイズで仮に36,000円プットの売却があっ

図表1-4-14　滑らかなスマイル・カーブ

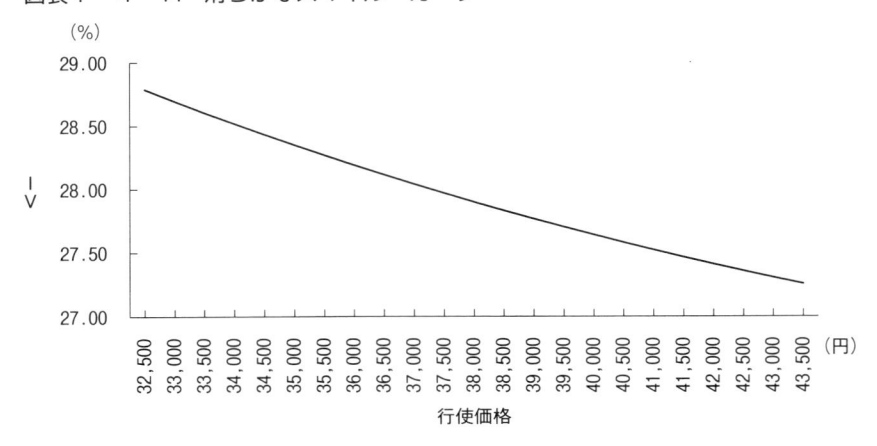

図表1-4-15　ゆがんだスマイル・カーブ

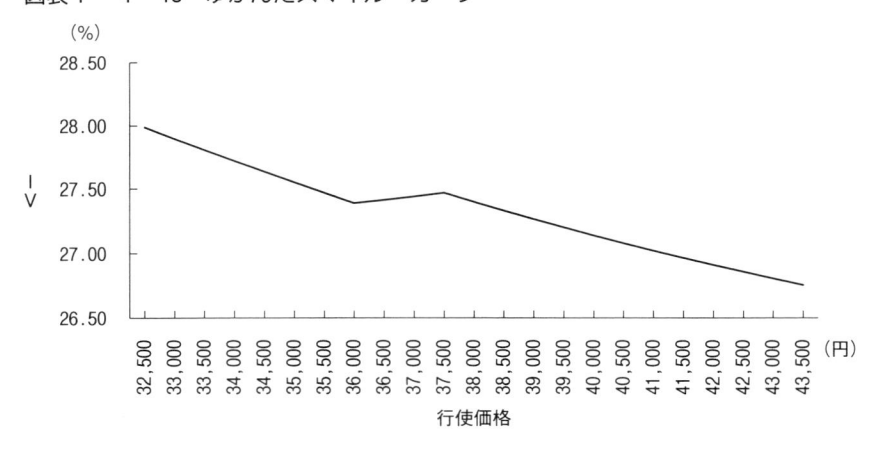

た場合、それを請け負うマーケットメーカーはヘッジのため36,000円近辺の売値を下げ、リスクを回避する行動をとります。マーケットメーカーはその役割上、長期間にわたってリスクをとることは避け、次の顧客の要望に応えるため、常にリスクを軽くする傾向があるからです。

　一方、銀行系のトレーダーは潤沢な資金力を背景に、より長期的なリスクポジションをとる傾向があります。こうしたトレーダーはスマイル・カーブ

のゆがみを見つけ、それが修正されることを見込んでリスクをとります。このケースでは、周囲の行使価格のIVよりも低くなっている36,000円のプットを購入し、比較的IVの高い37,500円のプットを売却します。

36,000円のIVは27.4%、37,500円のIVは27.5%と、36,000円が0.1%低くなっています。これが滑らかなスマイル・カーブに戻れば差が逆転し、36,000円プットのIVのほうが0.3%程度高くなることを期待して取引を行います。見立てどおりになればボラティリティで0.4%分の利益を得ることができます。

　純粋にボラティリティの差だけに着目し、それを収益化させるには、オプションの売りと買いも工夫しなければなりません。ボラティリティが全体的に下がるまたは上がることに対して特に見立てはなく、それによって収益が振れることは目的としていないからです。また当然、先物の動向に対してもニュートラルにしておかなければなりません。

　そこで、36,000円プットと37,500円プットが図表1－4－16の状況のときに、具体的な取引戦略をみてみましょう。現在の先物は38,500円、満期まで約2カ月となっています。はじめにそれぞれのグリークスを計算します（図

図表1－4－16　2つのプットオプションの状況

日経先物価格	38500	38500
行使価格	36000	37500
満期までの日数	60	60
IV	27.40%	27.50%
円金利	0.10%	0.10%
配当利回り=円金利	0.10%	0.10%

図表1－4－17　個々のオプションのグリークス

	36000P	37500P
Delta	－ 28.9%	－ 39.7%
Vega	66.0	74.6
Gamma	0.00006	0.00007
Theta	－ 9.83	－ 11.14

表1 − 4 −17）。

　次にベガのリスクをどれだけとるかを決めますが、ここでは36,000円プットを300枚購入としておきます。このときベガのリスクは、66×300×1,000（倍）により1,981万円になります。次に37,500円プットの枚数を決めますが、36,000円プットのベガと同じ大きさになるようにします。265枚とすればベガは74.6×265×1,000（倍）により1,975万円となりほぼ同額になります。

　37,500円プットのサイズが決まれば、その分を市場で売却します。これでベガに関しては合計値でほぼゼロになっています（図表1 − 4 −18）。すなわち、ベガニュートラルになっているということです。ただ、デルタをみると、87枚ショートと105枚ロングなので合計で18枚ロングです。デルタをニュートラルにするために、日経先物を18枚市場にて売却します。これでデルタもベガもニュートラルになり、戦略が完成しました。これらの取引を1つのポートフォリオとしたとき、ポートフォリオグリークスは図表1 − 4 −19のようになります。

　ベガは若干残っていますが、いま想定している収益はベガ0.4%分、すな

図表1 − 4 −18　ベガをニュートラルにする取引量

	36000P	37500P
Size	300	− 265
Delta　先物換算	− 87	105
Vega（円/ 1 %）	19,811,017	− 19,757,165
Gamma（枚/円）	0.01935	− 0.01922
Theta（円/日）	− 2,948,528	2,950,910

図表1 − 4 −19　デルタベガニュートラル取引のポートフォリオグリークス　日経先物38,500円

	ポートフォリオグリークス
Delta　先物換算	− 0
Vega（円/ 1 %）	53,852
Gamma（枚/円）	0
Theta（円/日）	2,382

わち1,981万円×0.4＝792万円くらいです。これと比較すると微小な額といえます。また，セータに関しても同様に微小なリスクです。ガンマ値もほぼゼロなので、先物が上下に多少動いてもデルタニュートラル取引のときほどの調整は不要となります。

　もっとも、先物が大きく動いたとき、たとえば現在の38,500円から37,500円まで下がったとします。このときポートフォリオグリークスを再計算すると、図表1－4－20のようになります。

　デルタとガンマはほぼ変化がありませんが、ベガが120万円ほどロングになっています。ベガもニュートラルに保つ戦略なので、37,500円プットを売り増しします。その場合も、プットのグリークスを再計算し、何枚必要かを求めなければいけません。約16枚売却すれば、図表1－4－21のポートフォリオグリークスを得ることができます。プットを追加売却することでポートフォリオデルタも7枚分ロングになるので、先物も売却することも忘れてはいけません。

　このように先物の水準によってベガの増減が発生します。また、時間の経過とともにデルタの発生、ガンマの増加も考えられます。見立てどおりの収

図表1－4－20　デルタベガニュートラル取引のポート
フォリオグリークス　日経先物37,500円

	ポートフォリオグリークス
Delta　先物換算	－ 1
Vega（円/1％）	1,219,998
Gamma（枚/円）	0
Theta（円/日）	－ 171,225

図表1－4－21　調整後のデルタベガニュートラル取引
のポートフォリオグリークス

	ポートフォリオグリークス
Delta　先物換算	－ 0
Vega（円/1％）	21,123
Gamma（枚/円）	0
Theta（円/日）	7,819

益が発生するまで粘り強くダイナミックヘッジを続けていくことになります。

　もっとも、いまの例のように先物が急速に1,000円近く売られ、ロングしている36,000円プットの行使価格に近づくと、そのオプションの買い需要も見込まれます。そうなればIVが低かったことが修正され、見立てどおりスマイル・カーブがスムーズなものに戻り、利益を確定できるチャンスも増えることが見込まれます。

⑷　バリューアットリスク

　次の⑸で利用する「オプション・シミュレーターPRO」では、ポートフォリオのリスク管理のツールの1つとしてバリューアットリスク（Value at Risk：VaR、V@R）を用いています。これは現在のポートフォリオがどの程度のリスクにさらされているかを評価する指標です。具体的な計算方法は会社によって異なりますが、一般的には過去2年間の各営業日における先物の価格変動やオプションのボラティリティの変化を用いて、現在のポートフォリオの損益をシミュレートします。

　たとえば、1年前のある日に先物が1％上昇し、オプションのボラティリティが0.5%下落したとします。この1日の変化を現在のポートフォリオに適用し、もしいまのポジションでその日の状況に直面していたら、どの程度の損益になっていたかを計算します。具体的には、現在のポートフォリオに先物とコールオプションが含まれている場合、先物については現在の価格から1％上昇した際の損益を、コールオプションについては現在のIVが0.5%下落し、先物が1％上昇した場合の価格変動を計算します。これらの損益を合計することで、1年前に起こった市場変動が現在のポートフォリオに与える影響を再現できます。

　このように、過去2年間のそれぞれの営業日（約500日）について、現在のポートフォリオの損益をシミュレートし、その結果を損失の大きい順に並べます。ある日は－100万円、ある日は＋50万円といった具合です。すべて

の計算が終了したら、損失の大きいほうから数えて13番目の値をとります。これがたとえば−70万円だとすると、この値がバリューアットリスクとして算出される数値となります。

　ここではバリューアットリスクを過去2年分のデータを用いて計算しましたが、それ以外にも3年分、5年分などを使用することもあります。もっと多くのデータを使用することで精度を上げる、またはコロナショックなどの大きな変動があった時期のデータも加味するという理由があげられます。

　また、過去データの損失の値を選ぶ方法もいろいろあります。データを損失順に並べたとき、上下2.5％は極端な値として除外し、残り95％分を信頼すると仮定します。すると500個データがあれば、上から約12個は極端なデータなので除外され、13番目を採用します。除外するデータを上下0.5％ともっと少なくし、3番目を採用する方法もあります。

　こうした過去データを用いたリスクの計測にはデメリットもあります。データのとり方は、現在からさかのぼって過去2年分のデータなど決まった個数を採用するため、常に古いデータが削除され新しい市場データが追加されます。いったん市場が荒れ始めると新しいデータとして変動の大きいものが採用され、それによって同じポジション量でもバリューアットリスク自体は大きくなる傾向があります。そのため市場参加者にポジションを減らす圧力がかかり、それがまた市場の変動を大きくするという悪循環になる可能性があります。

　過去データそのものではなく、モンテカルロ・シミュレーションなどを用いて市場変動を予測したデータを使用する方法もあります。こうした方法を使うメリットは過去に起こらなかった市場変動のリスクをみることができることです。また、リアルタイムの市場データを使用しない分、安定的になることもメリットです。

　もっとも、扱う商品が多くなれば、モンテカルロ・シミュレーションでの変数の数が増加し、その分計算量も増加してしまう、変数同士の相関係数の決め方もむずかしいなどのデメリットもあります。

　日経先物とそのオプションに関していえば、先物にはいくつもの限月があ

り、オプションの満期や行使価格も多岐にわたります。先物の限月間の値差（スプレッド）は先物単体ほど変動しませんが、やはり需給、金利、予想配当価格などに応じて変動することもしばしばです。オプションの行使価格間や限月間のスプレッドも同様にある程度同じ方向に変動しますが、実際の市場ではスプレッドが縮小、拡大することがしばしばあります。トレーダーは意図してこうしたスプレッドポジションをとる場合もあり、こうしたポジションのリスクを測るためのモンテカルロ・シミュレーションはやや難解なものになります。こうした場合は、むしろ過去データの適用のほうが簡単になります。

⑸　オプション・シミュレーター　PRO

シミュレーター　PRO

　ダイナミックヘッジを用いたオプション・トレーディングの理解のため、再びオプション・シミュレーターファイル「index.html」を使用し、疑似体験することとします。「Simulator PRO」を選択してください。図表1－2－8　OPTION SIMULATOR-BASICシナリオ群と同様にSIMULATOR-PRO用に用意されたシナリオ群が表示されます。シナリオは1から5まで用意しています。1から4までは2026年11月20日をスタート、同年12月10日を最終取引日として設定されています。先物、IVの動きは乱数を用いてシミュレートしていますので、毎回異なる動き方になります。説明のためシナリオ1を選択し「Start」ボタンを押すと図表1－4－22の画面になります。

　図表1－4－22の①はSIMULATOR-BASIC同様に時刻やシミュレーションの残り回数を表しています。②では、現在の先物価格に加えATMのIVと30日ローリングHVを確認することができます。次に紹介するガンマ戦略ではIVとHVの差に着目しポジションを構築するので、②でその水準を観察することが重要です。

　③の「Today PnL」（PnLはProfit and Lossの略で損益に当たります）「Total

図表１－４－22　OPTION SIMULATOR-PRO　シナリオ１

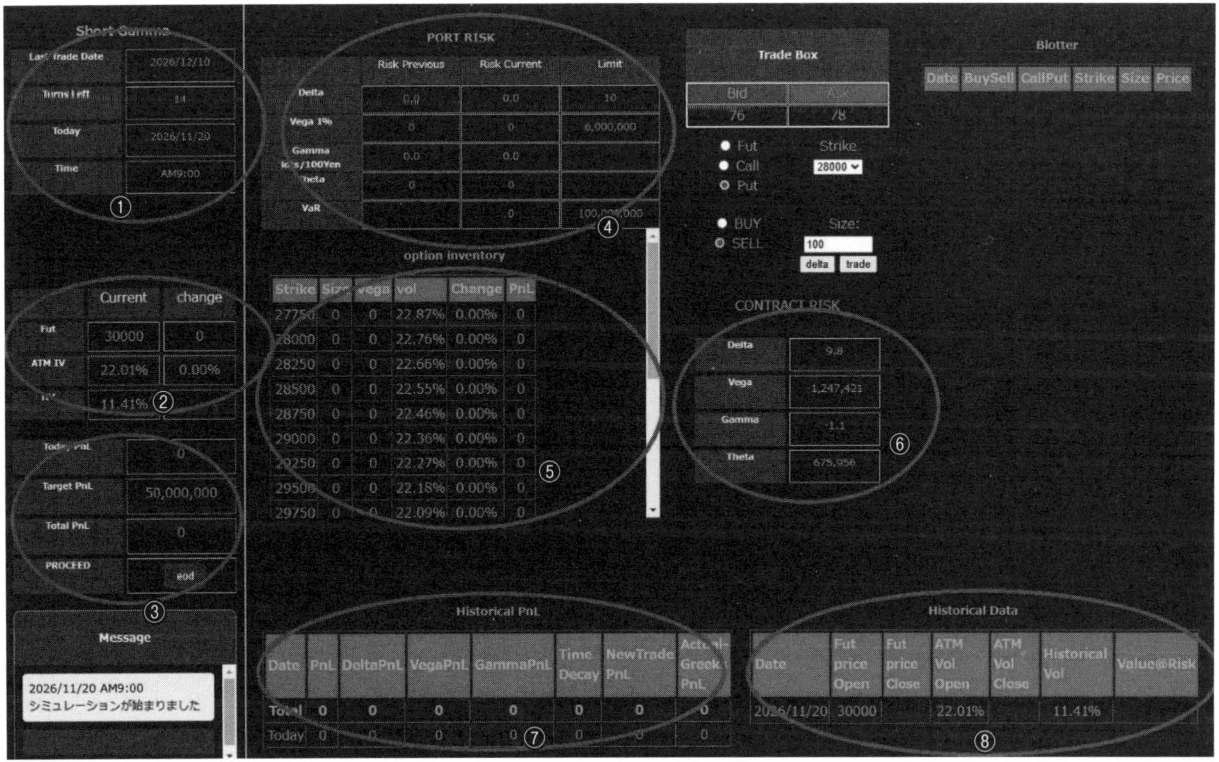

PnL」「PROCEED」はSIMULATOR-BASICの「本日損益」「損益合計」「次に進む」に対応するものです。また、SIMULATOR-PROでは損益合計の最終目標が設定され、「Target PnL」に表示されています。SQで清算後5,000万円としています。

SIMULATOR-PROでは、本節(2)(4)で学んだポートフォリオ収益管理やバリューアットリスク（VaR）を④と⑦で確認することができます。④ではポートフォリオのグリークスを前日と当日を比較し、それらが、先物、IV、時間の変化でどのように変化したのかを観察することができます。(4)で説明したバリューアットリスクの値も表示されています。

また、④ではデルタやベガ、バリューアットリスクの上限も表示されています。デルタやベガについては現在のデルタ、ベガの値（マイナス値の場合はプラスに読み替えて）にLimitとして上限が設定されています。またバリューアットリスクの指標にも上限が定められています。いずれか1つでも制限を超えた場合は次に進むことができないので、リスクを減らしてください。その一方で目標損益も設定されていますので、小さすぎるリスク量では到達できないようになっています。そのためどれくらいの取引サイズがリスク上限を超えず、なおかつ目標損益に到達できるかは、いろいろと試してみてわかるものです。

⑦では各グリークスから計算されたデルタPL、ベガPL　ガンマPLなどを確認でき、ポートフォリオの損益分析を日々行うことができます。3行2列目に当たるTodayのPnLは③の「Today PnL」、2行2列目に当たるTotalのPnLは「Total PnL」と同じものです。本日損益の分析した結果が、翌日になると日付とともに下の行にすべて記録されます。また2行目のTotalではシナリオ開始から現在までのデルタPL、ベガPLなど各要素ごとの累計も確認することができます。これによって各シナリオでどの要素が損益につながったのか検証することができます。

⑤では各行使価格ごとのIVやベガリスクなどを確認することができます。後述するショートウイング戦略などではスマイル・カーブの形状に着目しポジションを構築します。このウインドウでスマイル・カーブの状態を確

認しIVが割高か割安かを判断します。

　テスト取引として28500Pを100枚売ります。またこの取引のデルタを
ニュートラルにするため先物を9枚売ります。取引方法はSIMULA-
TOR-BASICと同様ですが、⑥の情報にベガとガンマが追加されています。
ベガニュートラルのポジションを構築するときやリスク量の制限を超えた場
合は、取引する数量の参考にします。

　時間を進める方法もSIMULATOR-BASIC同様③にある［eod］ボタンを
押します。午後3時まで時刻は進み本日のマーケットの動きや損益の情報が
表示されます。［close］ボタンを押すと③に［night］ボタンが表示されま
す。これを押すと時刻が午後4時になりナイトセッションに進むことができ
ます。③の下の「Message」でも確認することができます。

　実際のマーケットではナイトセッションでも先物は大きく動くことがあり
ます。特に米国時間ではS&P500などの先物に連動するかたちで日経先物が
動くケースも多々見受けられます。SIMULATOR-PROでもそれを再現する
ため、ナイトセッションでも日中と同じボラティリティで先物やIVが変化
するようにプログラムされています。そのためナイトセッションでのリスク
管理も重要になります。日中のマーケットの変化でリスクが限度を超えるこ
ともしばしばあるので、ここで④をみながらヘッジをきちんと行います。

　③の［next］を押すと翌日の午前9時まで進みます。②で夜間の先物の
変化やIVの変化を確認することができます。また行使価格ごとのIVの変化
は⑤の「Change」の列でみることができます。

　③「Today PnL」の本日の損益計算の起点は、ナイトセッションの時点
からになります。そのため午前9時の時点では、⑦のTodayの行に図表1－
4－23のように損益の内訳が表示されます。この例ではナイトセッションス
タート時点から本日朝までのマーケットの変化によりポートフォリオの損益
は2,336,846円の利益となっています（毎回乱数で先物やIVが決定されるので
同じポジションでも数値自体は異なります）。さらにその内訳としてデルタPL
で423,622円の損失、ベガPLで359,415円の損失、ガンマPLで252,659円の
損失、タイムディケイで2,945,366円の利益という分析結果をみることがで

図表１－４－23　Historical　PnLとHistorical　Data

Historical PnL

Date	PnL	DeltaPnL	VegaPnL	GammaPnL	Time Decay	NewTrade PnL	Actual-Greeks PnL
Total	1,796,687	-423,622	-359,415	-252,659	2,945,366	-540,159	427,177
Today	2,336,846	-423,622	-359,415	-252,659	2,945,366	0	427,177
2026/11/20	-540,159	0	0	0	0	-540,159	0

Historical Data

Date	Fut price Open	Fut price Close	ATM Vol Open	ATM Vol Close	Historical Vol	Value@Risk
2026/11/20	30000	29905	22.01%	22.19%	12.12%	19,876,529
2026/11/24	29695		22.54%		12.12%	

きます。また「Actual-GreeksPnL」という列に427,177円と表示されていますが、これは本節(2)ポートフォリオ損益の内訳で学んだレシデュアルPLで、グリークスPLでは説明できない損益になります。

　なお前日の11月20日分の損益分析は、既存のポジションがないため、グリークスのPLはゼロになります。また新規取引については、損益分析は行わず「NewTradePnL」の列に時価評価の変動が表示される仕組みになっています。

　図表１－４－22の⑧には、先物とIVの午前９時の初値と午後３時での終値が記録されます。１日経過し、午前９時時点では図表１－４－23のようにナイトセッションでの動きを確認することができます。またValue@Riskの列では日々の終値におけるバリューアットリスク値が記録されます。この値が日々なるべく小さくなるようコントロールし目標収益を達成することができれば合格です。

　このように①に表示されている「Last Trade Date」取引最終日までシ

ミュレーションを行いSQ値で清算すると、SIMULATOR-BASICの図表1－2－22と同様に終了画面が表示され、結果をみることができます。

ショートガンマ戦略

〈リスク制限〉

> デルタリミット　10枚
> ベガリミット　600万円
> VaRリミット　1億円

　シナリオ1では、オプションマーケットのIVがHV（期間中の実際の先物の動き）よりも相当に高いマーケットを想定しています。つまり、先物があまり動かないなか投資家の不安心理だけが先行し、オプション自体が買われているような状況です。こうした場合、オプションをショートしタイムディケイをとりにいく戦略が有効となります。

　一方で先物の上下の動きは予想できないものとなっているため、極力デルタリスクはとらないことが重要です。先物が動くたびにデルタは刻々と変化していきますので、それにあわせてヘッジを入れていくことになります。デルタをニュートラルに保ち、IVとHVの差を利益化していくことを目標にします。

　また、先物が大きく動き、オプションの行使価格から離れると、ポートフォリオのリスクが減少し、タイムディケイからの収益も減少します。目標の収益を達成するには、オプションのポジションを再構築する必要があります。現在ショートしているオプションを買い戻し、新たに先物水準に近い行使価格のオプションの売却することも再構築の方法です。

ロングガンマ戦略

〈リスク制限〉

> デルタリミット　10枚

　シナリオ 2 ではシナリオ 1 とは逆に HV が IV を大幅に上回っている状況を設定しています。投資家からカバードコールやターゲットバイイングなどのオプションの売りが続いた場合、こうした状況になることがあります。このようなマーケットではロングガンマの戦略が有効です。オプションを購入し先物のヘッジでポートフォリオのデルタをゼロに保ち、ガンマからの収益を得ることを目標とします。シナリオ 1 と同様に、毎回マーケットが変動するたびに先物の売買を行い、IV と HV の差を利益化していくことを目標にします。

　シナリオ 1 のショートガンマ戦略と大きく異なる点は、バリューアットリスクの大きさです。ショートガンマでは先物が大きく動いた場合、損失が非常に大きくなる傾向があります。そのためバリューアットリスクもかなり大きくなります。シナリオ 1 では、おそらくバリューアットリスクがリミット限界の 1 億円枠ぎりぎりで、目標の 5,000 万円に到達するのに対し、シナリオ 2 のロングガンマ戦略ではバリューアットリスクは 10 分の 1 の 1,000 万円で目標収益の 5,000 万円に到達できます。

　バリューアットリスクの観点からは、非常に有利な戦略になりますが、ロングガンマの弱点であるタイムディケイを考慮する必要があります。特にオプション満期直前、行使価格と先物価格が近い場合はタイムディケイが非常に大きくなり、SQ での清算はリスクが大きくなります。現実の世界で先物がどのように動くか予想することはもちろん重要なことではありますが、最終的な収益が確定する直前に大きなリスクをとるのは避けるべきです。そのため、SQ 直前にオプションや先物を手仕舞うことも大切です。実際のマーケットでも、特にメジャー SQ の前の水曜日は、オプションの手仕舞いに伴う動きもあり、市場が乱高下する傾向があります。

　ダイナミックヘッジを行っているとすぐ気づくと思いますが、オプションを手仕舞う際、コールオプションのポジションを同じ行使価格のプットで手

仕舞うことがしばしばあります。もちろん、その逆のケース（プットをコールで手仕舞う）もあります。これは第3節(2)で述べたように、デルタが大きいほうのオプションでは流動性が低くBit Askスプレッドの幅が大きく取引コストがかかるためです。

　それをふまえオプションの建玉表をみると、同じ行使価格のコールとプットの大部分は相殺されている場合があることが理解できます。特にSQ前にはオプションのポートフォリオを手仕舞うため、デルタが小さいほうのコールあるいはプットを用いてリスクを縮小させるため、建玉が増加する場合があります。もちろん投機として新たなポジションを構築することもありますが、手仕舞いのためというケースもありうるのです。そのため、一概にオプションの建玉だけをみていても、マーケットの予測を立てるのはむずかしい場合があります。

デルタベガニュートラル取引　ショートウイング戦略

〈リスク制限〉

> デルタリミット　3枚
> ベガリミット　50万円
> VaRリミット　1,000万円

　シナリオ3では、各行使価格のIVをグラフ化したスマイル・カーブに着目します。スマイル・カーブがゆがむ場合や、カーブが極端にきつくなるケースなどは、実際のマーケットでも見受けられます。これは投資家が大量のオプションを一度に取引した場合や、マーケット参加者が強気あるいは弱気に傾き、特定の行使価格のオプションに買いが集中したときに起こることが多い現象です。

　特にシナリオ3では低い行使価格のIVがATM（アットザマネー）に比べ大幅に高くなっています。スマイル・カーブとしては傾斜がきつい状態になっています。大口投資家がヘッジのためにプットオプションを購入した後などに起こります。このIV間の差を収益化するため、市場変動のたびにダイナ

ミックヘッジを行い、デルタ、ベガともニュートラルに保ちます。シナリオ1、2の場合はHVとIVの差を利益化するのが目標でしたが、ここでは異なる行使価格のIV間の差であることに注意してください。

　具体的な戦略は、IVの低いATM近辺のオプションを買い、IVが高く、行使価格の低いプットを売ります。そのとき買いと売りのオプションのベガが同じ量になるように枚数を調整します。ベガが合計でほぼニュートラルになったらデルタの調整を行います。ATMのオプションもプットを用いれば、低い行使価格のプットのデルタとある程度相殺するので、使用する先物の枚数は少なくてすみます。

　このようなポジションを構築する利点は、ガンマがロングでタイムディケイもロングというポジションにできる点にあります。本節(1)で述べたように、単体のオプションでは、ガンマとセータの関係はどちらかがロングになればもう一方はショートになります。ガンマがロングならば、市場変動があればその分リスクなしで収益をあげることができる一方、タイムディケイを払わなければなりませんでした。しかし、スマイル・カーブの傾斜がきついときなどには、オプションの組合せを用いれば、こうしたガンマがロングでタイムディケイも得ることができるポートフォリオの構築も可能となります。

　もっとも、こうしたポジションで収益をあげるために保有するオプションの枚数は千枚単位になることもあります。千枚単位でデルタとベガをニュートラルに保ちながら取引するためには、第6節で述べる立会外取引で執行するのが一般的です。電子取引では大きなサイズになればなるほど、オプションと先物を同時に取引するのはむずかしく、余分なコストもかかってしまいます。

　リスクの観点からはデルタベガニュートラル戦略ではデルタ、ベガ、バリューアットリスクが小さくても大きな収益を出すことができます。特にベガは常時50万円程度でもデルタニュートラル戦略と同程度の収益を出すことが可能となっています。

デルタベガニュートラル取引　ショートボディ（ロングウイング）戦略

〈リスク制限〉

デルタリミット　3枚
ベガリミット　50万円
VaRリミット　1,000万円

　シナリオ4ではシナリオ3と異なり、スマイル・カーブの形状がほぼフラットになっています。つまり、低い行使価格、ATM、高い行使価格、いずれのIVも同水準になっています。また、実際にシミュレーションしてみるとわかりますが、スマイル・カーブ全体の水準が非常に不安定で、上昇下落が激しいマーケットになっています。このようなマーケットでは、スマイル・カーブはその名のとおりスマイルを描くように両端、特に低い行使価格のIVが高く、ATMが低くなければなりません。その理由は、両端のオプションをロング、ATMをショートという組合せのポートフォリオをつくり、実際にダイナミックヘッジしていくとわかります。この両端をロングして中央をショートする組合せはウイングをロングする、ボディをショートするともいいます。

　このポートフォリオの特徴は、スマイル・カーブ全体が下落するとポートフォリオのベガのポジションがショートになり、オプションの買い余地が発生することです。逆にスマイル・カーブ全体が上昇すると今度はベガがロングになり、売りの余地が発生します。これは先物が安くなったら買い、高くなったら売るというデルタの変化を収益化するロングガンマポジションと同じような状況になります。一方でポートフォリオのタイムディケイを確認すると、非常に小さな値になります。

　このようにスマイル・カーブの形状がほぼフラットのとき、こうしたガンマポジションに似た状況にもかかわらず、タイムディケイが極力小さいポートフォリオをつくることができます。リスクが小さくリターンが大きく見込

めるポジションであるため、多くのトレーダーが着目している状況の1つです。そのため形状がほぼフラットであるときは、両端のオプションが買われて形状は修正されます。

　さらにIVが動くことを前提にモデル化したSABRモデルを使うと、スマイル・カーブ全体の上下の動きの度合いと形状の関係が詳しくわかります。第3章第4節(9)を参照してください。

タイムディケイ　スタディ

〈リスク制限〉

> デルタリミット　20枚
> ベガリミット　500万円
> VaRリミット　1億5,000万円

　シナリオ5では、オプション満期直前に長期間の休日があるケースについてグリークスの変化を観察します。2026年5月8日満期のオプションを5月1日（金）から取引開始します。この年のゴールデンウィークは日曜日とも重なり5連休となります。5月1日の翌営業日は5月7日最終取引日となり、実質2日間しかありません。連休直前にポジションをもち5連休後のグリークスの変化を観察します。マーケット環境はIVもHVも同程度の20％に設定しています。また、リスク制限も大きめの設定ですので目標損益を目指すこともできます。

⑹　シナリオ分析

> 〈参照〉
> ブラウザー：リンク「シナリオ分析」
> エクセル：EXCEL_CHAPTER 1 – 4　シート「シナリオ分析」

　グリークスはマーケット環境の変化に対するオプション価格の変化を示し

ますが、その計算は原資産価格の0.1%程度、IVの1%程度という微小な変化を前提としています。つまり、グリークスはマーケットの微小な変化に対するリスクしか表していません。実際のマーケットでは、原資産価格やIVが大きく変動することがあり、このような動きに対してグリークスだけを用いてオプション価格の変化を予想すると、誤差が大きくなり予想外の損益が発生することもあります。

　そこで原資産価格やIVの大きな変動を想定し、そのときのオプション価格や、デルタやベガなどのグリークスを事前に計算しておきます。これにより、大きな市場変動に対するオプションの損益を予想し、ヘッジ戦略を立てることができます。たとえば、先物オプションのデルタニュートラル戦略で先物が大きく上昇した場合、必要な売買枚数を事前に把握し、先物を指値注文しておくことが可能になります。

　また、オプションは時間の経過とともに変化するので、長期保有の場合は時間の影響が重要になります。満期が近づくにつれてタイム・バリューが減少していくため、途中売却を予定している場合、適切な売却タイミングを計画しやすくなります。

　これらの情報はグリークスからも計算可能ですが、微小変化の情報であり、範囲が広いほど誤差が大きくなります。オプション価格を直接計算できる環境があれば、グリークスだけにこだわる必要はありません。

　本章第2節「オプション　使い方1（基本的使い方）」で参照したコールスプレッドについてシナリオ分析してみましょう。ストラテジーは31000Cを買い32000Cを売るものでした。このとき縦軸を先物価格とし28,000円から250円刻み、横軸を時間にとり12月13日の満期日まで1日刻みに設定します。IVは20%から動かないと仮定して、それぞれの先物価格、時間ごとのコールスプレッド価格の計算を行います。エクセルではオプション価格を計算する関数ALKOM_OptionPriceを2つ用いて32000Cと31000Cの価格差を計算できるので、各日付と先物価格に対応するセルに当てはめていきます（図表1-4-24）。

　ここでコールスプレッド戦略は先物が上昇すると収益化できる戦略なの

図表1－4－24　コールスプレッド戦略の損益シミュレーション

日付	12/4	12/5	12/6	12/9	12/10	12/11	12/12	12/13
28000	0	0	0	0	0	0	0	0
28250	0	0	0	0	0	0	0	0
28500	1	1	0	0	0	0	0	0
28750	2	2	1	0	0	0	0	0
29000	5	4	2	0	0	0	0	0
29250	11	8	5	1	0	0	0	0
29500	22	17	12	2	1	0	0	0
29750	39	32	24	6	2	0	0	0
30000	66	56	46	16	8	2	0	0
30250	105	94	81	38	23	9	1	0
30500	159	146	132	78	56	31	8	0
30750	227	215	201	145	117	83	41	0
31000	308	299	288	240	215	180	129	8
31250	399	394	388	361	346	324	290	250
31500	494	495	495	497	498	498	499	500
31750	590	596	602	632	648	671	707	750
32000	680	690	701	751	778	814	866	992

で、先物がいくら上昇すればどれくらい利益になるか、図表1－4－24から確認します。はじめに12月4日、先物価格が30,000円のとき、コールスプレッドの価格66円となっているので、この値で取引したと仮定します。

　取引日にそのまま先物が32,000円まで上昇すれば、オプション価格も680円まで上昇します。一方で時間が経過した場合はどうでしょうか。12月9日、30,500円のときの価格は78円となっています。先物は取引日の30,000円から500円上昇しましたが、オプション価格はわずか10円程度の上昇です。12月11日の30,750円のときは83円となっていることも確認でき、この場合でも先物の上昇750円に対してオプション価格は17円の利益しかありません。

　そのため、コールスプレッド戦略では、先物の上昇スピードが、12月9日までに500円、12月11日までに750円というペースよりも遅い場合、時価評価での利益が出にくいことが想定できます。

　一方、12月10日31,000円のときにはプレミアムは215円と約3倍に上昇し

ているので、コールスプレッドの買いのほうの行使価格31,000円を明確に超えなくてもこの時点で利益を確定するシナリオも考慮できます。このようにシナリオをつくるとオプション満期までの大局的な戦略をつくることができます。

本節(5)で「オプション・シミュレーター　PRO」においても、シナリオ分析は強力なツールとなります。上のコールスプレッド戦略のシナリオ分析と同様に、先物の変化ごと、時間の変化ごとにポートフォリオ全体の時価を計算することで、同じような表をつくることができます。また、時価とともにデルタ、ベガなどのグリークスも計算し、ポートフォリオのグリークスの変化をあらかじめ用意しておくことができます。もっとも、ポートフォリオ全体のシナリオ分析は計算量が非常に大きくなるため、高性能なサーバーが必要となります。

(7)　スマイル・カーブ

本節(3)で扱ったスマイル・カーブは、横軸を行使価格の絶対値、縦軸をIVとして、IVの観測値をプロットしたものでした。スマイル・カーブの表示方法には、それ以外にもいろいろあります。株価の場合、現在の株価を基準にして行使価格を現在の株価の102％、103％、105％、110％、100％、98％、97％、95％、90％というように表し、それぞれの行使価格の水準に該当するIVを表示することもあります。現在価格と同じ（100％）行使価格はアットザマネースポット（ATMS）と呼びます。

実際、株価をヘッジする場合、現在価格よりも5％下までは許容範囲で、それ以下の価格下落に対してプロテクションが必要というように、相対的な行使価格のオプションのニーズがあります。また、株式分割などで株価水準自体に変更がある場合もあります。そのため、相対位置を使うことが一般的です。

横軸を相対的にとるスマイル・カーブの例として、日経平均の価格が30,000円のとき、その日に観測されたIVを表示すると図表1－4－25のよ

うになります。

　ここで翌日現在価格が30,000円から31,000円に動き、IVも再度観測したものとします。その前提で相対位置はそのままで、あらためてスマイル・カーブをつくると、行使価格そのものは変わりますが、図表1－4－26のようになります。

　このように表示するメリットは現在価格が動いても、スマイル・カーブを重ねてみることができる点にあります（図表1－4－27）。

　この表示方法によって純粋にスマイル・カーブの形状が変化したかどうか

図表1－4－25　現在価格を基準にして行使価格を相対化したスマイル・カーブ

相対位置	90%	95%	97%	98%	100%ATMS	102%	103%	105%	110%
行使価格	27000	28500	29100	29400	30000	30600	30900	31500	33000
IV	24.0%	22.0%	21.4%	21.2%	20.0%	20.6%	20.5%	20.5%	21.0%

図表1－4－26　現在価格が変化した場合の行使価格を相対化したスマイル・カーブ

相対位置	90%	95%	97%	98%	100%ATMS	102%	103%	105%	110%
行使価格	27900	29450	30070	30380	31000	31620	31930	32550	34100
IV	24.2%	22.2%	21.6%	21.4%	20.2%	20.8%	20.7%	20.7%	21.2%

図表1－4－27　行使価格を相対化したスマイル・カーブの重ね合せ

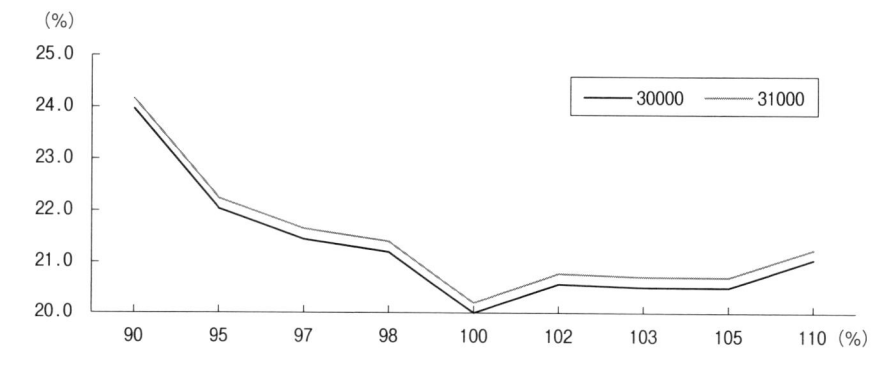

がわかり、特にデルタベガニュートラル取引を行う場合、通常のスマイル・カーブと比較してどこがゆがんでいるか見つけやすくなります。

　特に株価指数オプションの場合は、このようにATMSが中心になるスマイル・カーブをつくることが多くなります。これは期間が短いオプションについてはそれほど問題にはなりませんが、期間が２、３年と長期になるとやや難解なものになります。

　仮に金利が０％近辺とすると、２年満期の先物価格は配当と金利の影響で現在の指数価格よりも４％〜５％低い価格になります。たとえば、現在価格が30,000円のとき２年満期の先物価格は約28,500円となります。このとき２年満期、行使価格がATMS（つまり現在価格）のオプションは、1,500円程度ITM（プット）あるいはOTM（コール）になります。

　このように２年満期のATMSのオプションはITMまたはOTMとなり、本節(5)のロングウイング戦略で述べたようにIVの変動でベガの大きさも変動するウイングオプション的な性質をもちます。そのことからATMSは必ずしもスマイル・カーブの中心的位置にはならないことになります。

　その点、為替オプションは横軸をデルタ表記にしています。中心にデルタ50％のオプションのIVを表示し、端にいくに従ってデルタ50％、40％（60％）、25％（75％）、10％（90％）、５％（95％）といったオプションのIVを表記します。為替オプションは期間が長いものでは30年まであり、フォワードレートは50円近く現在価格から乖離している場合もあるため、デルタ表記にする必要があったと思われます。

　この表示では中央には常にデルタが50％の行使価格のIVが対応するため、スマイル・カーブの満期ごとの比較も容易になります。一方、デメリットは、デルタで行使価格が指定されているため、実際の行使価格がいくらになるのかは少し複雑な計算が必要になる点です。また、デルタ50％の行使価格はATM（DN）と表記されることもあります。DNはDelta Neutralの略です。

　比較のためですが、金利のオプションの場合は、フォワードレートをスマイル・カーブの中心にしています。この場合、行使価格がフォワードレート

に等しいものをアットザマネーフォワード（ATMF）と呼びます。また、このように同じATMでもATMS、ATM（DN）、ATMFと3種類あることにも注意する必要があります。

⑻　スマイル・カーブから原資産価格の確率分布へ

　各行使価格のIVがわかっているとき、すなわちスマイル・カーブがあるとき、オプション価格が織り込んでいる「原資産の将来価格の確率分布」を、コールスプレッドを用いることで計算することができます。具体例として、現在の日経平均が30,000円、3カ月オプションのスマイル・カーブが図

図表1－4－28　スマイル・カーブと確率

Strike（円）	IV（%）	Prob（%）	Prob 2（%）
20,000	37.0	98.0	0.72
21,000	34.9	97.2	1.02
22,000	32.9	96.2	1.46
23,000	30.9	94.7	2.10
24,000	29.0	92.6	3.03
25,000	27.2	89.6	4.33
26,000	25.5	85.3	6.11
27,000	24.0	79.2	8.34
28,000	22.6	70.8	10.69
29,000	21.5	60.1	12.34
30,000	20.8	47.8	12.37
31,000	20.5	35.4	10.61
32,000	20.6	24.8	7.97
33,000	21.0	16.9	5.50
34,000	21.7	11.3	3.64
35,000	22.5	7.7	2.39
36,000	23.5	5.3	1.57
37,000	24.4	3.7	1.05
38,000	25.4	2.7	0.72
39,000	26.3	2.0	0.50
40,000	27.3	1.5	1.47

表1－4－28のように与えられている場合、3カ月後の日経平均のおおよその確率分布をつくってみます。

　はじめに20,000円以上である確率を求めます。その方法は、行使価格19,999円と行使価格20,000円の1円幅のコールスプレッドをIV＝37.0％を用いて計算することです。2つのオプション価格の差を計算すると0.98円になります。このコールスプレッドの意味するところは、日経平均が20,000円を超えている確率は98％ということです。なぜなら、満期日に日経平均が20,000円を超えていた場合、このコールスプレッドからの利益はペイオフを考えると1円になります。その対価として0.98円が必要ということなので、確率は98％と考えられます。同様に21,000円、22,000円……40,000円を超える確率を順次計算したものが図表1－4－28の3列目（Prob）になります。

　最後に図表1－4－28の3列目の確率を用いて、39,000円を超える確率から40,000円を超える確率を差し引くと39,000円から40,000円の間になる確率が計算でき、0.5％となります。このように順次差し引いたものを4列目（Prob2）としてあります。これを棒グラフにしたものが図表1－4－29

図表1－4－29　日経平均の確率分布

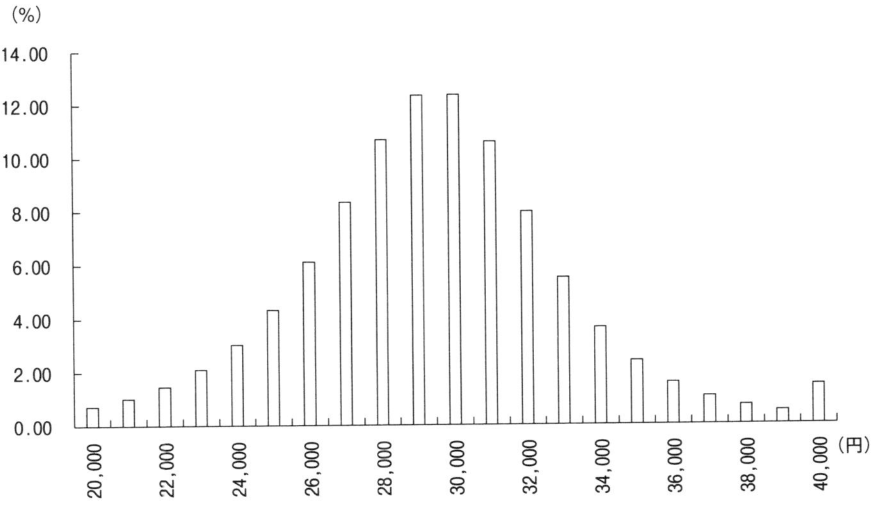

です。

　これが3カ月後の日経平均の確率分布の近似になります。アナリストたちは、オプション価格が織り込んでいる原資産価格の将来価格の確率についてコメントすることがあります。原資産価格の確率分布の計算により、市場の予想を客観的に分析することが可能になります。

第5節

株価指数の派生商品

(1) 米国株先物（S&P500）、欧州株（EURO STOXX50）

　第1節で少し扱った1ポイントバリューの概念を復習しながら、東京時間およびロンドン時間における外国株式の先物が日経先物やオプション価格にどの程度影響があるのか考察してみましょう。

　東京時間で取引されている外国株先物の1つに、米国株先物であるS&P500（E-MINI）の先物があります。日経先物も高い流動性を有していますが、それ以上にS&P500先物の流動性は高いです。また、ニュースでも必ず取り上げられるダウ・ジョーンズの先物（ダウ先）も取引されています。一方、ロンドン時間では、欧州株の代表的な先物であるユーロストックス50（EURO STOXX50）の先物が高い流動性を示しています。

　これらの先物に関連する1ポイントバリュー、1日の先物の取引高、および名目価値（ノーショナルバリュー）についてみていきましょう。1ポイントバリューは、日経先物では1円動いたときの先物の価値の変化量であり、1,000円です。S&P500先物の1ポイントバリューは50ドル、ダウ先は5ドル、ユーロストックス50先物は10ユーロです。

　こうした先物の1ポイントバリューは、各先物が上場している取引所のホームページで確認できます。名目価値は現在の先物価格に1ポイントバリューを掛けたもので、日経先物では現在の先物価格が35,000円ならば、名目価値はこれの1,000倍、つまり3,500万円になります。S&P500先物については現在4,800ポイントなので、これに50ドルを掛けると24万ドルになりま

す。ダウ先物は18万ドル、ユーロストックス50先物は現在価格が4,600なので、10ユーロを掛けると46,000ユーロが名目価値です（図表1-5-1）。

　また、それぞれの先物の1日の取引高を取引所のホームページで確認すると、日経先物、S&P500先物、ダウ先物、ユーロストックスはそれぞれ平均して4万枚、200万枚、100万枚、70万枚です。これらの取引高に名目価値を掛けると、1日の取引金額が計算できます。1日の取引金額はS&P500先物がおおよそ4,800億ドル、日経は1.4兆円、ユーロストックスは460億ユーロとなっています。

　図表1-5-2からは、1日の取引金額ベースではS&P500先物が約70兆円と、日経先物の1.4兆円を大きく上回っており、S&P500先物の取引金額が最も大きいことがわかります。さらに、S&P500先物はダウ先物よりも取引金額が大きいことも示唆されています。

　東京時間においても、日中のS&P500先物の取引高が6万枚といった数字が確認できます。日経先物とS&P500先物の名目価値がほぼ同等であることから、S&P500先物の東京時間における取引は日経先物の1日の取引よりも金額ベースで大きいことがわかります。そのため、東京時間に何か重要なイ

図表1-5-1　株価指数先物の1ポイントバリューと名目価値

先物名	1ポイントバリュー	名目価値	名目価値（円換算）
日経先物	1,000円	35,000,000円	35,000,000
S&P500	50ドル	240,000ドル	34,800,000
DOW	5ドル	185,000ドル	26,825,000
EURO50	10ユーロ	46,000ユーロ	7,360,000

注：1ドル145円、1ユーロ160円換算。

図表1-5-2　株価指数先物の1日の取引高と取引金額

先物名	1日取引高（枚）	取引高（通貨別）	取引高（円換算）
日経先物	40,000	1,400,000,000,000	1,400,000,000,000
S&P500	2 million	480,000,000,000	69,600,000,000,000
DOW	1 million	185,000,000,000	26,825,000,000,000
EURO50	1 million	46,000,000,000	7,360,000,000,000

注：1ドル145円、1ユーロ160円換算。

ベントが発生し、世界経済に影響を及ぼす場合、まずS&P500先物が反応すると考えてよいでしょう。そうした場合、日経先物はS&P500先物に連動することも多いので、S&P500先物の動きに留意する必要があります。

　こうした他の商品価格に影響を与える主たる先物をベンチマークと呼ぶことがあります。グローバルな株のベンチマークはS&P500先物、欧州時間のベンチマークはユーロストックス先物と認識しているトレーダーも多いです。

⑵　SGX、CME先物、日経ミニ

　シンガポール取引所（SGX）とCMEグループに日経先物が上場しています。大阪取引所が算出するSQ値で清算という点で、大阪取引所の日経先物と同じものと考えてよいでしょう。注意すべき点は、大阪取引所の日経先物に比べ1枚の価値が半分になっていることです。つまり、SGXまたはCMEで2枚取引すると、大阪取引所の先物1枚と同じになります。

　SGX、CMEどちらでも取引高はおおよそ1日2万枚くらいであり、大阪取引所の取引高の半分くらいとなっています。海外勢はCMEに上場しているS&P500やSGXに上場しているChina A50など海外の株式指数先物と組み合わせて日経平均を取引することもあり、その場合は同じ取引所で取引するほうが簡単であるため、取引高もあると思われます。

　また、日中それぞれの先物の価格の推移を観察すると、大阪取引所、SGX、CMEそれぞれの先物価格は乖離がほぼないことがわかります。これは、取引所間の「裁定取引」を行っているファンドなどの存在によるものと推測されます。こうした「裁定取引」も取引高に算入されるため、市場の取引高は相応の水準を維持しています。また、大阪取引所には日経先物のミニも上場しています。こちらの取引高も枚数では日経先物（ラージ）の約10倍あります。ミニの価格とラージの価格の乖離はほぼありませんので、ここでも「裁定取引」が行われていると推測されます。

　このような多様な「裁定取引」が取引高に含まれるため、実需に基づく取

引の正確な割合を把握することは困難になっています。

(3) 配当先物と期先の先物

　日経配当指数は重要な指標の１つです。この指数の定義は、１月から12月までの１年間、日経平均を構成する225銘柄を保有した場合に得られる１株当りの配当金を、日経平均を計算する際と同じウェイトを使用して算出するものです。各企業の配当が株主総会などを経て確定された段階で、順次指数に反映されていきます。2023年の場合、最終的に指数は約640円となりました。

　この指数を原資産とする先物が大阪取引所とシンガポール取引所（SGX）に上場しています。特にSGXでは取引高もあり、売値と買値の気配値もしっかりあります。2024年現在、４年先である2028年の先物まで取引高はあります。

　こうした期先の配当先物の水準は日経先物の期先の理論値を算出するのに重要な役割を果たしています。本章第１節で先物と現物の価格の関係を説明したように、先々の配当がわかれば先物の理論値もわかります。配当の先物が４年先まであるので、日経先物の建玉も４年先の2028年まであります。

　もっとも、円満債と呼ばれる満期30年の日経平均に連動する仕組債が活発に取引されていた時期は相対取引で30年先までの先物の気配値（買値、売値）が立会外市場ではありましたが、「裁定取引」がむずかしいため流動性には乏しいものでした。

(4) EPSの計算

　日経平均のEPS（１株当り利益）について議論してみましょう。まず、日経平均そのものが個別株の価格からどのように計算されるかを理解することから始めます。日経平均の算出方法は次のとおりです。
- ● 　日経平均を構成する各銘柄には、それぞれ固有のウェイトが設定されて

います。

- 各個別株の価格に、その銘柄に割り当てられたウェイトを掛けます。
- これらの値を全銘柄分合算します。
- この合算値が、実際の日経平均の価格と一致することを確認します。

　この計算プロセスを理解することが、日経平均のEPSを考察するうえで重要な基礎となります。日経平均の計算方法を確認したら、次は日経平均のEPSの算出に移ります。手順は以下のとおりです。

- 個別株のEPSの取得：各企業が決算時に発表する年度末予想EPSを使用します。これが最も信頼性の高いデータとなります。
- 日経平均EPSの計算：個別株のEPSに、先ほどの日経平均算出時と同じウェイトを掛けて合算します。この合算値が日経平均のEPSとなります。
- 公表値の確認：計算結果は、日本経済新聞のホームページで公表されている指数のEPSと一致するはずです。
- 注意点：一部の企業がEPSを発表していない場合があります。そうした銘柄に関しては、証券アナリストによる決算予想に基づいたEPS予想値が使用されることがあります。

　このプロセスにより、日経平均全体のEPSを算出し、市場全体の収益性を把握することができます。

　225銘柄すべての計算を終えると、日経平均の構造の重要な特徴に気づくでしょう。最も顕著なのは、日経平均構成銘柄のうち、上位3銘柄のウェイトが非常に高いということです。この特徴は、指数の動きを理解するうえできわめて重要です。

　さらに、この計算過程を通じて、特定の銘柄のEPS（1株当り利益）の変化が日経平均全体のEPSに大きな影響を与えることも明らかになります。つまり、一部の主要銘柄の業績変動が、指数全体の動きを左右する可能性が高いのです。

　これらの特徴は、日経平均の動向を分析する際に常に念頭に置くべき重要な要素です。投資家やアナリストにとっては、これらの主要銘柄の業績や株

価の動きを特に注視することが、指数全体の傾向を把握するうえで有効な戦略となるでしょう。

TOPIXに関しても、日経平均と同様にEPSの計算が可能です。しかし、TOPIXは2,000以上もの銘柄で構成されているため、個々の銘柄のEPSを手作業で確認するのは現実的ではありません。この問題に対処するためには、Pythonなどのプログラミング言語を活用し、XBRL（eXtensible Business Reporting Language）形式で記述された決算書を自動的に読み込み、計算するプログラムを開発する必要があります。

ただし、TOPIXに関してはもう1つの問題があります。構成銘柄のウェイトが公表されていない、あるいは有料でのみ公開されているため、正確な計算が困難であることです。このため、TOPIXのEPS計算は日経平均に比べてより複雑になります。

なお、本文ではプログラミングの詳細については割愛させていただきますが、大量のデータを効率的に処理し、正確な結果を得るためには、このような自動化が不可欠です。これらの技術的な課題を克服することで、より包括的な市場分析が可能になるでしょう。

⑸ CFD　デリバティブ取引

CFD（Contract for Difference）取引は、近年、個人投資家にも広く利用されるようになりました。CFDは、差金決済取引の略で、常に差額決済することを前提としています。たとえば、30,000円で日経平均CFDを買い、その後、日経平均が上昇して31,000円になった場合、31,000円でCFDを決済すると、その差額の1,000円が利益として計上されます。

先物取引と同様に、空売りも可能です。たとえば、マーケットが32,000円のときに売り契約を結び、その後、マーケットが下がって30,000円になったときに買戻し契約を行えば、差額の2,000円が利益として計上できます。

CFD取引で注意しなければならないことは、原資産（参照原資産）が何であるかということです。原資産が日経平均そのものである場合と日経先物で

ある場合の2種類あります。

　日経平均が原資産の場合のCFD取引には、以下のようなメリットとデメリットがあります。

メリット

- 価格の透明性：CFDの価格は日経平均とほぼ等しくなります。
- わかりやすさ：取引業者（多くの場合は証券会社）が常に買値と売値を日経平均に近いかたちで提示するため、非常に理解しやすい商品です。

デメリット

- 持ち越しコスト：取引を翌日に持ち越す場合、以下のようなコストがかかります。
  ・買いポジションの場合：実際に日経平均を買った場合の資金コスト（借入金利相当）がかかります。
  ・売りポジションの場合：日経平均構成225銘柄すべての株を借りて空売りしたときのコストがかかります。
- コストの高さ：これらのコストは取引業者が独自に決定することが多く、実際の市場レートよりも高めに設定されていることがあります。たとえば、日経平均が30,000円の場合、30,000円を1日借りた分の利息が翌日持ち越し時のコストとなります。結果として、1日の持ち越しで年率2％程度のコストになる場合もあります。

　このように、日経平均が原資産のCFD取引は便利な一方で、特に長期保有を考える場合はコストに注意が必要です。

　日経先物が原資産の場合のCFD取引には、以下のようなメリットとデメリットがあります。

メリット

- 持ち越しコストの低さ：取引を翌日に持ち越す際の基本的なコストはかかりません。先物を参照しているため、資金借入れや現物株の借入コス

トは不要です。

デメリット

- 価格の不連続性：先物の満期日直前に参照する限月が変更になり、価格が不連続になることがあります。この変更に伴い調整金が発生し、時価評価の内訳がわかりにくくなる可能性があります。
- 執行リスク：取引業者が実際に先物をロール（期近の限月から期先の限月へ乗換え）する際に執行リスクが生じます。実際のロールコストが調整金として反映されます。
- ロールコストの影響：ただし、取引業者の顧客に対するショートポジションとロングポジションの合計で先物をロールするため、通常は大きな枚数にはならず、影響は限定的と考えられます。

⑹　レバレッジETF

　最近の株価上昇で、株価インデックスのレバレッジETFや投資信託が人気となっています。特に「日経平均の変動率の2倍に連動する」ETFや、NASDAQ100の3倍に連動するETFが注目されています。一方で、レバレッジETFは"減価する"とよくいわれ、監督官庁からも注意喚起がされています。先にこの減価の理由を簡単に説明すると、レバレッジETFは原資産価格が上がればヘッジの先物を追加買い、下落すればロスカットを機械的に繰り返すからです。

　これらのレバレッジ型商品の仕組みを簡単に説明します。たとえば、日経平均型レバレッジの定義では、ETFの日々の値動きが対応するインデックスの動きの2倍になるように運用されます。運用の仕組みをETFの管理する立場から説明します（図表1−5−3）。

　第1日目の朝マーケットが開く前、現金10万円が集まり、ETFがスタートします。これを運用するとします（図表1−5−3の1行目）。説明を簡単にするため、以下の仮定を置きます。

図表１－５－３　レバレッジETF（２倍）の運用

	先物・INDEX	現金／ETF価格	先物　枚数	名目価値
1	20 000	100,000	0	0
2	20 000	100,000	10	200,000
3	21 000	100,000	10	210,000
4	21 000	110,000	0	0
5	21 000	110,000	10.47619048	220,000
6	20 000	110,000	10.47619048	209,524
7	20 000	99,524	0	0
8	20 000	99,524	9.952380952	199,048

● 　日経平均の前日終値が２万円。

● 　金利配当などはゼロ。

● 　先物も通常のラージではなく、１倍物（１株分）とします。

● 　ETFの価格は現金の価値そのものとします。

　ETFの価格が「日経平均の変動率の２倍に連動する」動きをするために、先物でヘッジします。名目価値（先物価格×枚数、第１節では約定価額としたもの）が現金10万円の２倍の20万円になるように先物の枚数を決めます。先物価格は２万円なので、10枚買いヘッジをすると、名目価値は20,000×10＝20万円となります（図表１－５－３の２行目）。

　この状態で、日経平均がその日の午後３時に21,000円で終わったと仮定します。日経平均は1,000円、５％上昇し、ヘッジで購入した先物からは1,000円上昇分×10枚で１万円の利益が発生します（図表１－５－３の３行目）。簡単のため先物を全部売却し現金に戻しますと、現金はもともとの10万円に１万円を加えて11万円になります（同４行目）。ETFの価格は10万円から11万円と10％の上昇になり、「日経平均の変動率の２倍に連動する」目的が達成されたことになります。

　さて、このETFの状態は第１日目のマーケットが開く前のスタート時点と同じく現金のみになります。したがって、第１日目に行ったオペレーションとまったく同様に翌日の値動きに備えて再び先物でヘッジを行います。今度は名目価値が先物価格21,000円のもと、現金11万円に対し２倍の22万円に

なるように先物の枚数を決めると、小数点以下も含め、10.476枚となります。ヘッジ数量は現金が増加した分、0.476枚増加しました（図表1－5－3の5行目）。

今度は翌日、日経平均が2万円に下落したとしましょう。この場合、図表1－5－3の6行目、ヘッジの先物から1,000円下落分×10.476=10,476円損失が出ます。これまでと同様に現金に戻すと99,524円になりますので、ETFの価格は11万円から9.52％の下落、日経平均の下落率は4.76％ですから下落の場合も「日経平均の変動率の2倍に連動する」になっています（同7行目）。

日経平均は第1日目の20,000円から同じ値位置の20,000円に戻っただけです。一方、このETFは10万円からスタートしましたが、上昇したときに購入した分0.476枚が損失となり、99,524円と価値が落ちています。

さらに2日目と同様に、翌日に備えて再び先物でヘッジを行います。ここで現金は99,524円で、先物価格は20,000円ですので、ヘッジ数量は9.952枚になります。結局10.476枚あった先物を0.523枚減らしたことになります。ここで3日間の先物のオペレーションだけを抜き出してみると図表1－5－4になります。

20,000円で10枚買い、21,000円で0.476枚買い、20,000円で0.526枚売りと、上がれば買い、下がれば売りの状態になっています。第4節で勉強したネガティブガンマのヘッジと同じ構造になっていて、日経先物価格が上下を繰り返す日が連続すると、レバレッジETFが減価していく要因になっています。

比較のため「日経平均の変動率の1倍に連動する」ETFについても検

図表1－5－4　3日間の先物オペ
レーション

価格	枚数	増減
20,000	10	0
21,000	10.476	0.476
20,000	9.95	−0.526

図表1−5−5　レバレッジETF（1倍）の運用

	先物・INDEX	現金／Fund価格	先物　枚数	名目価値
1	20,000	100,000	0	0
2	20,000	100,000	5	100,000
3	21,000	100,000	5	105,000
4	21,000	105,000	0	0
5	21,000	105,000	5	105,000
6	20,000	105,000	5	100,000
7	20,000	100,000	0	0
8	20,000	100,000	5	100,000

証してみましょう。実際のETFは先物ではなく、現物の株を用いていますが、ここではあくまで2倍連動との比較で先物を用いています（図表1−5−5）。

　2倍物のケースと同じ値動きで先物オペレーションを行っています。日経平均が上下に動いても先物のオペレーション的には枚数は変化しないことがわかります。したがって、1倍のケースでは減価はみられません。

　レバレッジETFの先物オペレーションは日々の動きに対して行います。実際は日経平均の終値ベースの2倍ですから、オペレーションを行うのはその日の終値が決まる午後3時前後となります。また、上昇（下落）率が大きい日は先物を売買する枚数も大きくなりますので、午後3時前後にはマーケットはこうしたオペレーションで不安定な動きになる可能性が高いということもわかります。

第 **6** 節

日経オプションマーケットと
立会外取引の概要

(1)　立会外取引（J-NET取引）

　取引所のホームページでは、2種類の取引手口が公開されています。1つは立会取引、もう1つは立会外取引です。立会取引は、取引所を通じて取引したものですが、通常個人投資家が目にする電子取引の先物やオプション取引のことと考えればよいでしょう。

　一方で立会外取引は相対で行い、その取引を取引所に記録してもらうものです。たとえば、A社とB社が取引を行い、A社がB社から行使価格31,000円のコールオプションを100.25円で購入する契約をしたとします。この契約をA社、B社ともに取引所に報告し、それぞれの内容が間違いなく一致すれば、取引所が記録します。こうして、A社対B社の契約であったものが、A社対取引所、B社対取引所というかたちになります。

　お互いの相手が取引所になるメリットは、もしA社がオプション契約を解除（反対売買、清算）したい場合、B社に連絡することなく解除できる点です。それには31,000円コールを購入したいというC社を見つけ、C社にコールを売る契約を結びます。再び取引所にこの取引を記録してもらいます。A社はコールの買いと売りのポジションを取引所に対してもっていますから、取引所に対してこの2つを相殺し清算してもらうことができます。それによって、A社は解約したのと同じ状況になります。もちろん、そのようなC社を見つけるかわりに、電子取引でコールを売ることができれば、同様に清算することができます。

立会外取引のメリットの1つは、電子取引では流動性の低い満期の長いオプションや、一度に取引がむずかしい大きなサイズの取引などができることです。電子取引の板をみると、最も流動性の高い期近限月のオプションの気配値でも数百枚単位のサイズですが、立会外取引の取引状況をみると、一度に数千枚のオプション取引が成立していることがあります。

　また、立会取引では価格が1円単位でしたが、立会外取引では0.0001円単位を使うことができます。そのため、アウトオブザマネーのオプションなど、1円未満の公正価値をもつオプションを大きなサイズで取引する場合でも、より公平な価格設定が可能になります。

　一方、立会外取引のデメリットは、自力で取引相手を見つけることが困難であることになります。また、電子取引のように常に気配値があるわけではないため、価格がわかりにくい点もデメリットです。

　それらのデメリットをカバーするため、通常はブローカーと呼ばれる仲介業者に相手を見つけてもらうケースが多いです。日経オプションのブローカーは、主に香港を拠点としている数社があります。

　また、立会外取引にはマーケットメーカー制度というのもあります。たとえば、A社が相対取引をする場合、まずブローカーに取引したいオプションの条件を伝えます。ブローカーは注文を受けると、マーケットメーカーにオプション取引の詳細を伝えます。1分くらいでマーケットメーカーは売値と買値を同時にブローカーに伝えます。A社が価格を気に入れば、すぐに取引することができるわけです。

　マーケットメーカーも1社だけではなく数社います。オプションのマーケットメーカーは大手証券会社ではなく、日本ではあまりなじみのない海外のヘッジファンドが中心となっています。取引所から手数料の免除など手数料面で優遇される一方、立会外取引でオプション価格の売値と買値を同時に提示する義務を負っています。これらマーケットメーカーが流動性を供給させることで、オプションマーケットに厚みをもたせています。

　ブローカーがマーケットメーカーから値段をとるときは、複数のマーケットメーカーからとります。そのうえで、A社にとって最もよい価格を提示す

ることになります。また、A社は複数のブローカーに同じ条件のオプション価格を求めることができます。このようにマーケットメーカー間、ブローカー間でも競争原理が働くことで、価格の透明性を確保することができるわけです。

立会外取引の流れ

オプション価格は常に先物価格の影響を受けます。先物価格が上昇すれば、一般的にはコールオプションも上昇します。そのため、電子取引では1回で取引できる数は限られています。一方で、立会外取引では通常、デルタニュートラルのパッケージで取引が行われています。これにより、先物価格が50円程度変動してもオプション価格にはほとんど影響がないため、取引参加者は価格交渉をじっくりと行うことができます。

立会外取引ではブローカーから金融端末やメールで、マーケットの気配値が図表1－6－1のようなかたちで送られてきます。また、ダイレクトラインという各ブローカーとトレーディングデスクを電話線で接続し、音声でのやりとりにて情報を共有する方法も一般的です。

図表1－6－1をみると、午前9時に現物株のマーケットが開いた直後は、MAR23/SEP23　－312/－302のような限月間スプレッドの気配値が送られてきます。本節(5)であらためて説明しますが、MAR23先物を買い同時にSEP23先物を売る取引の価格差が－302円、またその逆は－312円という気配値です。その後午前9時15分には、本節(6)で述べる現物と先物の交換のマーケットであるEFP（Exchange For Physical）の気配値が並んでいます。これらの情報は、デルタ・ワン（DELTA ONE。株式マーケットではオプションのデルタが100％である商品という意味で先物や現物を指す言葉）のマーケットメーカーが朝いちばんでマーケットメイクしてつくった価格を、ブローカーがオプション・トレーダーに送っているものです。

第3節(3)で述べたように株価指数オプションの計算では、配当利回りを使わず、先物価格を直接参照してオプション価格を求める方法をとります。特に期先のオプション価格を算出するために、限月間スプレッドの価格を基に

図表１－６－１　2022年の12月後半のある日の立会外取引の流れ

2022年12月					
9：10	NKY MAR23/SEP23	ROLL		−312/−302	
9：10	NKY MAR23/JUN23	ROLL		−256/−254	
9：10	NKY MAR23/DEC23	ROLL		−538/−532	
9：15	NKY MAR23 EFP			70.5/71	
9：20	NKY DIV FUT DEC24			567/577	
10：15	NKY JAN23/JUN23	27000	PS　1.5x1	903/920	REF 27200
10：27	NKY JAN23/JUN23	27000	PS　1.5x1	906/917	REF 27200
11：00	NKY JAN 23	25000/28000	RR　P OVER d −28%	74/87	REF 26450
11：11	NKY JAN 23	25000/28000	RR　P OVER d −28%	80/83	REF 26450
11：12	NKY DEC23	27000	STRD d −10%	4213/4246	REF 26400
11：22	NKY JAN 23	25000/28000	RR　P OVER d −28%	80/81	REF 26450
11：25	NKY JAN 23	25000/28000	RR　P OVER d −28%	traded@81	REF 26450
12：20	NKY DEC23	27000	STRD d −10%	4215/4226	REF 26400
12：30	NKY DEC23	27000	STRD d −10%	traded@4223	REF 26400
14：20	TPX DEC23 1800/2100	RR 52　vs NK DEC23 25000/30000 RR		700/760	REF 1935 REF 27150

　期先の先物価格を算出することは重要です。日経オプションのトレーダーは現物、先物については完全には専門家ではないため、こうした情報はそのつど必要になります。

　先物関連の情報を入手した後、それぞれの金融機関、ヘッジファンドなど

のトレーダーは自分が取引したいオプションの価格をブローカーに伝え、マーケットが始まります。図表1－6－1にある10：15 JAN23/JUN23 27000 PS 1.5x1 903/920 REF 27200 とは、午前10時15分に入ってきたオプションの売値と買値です。PSとはプットスプレッド（PUT SPREAD）のことで、JAN23満期の行使価格27,000円のプットとJUN23の行使価格27,000円のプットのスプレッド取引を表しています。その際、取引サイズにレシオがついていて1.5対1の割合での取引になります。また買値は903円、売値は920円となっています。REF27200とは、実際に取引が約定した際にデルタをゼロにするために先物も交換しますが、そのときに使われる先物価格となります。また、交換する先物の限月は3、6、9、12月限のうち直近の限月になります。この例では12月後半ですので3月限（MAR23）が対象になります。

オプション立会外取引では最低取引枚数が商習慣として100枚ですので、もし枚数をいわずに920円で買いたいとブローカーに伝えると、100枚が前提で取引が進みます。その場合、JUN23　27000プットを100枚買い、JAN23 27000プットを150枚売り、デルタはまだ明示されていませんが、d＋20とするとMAR23先物を20枚27,200円で売ることになります。

次に11：00に出てきたJAN23　25000/28000　RRについてですが、これはJAN23の25000プットと28000コールのスプレッド取引になります。RRはリスクリバーサル（RISK REVERSAL）の略になります。P OVERとは25000プットのほうが28000コールよりも価格が高いということになります。このRRは11：25に81円で取引が成立しています。仮に100枚成立したとすると、買った側のトレーダーは、25000プットを100枚買い、28000コールを100枚売り、さらに先物を28枚26,450円で買いという取引になります。売った側は当然その逆になります。

リスクリバーサル取引は、マーケットにトレンドが発生して一方向に動きやすい地合いのときによく取引されています。特にヘッジファンドなど機動的に取引を行う人たちは外資系金融機関など数社にリスクリバーサルの価格を聞き、いちばんよい値段を出した金融機関と取引を行います。取引を行っ

た金融機関はヘッジファンドとは逆のポジションになりますが、たいていの場合はポジションをカバーする行動をとります。ブローカーにヘッジファンドと取引したものと同じ条件のリスクリバーサルの価格をとるように伝えると、まもなく価格が集まり、図表中11：00に配信されたリスクリバーサルのようにマーケットができます。

　12：30には行使価格27000のDEC23のストラドルの気配値が配信されています。ストラドル取引とは、同じ行使価格のコールとプットを同時に買う、または売る取引です。コールとプットのデルタの大部分が打ち消し合うので主にIVに着目した取引になります。金融機関のトレーダーの多くはIVの上下に関心があるので、電子取引では流動性が少ない期先のオプションでは、重要な情報となります。配信時点は2022年12月ですので満期が約１年のオプションになります。プレミアムは4,225円と100枚の取引でも４億円を超える金額ですが、金融機関のデリバティブ部署ではオプションの金額についてそれほど大きな制約はないので、トレーダーは気にすることなくIVに集中してトレードを行います。

　14：20にはTPX　DEC23　1800/2100……とあります。TPXとはTOPIXのことで、電子取引ではTOPIXのオプションをほぼ見かけませんが、立会外取引では時々目にします。特に外資系金融機関の先物口座の残高をみると、TOPIX先物は日経先物の約10倍弱の建玉があります。一部の海外年金資金がTOPIX先物で運用されているといわれています。こうした投資家にはヘッジニーズなどがあるため、TOPIXのオプション取引も行われています。そのような場合、オプション取引のサイズが一度に数千枚に及ぶこともあります。

　14：20に配信されたオプションは、TOPIXのリスクリバーサル1800/2100と日経のリスクリバーサル25000/30000を交換する取引です。少々複雑ですが、TOPIXのリスクリバーサルの価格は52ポイントで固定し、日経のリスクリバーサルを760円なら売り（同時にTOPIXのRRは52ポイントで買う）、700円なら買うという気配値です。またREF1935　REF27150は先物でそれぞれTOPIX、日経のデルタを打ち消すように先物もこの価格で交換します。

実際にA社が700円の買い気配に対して売りを行うと、TOPIXのリスクリバーサルは買い、日経のそれは売りになるので、以下のような合計6個の取引が同時に発生します。

- TOPIX　1800プット買い　2100コール売り　差額52ポイント
- TOPIX先物　1935ポイントでデルタ分　買い
- 日経　25000プット売り　30000コール買い　差額700円
- 日経先物　27150円でデルタ分　売り

　こうしたTOPIXと日経の入替えのオプションの取引の背景としては、TOPIX投資家とリスクリバーサルの取引を行った金融機関のトレーダーがイニシャル・ヘッジ（いちばんはじめに行うヘッジ）として、流動性のある日経オプションを使うことがあげられます。

　イニシャル・ヘッジでは日経平均とTOPIXの価格比（日経平均÷TOPIX）であるNT倍率などをみながらTOPIXのオプションの行使価格と同等の日経オプションの行使価格を選び、ヘッジポジションを構築します。NT倍率は一定ではなく、さまざまな要素で変化します。特に日経平均が日本株全体の動きを主導することが多いため、日本株全体が売られる局面ではNT倍率が縮小傾向、上昇局面では拡大傾向があると読むトレーダーもいます。その場合TOPIXのプットの行使価格1800に対応する日経平均の水準は、NT倍率がやや縮小ぎみの13.88倍を用いて25,000円、一方2100コールに対しては、NT倍率が少し拡大した水準の14.28倍と考え30,000円と計算し、イニシャル・ヘッジで使用する日経オプションの行使価格とします。その際それぞれTOPIX、日経のデルタもゼロになるように先物の取引も行います。

　その後マーケットが動くと、それぞれのオプションからはデルタが発生することになります。トレーダーのデルタポジションは、日経がロングになるとTOPIXがショートになるというように、TOPIXと日経のスプレッドポジションが発生するようになっています。こうした状況では収益がプラスになったりマイナスになったりと、ある意味、運任せになってしまうところがあるので、収益が出ている場面で今度はヘッジの日経オプションを外し、TOPIXオプションに乗り換えるということを行います。そうした動きがあ

るときに、14：20に配信されたようなオプションが出てきます。

コラム3 マーケットメーカーとはだれなのか？

リーマンショック以前は外資系金融機関のトレーダーがマーケットメーカーとして価格をつくり、主に相対取引が行われていました。この時代、多くの取引は立会取引ではなく、市場参加者がお互いに直接取引を行っていました。取引において与信リスクを管理する必要があり、そのためにはお互いが取引額に見合った担保を差し入れる必要がありました。したがって、資金の余裕のある大手金融機関が市場を牽引していました。

しかし、リーマンショック以降は市場環境が大きく変化しました。担保を差し入れていても、予測不能なマーケットの変動により担保不足に陥るリスクが浮き彫りになり、その連鎖的な影響が懸念されました。この事態をふまえ、取引所が取引相手への与信リスクの管理を一元的に担うかたちへとシフトしました。

取引所に市場が集中することで、与信管理が簡単になり、担保用の資金がそれほど必要なくなりました。これは、取引所が中央で与信管理を行うことで個々の金融機関が直接相手方の信用リスクを評価する必要がなくなり、市場全体の信頼性が向上した結果です。そのため、資金の豊富な大手金融機関だけでなく、資本がそれほど厚くないヘッジファンドなども頻繁に取引できるようになりました。

ヘッジファンドは組織も小さいため、1人のトレーダーの裁量範囲が広く、異なる商品にわたるトレードが可能です。そのため、流動性の高いS&P500のオプションなどをヘッジツールとして、日経オプション市場でのマーケットメイクに参加することができます。幅広いヘッジ戦略のおかげで、日経オプションの通常取引サイズである100枚〜500枚を超える、数千枚の顧客取引のマーケットメイクが可能となりました。

一方、外資系金融機関では商品ごとに異なるトレーダーが担当するこ

とが一般的であり、商品をまたいでトレードを行うことはむずかしい状況があります。トレーダーは、日経オプションのヘッジのためには日経オプションしか使えず、大きなサイズの取引のマーケットメイクはむずかしいものになります。

そうしたことから、現在主流のマーケットメーカーはヘッジファンド数社になり、彼らは非常にアクティブに取引を行っています。

⑵　手口分析とオプション建玉

各証券会社のオプションの立会外取引の手口を分析することは、今後の原資産のマーケットを予測するうえで役立つことがあると思われます。各証券会社の取引相手には、大きく分けて、他の証券会社のトレーダーやマーケットメーカー、ヘッジファンドや機関投資家などの顧客の2種類があります。特にファンドなどとの顧客取引は、海外投資家の日本株に対する今後の見通しを反映しており、マーケット全体の動向を予測するうえで重要なヒントとなる場合があります。もっとも、公開されている情報には顧客取引か否かを区別する情報は特段含まれていませんので、なるべく客観的にこれを推測することが重要になります。

取引所はオプションの立会外取引の手口を開示しています。2023年10月までは図表1－6－2のようにオプションの種別、証券会社、売買の別、枚数を部分的に開示していました。

図表1－6－2の見方は、31000コールについてはJ社とB社がそれぞれ200枚と100枚売り、MZ社が300枚買いという意味です。30625コールについてはU社が150枚売り、U社が150枚買いとなっていますが、同じ会社で反対売買をするものでしょうか。

それを理解するためには先物、オプションの取引の仕組みを理解する必要があります。まず取引所と直接取引ができるのは取引所の会員となっている証券会社に限られます。それ以外の銀行、保険会社、ファンドなどの金融機関、または個人が先物取引やオプション取引を行う場合は取引所の会員の証

図表1-6-2　オプション立会外取引の
手口表（2023年10月まで）

	seller	lots	Buyer	lots
call 31000	J 社	200	MZ社	300
	B 社	100		
call 30625	U 社	150	U 社	150
put 30000	G 社	1875	G 社	1075
	S 社	500	S 社	500
			A 社	700
			J 社	100
put 30625	B 社	150	U 社	150

券会社に顧客として口座を開くことになります。証券会社以外の人々の取引はすべて口座を通して行われることになり、こうした取引は顧客取引と呼ばれます。また、証券会社自身が直接取引所で行った取引のことを、口座を通した取引と区別するため自己取引と呼ぶことがあります。

　さて、U社150枚売り、U社150枚買いの取引ですが、これは売りか買いのどちらかが証券会社自身の取引で他方が会員ではない金融機関などの顧客取引ということになります。実際のところは証券会社に口座をもっている金融機関などが、直接その証券会社のトレーダーに30625コール150枚買い（売り）の値段の提示を求め、それに応じて約定した場合、記録としてU社が150枚売り、U社が150枚買いになります。

　30000プットの分析もしてみましょう。G社が1,875枚と大きめの売りを入れています。一方、同じくG社は1,075枚の買いも行っていますので、売り買いのどちらかがG社に口座をもつ顧客の取引であると考えられます。仮に顧客取引が売りの場合、G社は買いとなり、1,075枚のプットのロングとなります。しかし、これは顧客の求めに応じたものであり、G社自身がとりたいポジションであるとは限りません。そこで、G社のトレーダーはヘッジする行動に出ます。最も簡単なヘッジは、同じものを売却するということです。そこで、立会外取引で使っているブローカーに30000プットの買い手を探してきてもらい、1,075枚のうち800枚を売却できたとします。そうすると

G社での合計の売りの枚数は1,075枚に800枚を加えることで1,875枚となり、表の売買手口となります。

　また、A社は700枚の買いとなっています。A社は常にオプションや先物取引の取引高で1位になっている有名な証券会社です。ただ、A社の自己取引部門には日経先物やオプションに関するトレーダーはいないため、自己取引は行っていません。そのかわり手数料が最も安い証券会社であるため、大量の取引を行うファンドなどがA社に口座をつくって取引を行っています。そのため、先物やオプション取引の取引高で常に1位になっています。

　また、A社には、マーケットメーカー数社も口座をもって取引を行っています。手口表でA社の買いがそうしたマーケットメーカーの買いであるとすれば、G社がブローカーに買い手を探してもらいマーケットメーカーが買い手となった可能性が高いことになります。また、J社も100枚ほど買っていますが、マーケットメーカーが提示した値段は、彼ら自身が後にヘッジしても採算がとれる可能性が高い価格ということになります。そこで、J社のトレーダーも割安と判断し、自己取引として買った可能性が高いと思われます。逆にいえば、G社が顧客に提示した価格はマーケットメーカーとすぐに反対売買をしても採算のとれる価格であったということもいえます。

　また、S社でも500枚売り買いがあります。これもどちらかが顧客取引となります。ただ、同じ日に同じオプションについて、違う顧客が反対の売買を行うことはほぼありません。むしろG社の顧客がG社の価格やサイズにやや不満があったので、S社とも同じオプションの取引を行った可能性も考えられます。

　最後に、30625プットについてはB社対U社の150枚の取引になっています。ブローカー経由での立会外取引の最低枚数は100枚からとなっていますので、150枚であれば打診買い、打診売り程度のリスクになります。また、B社もU社もトレーディング部門がありますので、これはトレーダー同士のポジション調整の取引であることが推測されます。

　このように売り買いの別も公開されていると、手口からいろいろなことを推測できます。取引量が大きければ顧客取引であることも推測でき、今後の

マーケットの見方のヒントにもできます。

　しかし、2023年11月以降は取引高のみが公開されることになりました。図表１－６－２が図表１－６－３のように部分的にしかみえなくなったわけです。ただ、取引所が公開しているオプションの建玉の変化やIVの変化もあわせてみることで（図表１－６－４）、大口の顧客取引をある程度推測することができると思われます。

　はじめに図表１－６－３とオプションの建玉表（図表１－６－４）から考えてみましょう。まず図表１－６－３から、30000プットはG社など都合4,750枚の取引数量が確認できます。一方、図表１－６－４から30000プットの取引高は4,900枚と150枚多いですが、この分は電子取引によるものと推測されますので、建玉表の取引高と手口表には整合性があることがわかります。

　図表１－６－４から取引が4,900枚あったのに、建玉は６枚減とほぼ変わっていません。これは、取引高の半分ほどは反対売買で建玉が減少し、反

図表１－６－３　オプション立会外取引の手
口表（2023年11月以降）

		lots
call 31000	MZ社	300
	J 社	200
	B 社	100
call 30625	U 社	300
put 30000	G 社	2950
	S 社	1000
	A 社	700
	J 社	100
put 30625	U 社	150
	B 社	150

図表１－６－４　オプション取引の建玉表

	取引高	当日 建玉残高	前日比	前日 建玉残高
put 30000	4900	6184	－ 6	6190

図表１－６－５　対象オプションのIV

	理論価格	原資産価格	ボラティリティ
2023/10/30	250	30,697	25.1
2023/10/31	150	30,859	22.7

対売買を請け負った相手方は新規取引で建玉が増加したものと推測するとつじつまがあいます。そのため、顧客取引は取引高の約半分の2,400枚程度かそれ以下との推測ができます。

　また、図表１－６－３と図表１－６－４の日付は10月31日、オプション満期は11月９日です。さらに、公開情報としてオプションの引け値におけるボラティリティ（IV）があります。前日のボラティリティと比較すると25.1%から22.7%と2.4%ほど下がっています（図表１－６－５）。ボラティリティの下落がみられるということは、顧客取引で数千枚の売りがあったと推測するのが妥当であると思われます。このように手口の情報量は減りましたが、建玉とIVをあわせてみることでいろいろなヒントを得ることができます。

⑶　シンセティック・フューチャー（合成先物）

　シンセティック・フューチャーとは、プットとコールの組合せにより、実際の先物取引と同等の特性をもつポジションを合成的に構築したものです。シンセティック・フューチャーの買いとは、同一の満期、行使価格のコール買いプット売りを同一枚数行うことです。一方、シンセティック・フューチャーの売りとは、その逆のポジションを指します。

　本章第３節のプット・コール・パリティで説明したように、この組合せではオプションのリスクはなく、デルタが100%となるため、リスクは通常の先物と同じになります。そのため、立会外取引において、シンセティック・フューチャーと通常の先物との交換取引が行われることがよくあります。

　証券会社のオプション・トレーダーはITMのオプションを取り扱うことを避ける傾向にあるため、ポートフォリオのなかに知らず知らずに大量のシ

ンセティック・フューチャーのポジションができてしまうのです。それは以下のような理由によります。

　トレーダーにオプション取引を行う際、満期と行使価格を決めた後、デルタが少ないOTMになっているコールあるいはプットのどちらかを選択して取引します。本節(1)で説明したように、立会外取引におけるオプションの取引は、先物を組み合わせてデルタがない状態で行われます。オプション取引を行う際、その相手とデルタ分の先物を売買し、ヘッジされたパッケージ取引をします。こうしたことからITMでも取引になんら問題ないと思われがちですが、各証券会社のトレーダーがみているデルタはそれぞれ異なります。

　実際BS（ブラック・ショールズ）モデルをそのまま使うトレーダーは外資系証券ではほとんどいませんが、ブローカーマーケット経由の立会外取引で採用されるデルタは通常BSモデルのデルタになっています。しかし、たとえば第3章で導入するSABRモデルでも、そのデルタはBSモデルのものと異なります。BSモデル分のデルタ交換を行っても、先物マーケットが不利なほうに動けば、SABRモデルを採用しているトレーダーは損失を被ります。電子取引などで追加的に先物を売買し、デルタの過不足を手当しなければなりません。そこで、デルタの相違が少ないOTMのオプションを選択するのです。

　したがって、トレーダーはITMになったオプションの反対売買時に、OTMのオプションを使います。その際、自動的にシンセティック・フューチャーがポートフォリオに発生します。

　特に期近のオプションは、電子取引で個人も含め多くの参加者によって取引されているため、市場が閉まる直前の取引も多くなります。そのためプット・コール・パリティが成り立っていない場合でも、裁定取引を行う時間がない場合があり、そのまま終値として採用されることがあります。そのような終値から算出されるIVは精度が落ちるので、終値での時価評価やグリークスの精度も落ちてしまいます。こうしたことを気にするトレーダーにはシンセティック・フューチャーを持ち続けたくないというインセンティブがあ

ります。そのようなときに、シンセティック・フューチャーと通常の先物を交換する取引が行われるのです。

また、トレーダーがシンセティック・フューチャーのポジションを積極的にとる理由もあまりありません。先物とリスクが同じであるのに対して、シンセティック・フューチャーをつくるにはプットとコールの売買という2倍の取引量が必要となり、取引コストが2倍かかってしまうためです。

コラム4　個別株のシンセティックと空売り残高

先物以外でも、シンセティック商品をつくることができます。個別株のオプションを用いれば、シンセティック株価フォワードをつくることができます。同じ満期と権利行使価格のコールオプションとプットオプションを売買すれば、株価フォワードと同等の特性をもつポジションを構築できるのです。取引所には個別株のオプションが上場されているため、与信面で面倒な相対取引より比較的簡単にシンセティック株価フォワードをつくることが可能です。

個別株はインデックス先物とは異なり、株主としての議決権があります。そのため、株価だけをヘッジしたい場合には、シンセティック商品を使う利点があるかもしれません。金融機関がシンセティック株価フォワードで株価リスクを引き受けた場合、現物株の空売りを行いヘッジします。その空売り残高が多い場合、取引所がその情報を空売り残高として公表しています。また、証券業協会からも空売りに必要な貸株残高が毎週発表されています。

このような空売り情報を手がかりに、ショートカバーをねらった単純な買い取引も多く見受けられます。しかし、空売り情報のなかにはヘッジ目的での一時的な空売りで、市場動向による買戻しの必要がない取引も含まれている可能性があります。このようにショートカバーをねらった買い取引を行う際は、空売り情報だけではなく、多方面から検証することが重要であると考えられます。

(4) ボックストレード

　ボックストレードは、オプション・プレミアムの受払いのみに特化した、かなり特殊な取引手法です。この取引では、以下の〈例〉のように4つのオプションの組合せを使用します。

　〈例〉

> 満期1年後の以下4つのオプションの取引を同時に行います。
> ① 40000コール売りと40000プット買い
> ② 30000コール買いと30000プット売り

　この組合せにより、デルタ、ガンマ、ベガなどのオプションリスク指標がゼロになります。その結果、取引の損益は原資産価格の変動に左右されず、プレミアムの受払いのみが発生します。

　本章第3節(2)で学んだプット・コール・パリティを思い出すと、①の40000コール売り、40000プット買いは40,000円で先物を売ることに等しく、また②は30,000円で先物を買うに等しくなっています。したがって、満期日には40,000円と30,000円の差額10,000円を受け取ることになります。

　必ず1年後10,000円の受取りが発生する取引であるので、取引時点ではプレミアムの支払が発生します。つまり、この取引は資金を預け、1年後に回収するという仕組みになっています。したがって、最初のプレミアムの支払金額によって金利が決まります。プレミアムの支払が仮に9,990円であった場合は$10,000 \div 9,900 - 1 \fallingdotseq 0.1\%$となり1年間の利息が0.1％ということになります。

　これは海外勢がよく使う取引手法で、ファンドの円の借入コストが-0.5%だと仮定すると、この取引では0.1％で預けることができます。そのため、0.6％のリターンをリスクなしで得ることができます。

　また、資金のための取引で株のリスクはないため、その金額は債券投資と同じく大きな場合もあります。資金が$1 billionの場合、先物換算では4,000枚程度のサイズになります。

2024年3月8日現在、日経先物は39,500円程度でまだ60,000円を超えたことはないにもかかわらず、2024年12月限の60000プットに1,000枚の建玉があり、同60000コールもちょうど1,000枚あります。こうしたITMの度合が高いプットオプションの取引があった場合、ボックストレードの一部であることが多いと思ってよいでしょう。

特に12月限の建玉は、上場が7年前から存在するため、長期間の取引枚数の大きなボックストレードのものである場合があります。また、海外勢の会計年度は12月が多いので、12月限でのボックストレードも多い傾向があります。

このような理由から、オプションの建玉が多い行使価格でも、ボックストレードのようなリスクとは無関係な建玉が含まれている可能性があります。オプション満期が近くなると、SQの予想をオプションの建玉数からいろいろ推測することもありますが、こうしたリスクと無関係の建玉が混ざっている可能性を十分に考慮することが重要です。

⑸　限月間スプレッド

先物は満期がくると、自動的にSQ値で清算されます。そのため、ヘッジなどで継続してポジションをもちたい場合は、満期が近いほう（期近）の先物を反対売買で決済し、同時により満期の遠い（期先）先物について、その逆の取引をする必要があります。この取引をロール取引といい、特に先物を対象としたロール取引を限月間スプレッド取引といいます。一方、単独で先物やオプションなどを取引することをアウトライト取引といいます。

数量が多い場合、2つの限月の取引を、それぞれ行うのはリスクを伴うときがあります。マーケットは随時動いているので、期近の反対売買が完了したときに、期先の価格が大きく変動してしまっている可能性もあります。電子取引では、1つの価格の枚数はラージでも数百枚程度です。しかし、先物主体のファンドなどでは、数千枚〜数万枚の先物をロールする必要が出てくるケースもあります。

そこで、電子取引では期近と期先を同時に取引できる限月間スプレッドの板が用意されています。気配値は期先の価格から期近価格を引いたものになります。たとえば、期近限月の価格が30,000円、期先が29,700円の場合、限月間スプレッドの価格は−300（マイナス）円となります。この板で買い注文を出すと期先買い期近売りとなります。

限月間スプレッドの板は、特にロール時期が近づくと、1つの気配値に数千枚〜数万枚単位の注文がみられるなど、非常に高い流動性があります。そのため、数千枚程度のロール取引であっても、比較的少ないリスクで執行できるケースが多いです。

一般的に、ロール期近辺では、市場の変動が大きくなる可能性があるといわれますが、限月間スプレッド取引には、こうした高い流動性があることから、ロール自体が市場に与える影響は限定的であると考えられます。

また、限月間スプレッド取引は、取引所を通さずに売買当事者同士で直接取引を行う相対取引でも行われており、電子取引よりも大きな枚数が取引されるケースも少なくありません。

⑹　EFP取引（EXCHAGE FOR PHYSICAL）

EFP取引とは、EXCHANGE FOR PHYSICALの略です。現物の株と先物を交換するマーケットです。日経平均は225銘柄で構成されていますが、実際に225銘柄の現物を同時に取引するには、しっかりとした発注システムがないとリスクを伴うことがあります。先物であれば、一括で225銘柄を取引したのと同じ経済効果があります。先物を取引し、その後EFP取引で先物を現物と交換する取引を行うことでスムーズに225銘柄を取引できます。EFP取引は日経平均だけではなく、銘柄数が2,000以上あるTOPIXの先物でも行われています。

また、この取引は立会外取引となるので、先物手口にも表れることがあります。もっとも、現物のほうは公開されていませんので、先物だけが大きな枚数としてみえることになります。もちろん先物だけの立会外取引もあり、

相場の方向性をみるうえで重要な情報になりますが、こうしたEFPの片側の取引の可能性もあることを念頭に置いて手口分析を行うべきでしょう。

(7) 日経リンク債

　日経先物やオプション市場に影響を及ぼすこともある日経リンク債について、タームシートの例に基づいて説明しましょう（図表 1 － 6 － 6）。

　この債券の基本的な構成は、2025年11月 1 日に発行、 3 年満期、表面利率3.2%で、年 4 回に分けて3.2%分の金額が利息として支払われます。

　日経リンク債は、発行日まで早期償還判定水準とノックイン水準が決まっていません。発行日の日経平均を参照し、そこではじめて早期償還水準とノックイン水準が決まります。11月 1 日の日経平均の105%と70%という割合だけが決まっています。

　11月 1 日の日経平均が35,000円だったとします。当初日経平均は35,000円となり、先に決まっていた割合から早期償還判定水準は36,750円、ノックイン判定水準は24,500円と設定されます。

　早期償還とは、債券が満期の 3 年を待たずに元本が戻ってくることです。その条件は各利払日（利息の支払日）の 5 日前に日経平均が36,750円以上になっていた場合、利息を支払った後、元本も100%で償還されます。36,750円よりも下であれば、この債券は存続し、 3 カ月後に再び利息を支払います。この 3 カ月後の利息支払前にまた日経平均をチェックし、36,750円以上であれば、利息を支払った後、元本も100%償還されます。この償還の確認は毎回利払日に行われ、満期日の直前利払日まで行われます。

　一方で、ノックイン事由というものがあります。毎日、日経平均の終値を観察し、もしもノックイン判定水準の24,500円を一度でも下回るとノックイン事由が発生したということになります。ノックイン事由が発生した場合、問題になるのは早期償還が一度も行われず 満期償還を迎えた場合です。この場合、満期日には元本の100%が戻ってこず、満期日の日経平均を35,000円で割った割合で元本が戻ってきます。仮に満期日の日経平均が28,000円とす

図表１－６－６　日経リンク債のタームシート例

商品名	早期償還条項付ノックイン型日経平均株価連動円建社債
発行体	ABC 銀行
格付	A2（Moody's）/A（S&P）
利率（年）	3.20%
発行日	2025/11/1
利払日	年4回払い　2、5、8、11月の各1日
満期償還日	2028/11/1（3年）
当初日経平均株価	35,000円
早期償還判定水準	当初日経平均株価×105.00%（36,750円）
早期償還日	満期償還日を除く各利払日
早期償還評価日	各早期償還日の5営業日前
ノックイン事由	観察期間中の日経平均株価終値が一度でもノックイン判定水準と等しいかまたはこれを下回った場合
ノックイン判定水準	当初日経平均株価×70.00%（24,500円）
観察期間	2025/11/1から最終評価日までの期間
最終日経平均株価	最終評価日の日経平均株価終値
最終評価日	満期償還日の5営業日前
早期償還	各早期償還評価日の日経平均株価終値が、早期償還判定水準以上の場合、本債券は直後の早期償還日に額面金額の100.00%と当該利払期日の利息支払をもって早期償還されます。
満期償還	本債券は、早期償還されない場合、満期償還日に下記の条件にて償還されます。 (1) ノックイン事由が発生しなかった場合、額面金額の100.00%現金にて償還 (2) ノックイン事由が発生した場合、額面金額×（最終日経平均株価÷当初日経平均株価）の現金にて償還

れば、28,000÷35,000＝0.8となり元本は80%に減額されます。もちろん満期日に日経平均が35,000円を超えている場合、額面は100%で戻ってきます。また、早期償還が行われた場合も元本は100%で戻ってきます。

　この債券のメリットは市場金利が0.5%などと低いときに3.2%というかなり高い金利が支払われることですが、ノックインした場合、元本が減額されるリスクがあります。したがって、投資家にとっては高い利息をもらって早

く元本が100％で戻ってきたほうが有利と考えられます。

　債券の概要がわかったところで、この債券のオプション性について考察します。ノックイン事由が発生した場合に、償還時の債券の元本は、満期日の日経平均が35,000円を超えている場合は100％、それ以下では元本はそのときの日経平均に従って削減されてしまいます。この性質は、ペイオフを考えると、債券の償還が３年であることから、ちょうど３年満期35,000円のプットオプションを売っているのと同じ状況になっています（図表１－６－７）。

　一方、日経平均がノックイン事由の水準 24,500円に到達しない場合、こうした性質はこの債券にはありませんので、プットオプションはないことになります。

　投資家の立場からみると、24,500円以下になると効力が発生する行使価格35,000円のプットオプションを売却し、そのオプション・プレミアムを利息として上乗せしてもらっているという仕組みになっています。

　逆に、この債券を組成しているトレーダーの立場からみると、投資家から

図表１－６－７　日経平均リンク債の償還時のペイオフ

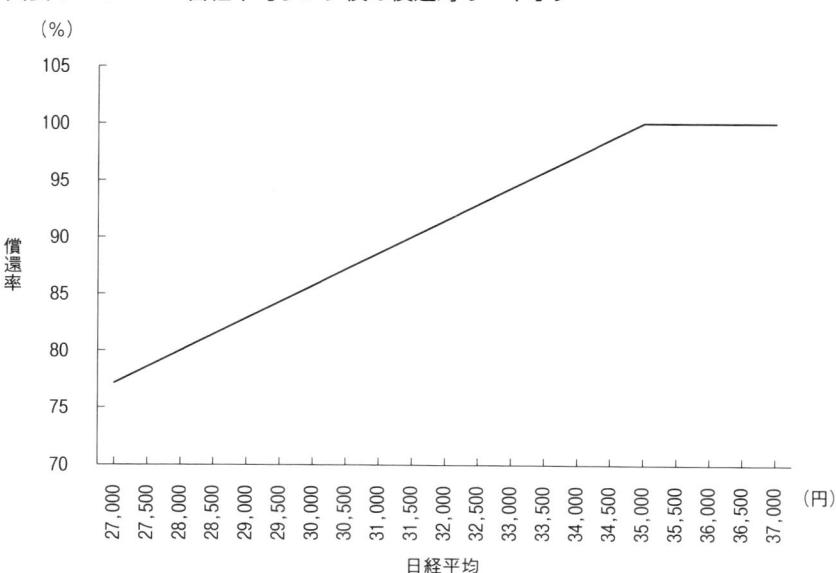

ノックイン付き35,000円プットを買っていることになります。トレーダーはこのオプションに対してプレミアムを支払っていますので、なんらかのオプションでヘッジしない限り、プレミアムを払った対価を受け取れない可能性があります。そこで、オプション・トレーダーははじめに満期が3年の35,000円プットをマーケットで売却することになります。ただし、このオプションはノックイン付きなので、現段階ではノックインするかどうかわかりません。したがって、ノックインする確率分オプションを売却するというのが、おおよそのヘッジ手段です。

　取引所が公表しているオプションの建玉表をみると、満期が3年や5年のオプションなどにも建玉があることがわかります。こうしたオプションの需給は、日経リンク債などのヘッジであることが考えられます。

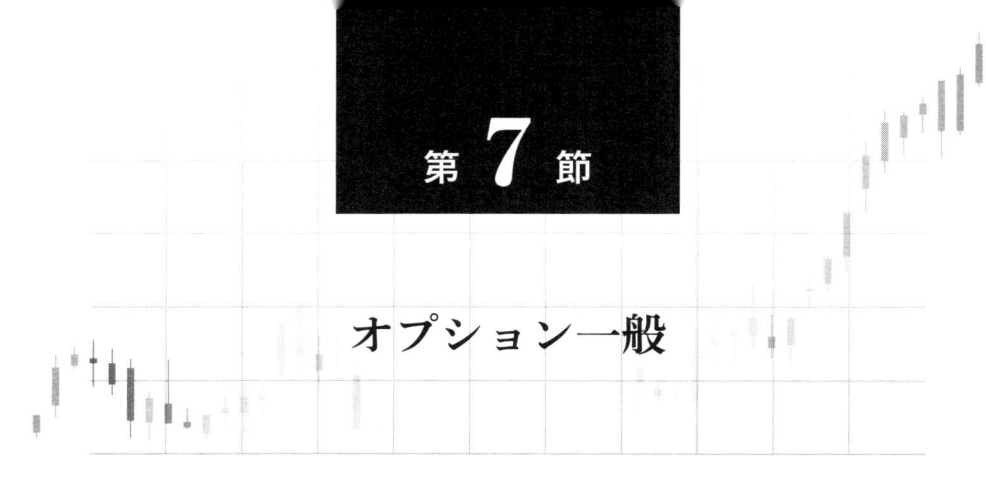

第 **7** 節

オプション一般

　日経オプションは取引所が取引相手となり、取引条件が規格化されていますが、それ以外に、相対取引と呼ばれる取引形態があります。これは取引所を介さずに、取引当事者同士が直接価格や取引条件を交渉して行う取引のことです。

　相対取引は OTC（Over-The-Counter）取引とも呼ばれ、当事者間で自由に条件を設定できます。為替オプションなどは、為替市場がほぼ24時間機能しているため、満期日や満期時間も東京時間15時、ロンドン時間11時など、さまざまな条件での取引が求められています。そのため、相対取引に適しています。

　相対取引の特徴として、取引内容が公開されないことがあげられます。これにより、大口投資家にとっては取引手法が公になりにくいため、利用しやすい取引形態となっています。

　日経オプション以外にも、その他の取引所取引や相対取引でのオプションは活発に取引されています。これらを理解するため、本章第2節(1)で説明したオプションの要素5項目をさらに一般化します。

① 取引相手
② 原資産
③ 権利の種類
④ 行使価格
⑤ 満期日
⑥ オプション価格（オプション・プレミアム）

⑦　売買の種類

⑧　売買の数量

⑨　オプション料支払日

⑩　行使タイプ

⑪　決済方式

　これら11項目に着目して日経オプションやそれ以外のオプションもみていきましょう。

(1)　日経オプション

　日経オプションを例にとって上記11項目を書くと、図表1−7−1のようになります。

①　取引相手

　日経オプションの相手は大阪取引所になります。

②　原　資　産

　原資産はUnderlyingとも呼ばれ、オプション契約の基礎となるものです。原資産として適しているのは、市場性があり、価格が逐次変動しているものです。なぜなら、もし原資産が価格変動しないのであれば、その固定価

図表1−7−1　**オプションの構成要素（日経オプション）**

①取引相手	大阪取引所
②原資産	日経平均
③権利の種類	コール
④行使価格	35000
⑤満期日	2025/12/11
⑥オプション価格	250円
⑦売買の種類	買い
⑧売買の数量	25枚
⑨オプション料支払日	当日
⑩行使タイプ	ヨーロピアン
⑪決済方式	差金決済

格でいつでも売買できることになり、買う権利や売る権利をもつ意味がなくなるからです。日経オプションの原資産は日経平均の指数になります。

③ 権利の種類

第2節で説明したとおり、コール：買う権利、プット：売る権利の2種類です。

④ 行使価格

オプションの権利を行使して原資産を売買する際の価格のことです。

⑤ 満期日

満期日とは、オプション契約の有効期限のことでした。多くのオプション契約では、満期日に加えて具体的な時間も指定されています。これは、原資産の価格が逐次変動するため重要です。時間を指定しないと、その日の深夜12時まで権利が有効となり、通常の取引時間外まで対応が必要になってしまうからです。

⑥ オプション価格

BSの公式でオプション価格とIVの対応を考えることが重要でした。

⑦ 売買の種類

「買い」または「売り」です。

⑧ 売買の数量

売買の数量は、オプション取引において重要な要素です。オプションの売買数量は、そのオプションを行使した際に取引される原資産の数量を指します。

オプションの1単位（通常1枚、1ロットと呼ばれる）は、一定量の原資産を表します。たとえば、日経オプションの場合、1枚は日経平均の1,000倍の金額に相当します。取引者がオプションを5枚購入した場合、行使時には原資産の5単位分相当が取引されることになります。

また、原資産の数量そのものを使う場合もあります。ドル円のオプションの場合は100万ドル分、金利オプションは10億円分というように、実金額を条件にします。

オプション料の支払は取引所が相手の場合、当日の場合が多いです。相対取引では自由に定めることができますが、取引日から2営業日後を支払日にするケースが大半です。

⑩　行使タイプ

アメリカンタイプとヨーロピアンタイプの2つの主要な行使タイプがあります。アメリカンタイプのオプションは、オプションの満期日までの期間中いつでも行使することができます。一方、ヨーロピアンタイプのオプションは、満期日にのみ行使が可能です。

もっとも、アメリカンタイプのオプションを満期日より前に行使すると、マーケットで売却するよりも不利な結果となるケースが多いのが実情です。そのため、実際にはアメリカンタイプのオプションであっても、行使されるのは満期日になることが多いです。

このような特性があるため、オプション取引を行う際には、行使タイプの違いを理解し、それぞれのメリットとデメリットを考慮することが重要です。日経オプションはヨーロピアンタイプで満期日のみ行使可能です。

⑪　決済方式

差金決済（Cash Settle）と現物決済（Physical Settle）という2つの決済方法があります。差金決済とは、ITMのオプションを行使した場合に、原資産を直接取引せず、原資産価格と行使価格の差額を現金で決済する方法です。この方法では、実際の原資産の受渡しは行われません。

一方、現物決済は、オプションを行使する際に、実際に行使価格で原資産を売買する方法です。つまり、原資産の実物の受渡しが行われます。

日経オプションは、原資産が指数であり、指数そのものの受渡しはできないので、必然的に差金決済になります。

ほかにもいくつものオプション取引がありますので、みていきましょう。

⑵　SGX　日経オプション

　シンガポール取引所（SGX）の日経オプションは、大阪取引所に上場している日経オプションとほぼ同じですが、いくつかの相違点があります。主な違いは決済方式が現物決済である点です。また、そのことから原資産はSGXに上場している先物となります。

　現物決済とは、オプションを行使すると原資産である先物のポジションが発生することを意味します。しかし、この先物もオプションと同じ満期日をもつため、大阪取引所の日経先物と同じ価格で自動的に差金決済されます。つまり、権利行使を行ったオプションはいったん先物となり、その後すぐに差金決済されるということです。

　このように、SGXのオプションは大阪取引所のオプションとは定義が異なりますが、最終的な経済的効果は同じになります。

⑶　為替オプション

　為替オプションは、デリバティブ取引のなかで最も歴史が長く、最も流動性の高い商品の1つです。多くの企業が国際取引を行う現代において、為替リスク管理は経営上の重要課題となり、為替オプションはこのリスク管理の有効なツールとなります。また、為替オプションの仕組みを理解することは、他のオプション取引の概念を把握するうえでよい基礎となります。これまでの株価指数のオプションと異なり、権利行使を行うことで実際の為替取引を実現することができます。

　こうした実務的重要性とオプションの仕組みの理解の必要性から、典型的な為替オプションの例をみていきましょう。A社がドル円170円コールオプションを10,000ドル分B銀行から購入したとします。このオプション契約により、A社は1ドルを170円でB銀行から買う権利を得ます。

　もし権利行使日に為替レートが200円になっていれば、1ドルを170円で買う取引は実勢よりも30円有利なので、権利を行使します。A社は実際に

10,000ドルを受け取り、対価として170×10,000円を支払います。

　逆にドル円のレートが170円より下であれば、１ドルを170円で買う取引は不利となるので、権利を放棄し、その時の為替市場で行使価格より安く買うでしょう。

　このようなオプション取引でA社からみた必要な事項をまとめると、図表１－７－２のようになります。為替オプションで特徴的ないくつかの項目について説明します。

① 取引相手

　この例では取引相手はB銀行になり、A社とB銀行での相対取引になります。相対取引は自由に条件を設定できるメリットがありましたが、半面、与信リスクの管理が大変になるデメリットもあります。

　相対取引のうち、銀行のみが参加することができるマーケットをインターバンクマーケットといいます。このマーケットは本章第６節で説明した立会外取引と同じ性格をもっています。主にブローカーと呼ばれる仲介業者が銀行間の取引の手助けを行っています。

　また、ブローカーを介さず銀行間での直接取引も活発に行われています。銀行間取引を主に担当する行員（インターバンクセールス）が、金融専門端末のチャット機能などを用いて、お互いのニーズにあった条件のオプション取

図表１－７－２　為替オプション取引例

①取引相手	B銀行
②原資産	ドル
③権利の種類	コール
④行使価格	170円
⑤満期日	１年後
⑥オプション価格	１円
⑦売買の種類	買い
⑧売買の数量	10,000ドル
⑨オプション料支払日	２営業日後
⑩行使タイプ	ヨーロピアン
⑪決済方式	現物決済

引を行うこともあります。

　外資系の銀行のいくつかは、為替オプション取引ツールを日本の金融機関などに提供し、ほぼ24時間体制でオプション取引を行っています。ツールではさまざまな満期や行使価格を設定することができ、その条件のオプションをリアルタイムで取引することが可能になっています。

③　権利の種類

　コールの場合、ドルを行使価格で買う権利となりますが、円を支払ってドルを買うということから、ドルコール円プットという言い方もあります。逆のプットの場合は、ドルプット円コールとなります。

⑥　オプション価格

　オプション料は日系企業の場合、円での支払になりますが、米系企業の場合はドルでの支払ということもあります。

⑪　決済方式

　為替オプションは一般的に現物決済となります。現物決済とは、先に説明したように、実際にオプションの権利行使を行うと、行使価格で原資産である外貨（この場合はドル）の売買が行われ、取引者の口座に入金または出金されることを意味します。

⑷　農産品オプション

　CBOT（シカゴ商品取引所）に上場する農産品オプション取引は、他のオプション取引と比べて非常にシンプルです。農産品の現物価格の算出が困難なため、各限月の先物そのものが原資産となっています。また、先のコラム1で述べたように、農産品の現物の売買自体に先物価格が参照されているため、先物を原資産とするオプションのほうが使い勝手がよいという利点もあります。

　また、現在が2024年だとすると、2024年12月限の先物を原資産としたオプションとしては、通常の2024年12月満期オプションに加え、2024年8月満期オプションや9月満期オプションなど先物の満期よりも短い満期のオプショ

図表１－7－3　コーン先物オプション取引事例

①取引相手	CBOT
②原資産	シカゴコーン先物Z24
③権利の種類	プット
④行使価格	350セント
⑤満期日	Z24（2024/11/22）
⑥オプション価格	7.25セント
⑦売買の種類	売り
⑧売買の数量	11枚
⑨オプション料支払日	当日
⑩行使タイプ	アメリカン
⑪決済方式	現物決済

ンも上場されています。このようにオプション満期日が先物満期と異なるオプションが存在することも特徴的です。これは為替オプションや日経オプションなどで、オプション満期日と清算日または現物のドルの受渡日がほぼ同じであるのと対照的です。

　コーン先物オプションの例を示し（図表1－7－3）、農産品オプションで特徴的な項目について説明します。

⑩　行使タイプ

　行使タイプはアメリカンとなっています。オプションの満期日よりも前に行使することができます。もっとも、満期日までの残り時間が長い場合は、本章第4節で説明したタイム・バリュー分の価値が残っています。オプションを行使するとその価値を捨ててしまうことになるので、通常は途中での行使はありません。途中で先物が必要になった場合は、オプションを売却し、先物を新たに買うという方法をとれば経済効果としてオプションを行使した以上の価値を得ることができるからです。

　一方、以下で説明する特殊な場合では、満期前に行使することがあります。先物市場では、米国農務省が毎月発表する在庫統計などで予想外の数字が出ると、先物価格が値幅制限に達することがあります。この場合、電子取引では取引が停止しますが、取引所の場立ちでは期近の先物のオプション取

引は継続して行われます。このような状況下で、トレーダーはディープITMのコールオプションを先物の代替として使用することがあります。

　たとえば、先物価格が事実上450セントのとき、100セント行使価格のコールを350セントで売買するというような取引です。行使価格がATMから非常に離れているため、タイム・バリューはほぼゼロとみなし、このオプションを先物のように扱います。

　翌日多くの市場参加者は、このオプションを行使して先物に変換します。これはアメリカンオプションの特性を活用した取引方法です。

コラム 5　農産物オプション戦略

　農産物オプションで利用しやすい戦略として、オプションセリング戦略があります。これは、マーケットの周期的な動きを利用し、OTMのオプションを売却することで勝率を高め、収益をあげる方法です。リターンは限定的ですが、確実性が高いのが特徴です。

　農産品マーケットには作付け期、生育期、収穫期、閑散期と、年間を通じて明確な周期があり、それぞれの時期に特有の価格動向がみられます。過去データの分析により、価格の値動きに一定の傾向を見出すことができ、これを戦略の裏付けとして活用します。この戦略は、農産物市場の特性を深く理解し、それを効果的に活用することで成果をあげるものです。

　シカゴ大豆を例にとって、オプションセリング戦略の分析方法と適用について説明します。過去データの分析では、年ごとの価格の絶対水準の違いを考慮し、年初からの変化率のチャートを過去数年から10年程度用意します。これにより、ありうる価格上昇や下落の範囲を把握します。たとえば、過去データから年初から2月までの下落が10%程度に限定される傾向がみられれば、そこにシーズナリティーがあると推測できます。

　実際、米国産大豆は11月に収穫が終わり、豊作の場合はその後徐々に

売られる傾向があります。しかし、1、2月になると南米での大豆生産が始まり、ほぼ毎年天候不安がマーケットの話題となり、価格が反発する傾向があります。

このような背景をふまえ、ある程度下値が固いという見込みが立てば、プットオプションを売る戦略をとることができます。また、大豆などの農産品では、先物の主な売り手は生産者である農家です。生産者は生産コストを把握していますので、コスト以下では売りづらいという点も下値を支える要因になります。こうした点は、大きな下落のある株価指数などとは異なっています。

シカゴ大豆のオプションセリング戦略の具体的な実行方法について説明します。実際にオプションを売却する際は、デルタが5%程度のOTMのオプションを選びます。このとき、ロスカットポイントを事前に決定することが重要です。ロスカットルールとして以下の2つの方法があります。

---

① プレミアムの2倍ルール：
　　7セントのプレミアムでオプションを売却した場合、時価が14セント（2倍）に到達したら損失を確定させます。
② 先物価格基準：
　　先物価格があらかじめ決めた特定のレベル（プットが14セントになる水準）に到達した時点で損失を確定させます。

どちらの方法を選択する場合も、シナリオ分析が必要不可欠です。横軸に時間、縦軸に先物価格をとり、IVを一定と仮定したシナリオを用意します。これにより、先物価格の変動に応じてオプション価格がどのように変化するかの見通しが立ち、損失確定の基準となる2倍の価格に達する条件を把握できます。

また、ロスカット限度に余裕がある場合はロール戦略をとることができます。これは7セントで1200プットを売却後、もし意図とは逆に先物が売られオプション・プレミアムが2倍に到達した場合、そのオプショ

ンをロールすることです。ロールとは1200プットを買い戻すと同時に、さらにその下の行使価格でプレミアムが7セントになるプットを2倍の量売ることです。このロールにより行使価格が下がり、行使される確率は低下します。さらに取引サイズを2倍にすることで、ロールの際に損失確定させるために支払った1200プットのプレミアム分を回収し、当初のリターンを期待することができます。

　もちろん先物がさらに売られ、ロールで売ったプットオプションがITMに近づけば繰り返しロールすることは可能です。しかし、そこまで先物価格が下落するのは、そもそもシーズナリティーが機能せず、はじめの見通しが間違っていた状況であることが多いため、ロールは1回にとどめるべきでしょう。

　このオプションセリング戦略の主要ポイントは、デルタ5％程度のOTMのオプションを売却することにあります。マーケットではさまざまなニュースや大口参加者の動向を受け、価格が意図しない方向に動くことが多々あります。

　先物を単純に買持ちしている場合、このようなマーケットのノイズで簡単にロスカットになることが多いです。しかし、デルタ5％程度のOTMのオプションのプレミアムは、マーケットの多少のぶれではあまり変化しません。ロスカットポイントに到達するまでに相当の余裕があり、長期にわたってポジションを保有できることが、この戦略の最大のメリットとなります。

　また、本章第4節(6)で説明したオプションのシナリオ分析を行うと確認できますが、オプションを売却することで時間経過とともにプレミアムは次第に安くなっていきます。これにより、ロスカットポイントに到達する先物のレベルが時間の経過とともに遠ざかっていくことも、先物の単独の買いよりも優れている点です。

　電力マーケット

　2000年代に日本でも電力市場が自由化され、日本卸電力取引所（JEPX）では電力の取引が24時間行われています。電力は保存が困難な商品であるため、取引価格はその受渡時間（電力が消費される日時）に強く左右されます。

　現物株式、為替、ゴールドなど、一般的な商品は〇月〇日受渡し（清算）など、受渡しは日付単位になっています。また、市場価格もその受渡しの日付ごとになっています。

　それに対して、電力の受渡しでは日付に加え、時間まで指定されています。たとえば、〇月〇日 8 時から 8 時30分の30分間の受渡し（電気を送り続ける）、21時30分から22時までの30分間の受渡しなど、30分ごとに区切られた受渡しになっています。それが24時間分あるので、同日の受渡しでも48種類の満期の取引があります。

　また、為替などの金融商品では、受渡日が 1 日異なることによる価格差は主に金利分程度にとどまります。一方、電力市場の場合、受渡しの日付や時間帯による価格差は、これらの金融商品とは大きく異なります。

　電力市場の価格は、1 キロワット時（kWh）当りの料金で表示されます。これは、1,000ワットの電力を 1 時間連続で使用した場合の料金に相当します（例：1,000ワットのドライヤーを 1 時間使用した場合）。時間による価格差の例として、朝から夕方の時間の受渡価格は 1 kWh 当り20円、夜間は10円というように 2 倍程度の価格差がつくときもあります。

　また、同じ時間帯でも、日付によって価格が大きく変動することがあります。特に、その日の気温が電力価格に大きな影響を与えます。冬季には暖房使用の急増時に電力価格が急騰する傾向がみられます。一方、夏季はエアコン需要の増加がありますが、同時にソーラー発電による供

給も増加するため、供給と需要が比較的バランスを保ちます。そのため、夏季の価格変動は冬季と比べて穏やかな傾向にあります。このように、季節によって電力価格の変動パターンが異なり、気象条件が市場に大きな影響を与えていることがわかります。

　こうしたボラティリティの高い市場では、オプションが非常に有効なツールとなります。現在、日経先物のオプションのような金融オプションは取引されていませんが、ガス発電所がコールオプションの役割を果たしています。

　ガス発電所は、発電の開始と停止が容易であるという点で、石炭や原子力発電所とは大きく異なります。使用量に制限のないガス供給契約を結んでいる場合、ガス発電所は市場の変動に迅速に対応することができます。たとえば、電力取引所で価格が高騰しているとき、発電指令から約30分で通常運転が可能となります。

　これにより、高値で取引されている時間帯にガスを使って発電し、高価格で電力を販売することができます。その結果、ガス代を差し引いても十分な利益を得ることが可能となります。この運用の柔軟性は、ガス発電所が市場の変動に効率的に対応し、経済的な運用を行ううえで大きな利点となっています。

　このようなガス発電所の運用特性は、金融市場におけるコールオプションと類似した性質をもっています。ガス発電所の場合、発電コスト（主にガス価格）が、コールオプションにおける「行使価格」に相当すると考えられます。市場の電力価格がこの発電コストを上回ったときにのみ発電を行い、高い市場価格で電力を売却することで利益を得るという戦略は、コールオプションの行使と酷似しています。もっとも、日本の場合はガス価格も輸入原油価格（JCC価格）に連動する性質があるため、厳密には行使価格も変動する一種のスプレッドオプションのコールになります。

　電力のプットオプションとしては、ビットコインのマイニングがあげられます。ビットコインのマイニングとは、パソコンやマイニング専用

の計算回路を用いて大量の計算を行い、ビットコインをその報酬として得ることです。現在、ビットコインのマイニングには世界中の多くの業者が参入し、報酬を得るのは非常に困難になっています。特に計算に伴う電力料金が安い国でのマイニングが有利になる傾向があります。

こうした事情から、ビットコインマイニングでは、電力価格が安いときにマイニングを行うことで、低コストでビットコインを獲得し、それを市場で売却して利益を確保できます。この特性は、まさにプットオプションの性質と一致します。ここで、行使価格に相当するのは、ビットコインマイニングで利益が出る水準の電力料金です。たとえば、一般的なパソコンのCPUを使用した場合、この水準は日本円で約10円/kWhとなります。市場の電力価格がこの「行使価格」を下回る場合、マイナーは電力を消費してマイニングを行い、獲得したビットコインを売却することで利益を得ます。この行動は、プットオプションの行使と同じ経済的効果をもたらします。

こうしたガス発電所やマイニングなどは実物がオプションとなり、フィジカルオプションと呼ばれることもあります。一方で、日経平均のオプションなど金融取引に関するオプションはフィナンシャルオプションと呼ばれます。

第 2 章

理論編
ブラック・ショールズから

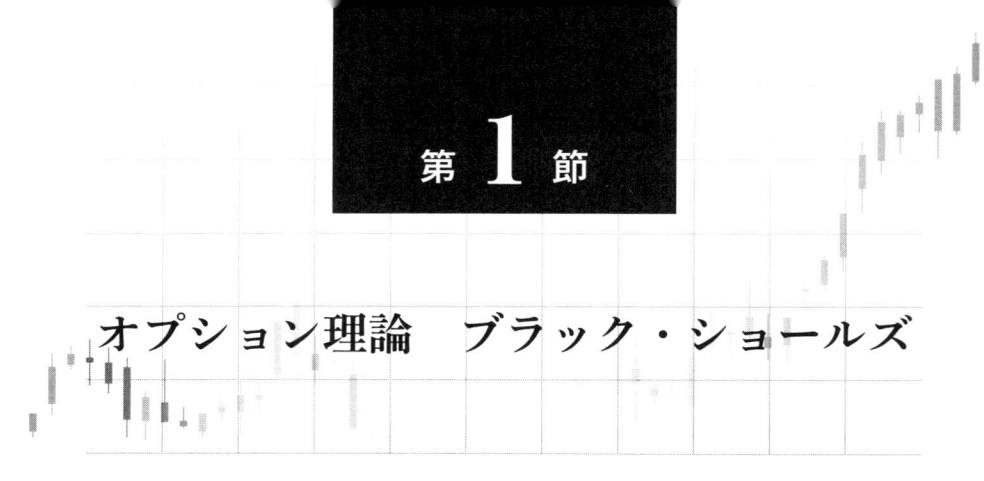

第 1 節

オプション理論　ブラック・ショールズ

　オプション価格の計算には、BS（ブラック・ショールズ）公式を使用しています。この公式を説明するために、これまでに取り上げた日経平均を題材に価格モデルを構築します。この価格モデルは、BS公式の基盤となる考え方を示すものです。価格モデルは、日経平均が日々変動する要因を分析し、将来の価格を予測するためのツールです。将来の価格が予測できれば、それに基づいてオプション価格も計算できます。

(1)　確定モデル

〈記号の約束〉

> F：本日の終値時点の日経平均
> G：明日の終値時点の日経平均
> D：1日分の時間を年単位にした値、すなわち $1 \div 365 = 0.00274$
> M：価格期待上昇率

　日経平均の将来価格の予想をするにあたって、今後上昇するのか下落するのかの見通しを数値化したものをM（価格期待上昇率）とします。この数字は年率で表示され、今後価格が年率で7％上昇すると考えているならばM＝7％となり、景気悪化などで値下りし、年間で10%の下落を予想するならば−10%です。

　上の記号の約束から日経平均の1日の変化率はその変化幅を終値時点価格

で割って、

$$\frac{G-F}{F}$$

と表せます。そこで、

$$\frac{G-F}{F} = M \times D \qquad\qquad\qquad [モデル a]$$

と置くと、1つの将来の価格予想モデルができます。このモデルの意味は、今日から明日にかけて価格の変化率は期待上昇率の1日分であるということです。実際にM＝7％として数字を当てはめてみれば、7％×0.00274＝0.01918％が価格の1日分の変化率です。［モデルa］を変形すれば、

$$G = F \times (1 + M \times D)$$

となります。今日の終値が40,000円だとすれば、明日の終値は40,000円×（1+0.01918％）＝40,007.672円になるという意味です。2日目にも同じ式を当てはめ、その翌日の先物価格も計算することができます。この場合には40,007.672円に（1+0.01918％）を掛け、3日後の価格40,015.345円を得ます。このように繰り返し当てはめることによって、将来のある時点の先物価格を予測することができます。

　このモデルを繰り返し用い、365回（1+0.01918％）を掛け、1年後の先物価格を予測すると、

$$40000 \times (1 + 0.01918\%) \times (1 + 0.01918\%) \times \cdots\cdots$$
$$\times (1 + 0.01918\%) = 42900円$$

となり、確実に7％上昇していきます。

　しかし、仮に1年後、日経平均が予想どおりこの価格になったとしても、私たちはその途中マーケットは上がったり下がったりと不規則な動きを繰り返しながら、不確実性をもってその価格に到達するということを経験から

知っています。したがって、明らかにこのモデルは不確実性の部分が欠如し、実態を表現するのに不十分です。

(2) 乱数モデル1

〈参照〉
ブラウザー：リンク「乱数」、「model b」
エクセル：EXCEL_CHAPTER 2　シート「乱数」、「model b」、
　　　　　「model b 2」

　そこで、日々の価格の不規則な動きを表現するため、乱数という概念を導入します。乱数には、どの数字も出現する確率が同じである一様乱数、平均値が標準正規分布に従う正規乱数などいろいろな種類があります。

　日々の価格変化の不規則さを表現するために、たとえば一様乱数を考えてみます。1日の価格変化率が+1%、−0.5%、2%、−3%など、大きな価格変化も小さな価格変化も一様に出現するモデルになります。しかし、私たちは実際のマーケットで価格の変化率は、小幅に上昇、下落という日が多く、2%〜3%の変動はたまにみる程度であることを経験しています。平均値が0%で大きな変動ほど出現しづらくなるような乱数としては、正規分布に従う正規乱数がこれに近いと考えられます。

　正規乱数を具体的に説明するために、外からなかがみえない大きな黒い袋があり、そのなかにはボールがたくさん入っていると想像します。ボールにはマイナスの数からプラスの数までの数字、たとえば−0.2、+1.5などが書かれています。ただし、あくまでも先物価格の動きをモデル化するためなので、ボールに書いてある数字にはある一定の法則を仮定します。大多数のボールにはゼロに近い数字を書き、プラスマイナス3を超えるものはほぼないようにします。

　ここで、ブラウザーまたはエクセル「乱数」を使用し、計算ボタンを押すと1,000個の数値の列が出てきます。このような数字が書いてあるボール

が、袋に入っているとイメージすればよいでしょう。数値の列は計算ボタンを押すごとに異なる数字になりますが、そのうち、ある回の1,000個の数値を一定範囲に区切り、その各々の範囲に入っている数字の個数を図表2-1-1にまとめました。

　この回では-0.5からゼロの間にある数字が211個と最も多く、3より大きい数字は1個、-3以下はゼロ個となっています。これらの数字が各々書いてあるボール1,000個のうちから、1つを取り出したときに書いてある数字をEと書くことにします。この数字は、袋から取り出すたびに異なるものが出てくるので乱数と呼ばれます。こういった乱数を使って、マーケットが不

図表2-1-1　1,000個の乱数の分布

数字の範囲		個数
-5以下		0
-5	-4.5	0
-4.5	-4	0
-4	-3.5	0
-3.5	-3	0
-3	-2.5	6
-2.5	-2	15
-2	-1.5	41
-1.5	-1	92
-1	-0.5	143
-0.5	0	211
0	0.5	196
0.5	1	143
1	1.5	82
1.5	2	48
2	2.5	17
2.5	3	5
3	3.5	1
3.5	4	0
4	4.5	0
4.5	5	0
5以上		0

規則に動く部分を表現します。

　私たちは商品の種類や取引の時期によって変動の度合いが異なることを経験上知っているので、不規則さの大きさも導入し、それを一定の数 σ（シグマ）と書くことにします。不規則さの大きさ σ は実は第 1 章でみてきたインプライド・ボラティリティ（以下、IV）のことです。

　［モデルa］に不規則さを追加するために、乱数 E に度合い σ を掛け、さらに 1 日分の時間を掛けたものを加えると、

$$\frac{G-F}{F} = M \times D + \sigma \times E \times D \qquad ［モデル b］$$

と表現できます。σ を仮に20％とし、乱数 E はシート「乱数」の数値の列の上から順番にとってくることで袋からボールを取り出したことにします。このようにして実際に数字を当てはめ計算したものがシート「model b」の表です。 1 日目の変化率は7.00％×0.0027＋20％×1.67×0.0027で計算され、0.11％となります。いま日経平均が40,000円であったので、これに変化率を掛けると40,044円になります。 2 日目以降も同様に計算すると、図表 2 － 1 － 2 のようになります。

　この［モデルb］を繰り返し使用し将来の日経平均を予想すると、先物価格はたしかに乱数の影響を受けて不規則に動きますが、値動きの範囲をみると、 7 営業日で40,000円から40,074円の間しか動いていません。私たちが第 1 章のシミュレーターでみた実際のマーケットでは、 1 日に400円以上の値動きなどがあったことを思い出すと、このモデルは実勢にあっていません。

　そこで、マーケットが大きく動くことを再現するために、不規則の度合い σ を80％と大きくしたシミュレーションをシート「model b 2 」で行いました（図表 2 － 1 － 3 ）。

　日々の変化は σ が20％のときよりは大きくなっていますが、「model b 2 」では365日分計算しても値幅がイベントを受けて大きく動くような市場の動きが再現されていません。［モデルb］はそのような意味で、私たちが日々みている相場の動きとはやや異なったイメージのモデルになってしまいま

図表2-1-2　モデルbによる日経平均の変化

	M（%）	D	σ（%）	E	D	1日の変化率（%）	40,000
1日目	7.00	0.0027	20	1.67	0.0027	0.11	40,044
2日目	7.00	0.0027	20	−0.38	0.0027	0.00	40,044
3日目	7.00	0.0027	20	0.05	0.0027	0.02	40,052
4日目	7.00	0.0027	20	−0.42	0.0027	0.00	40,051
5日目	7.00	0.0027	20	0.32	0.0027	0.04	40,066
6日目	7.00	0.0027	20	0.13	0.0027	0.03	40,076
7日目	7.00	0.0027	20	−0.45	0.0027	−0.01	40,074

図表2-1-3　モデルb2による日経平均の変化

	M（%）	D	σ（%）	E	D	1日の変化率（%）	40,000
1日目	7.00	0.0027	80	1.67	0.0027	0.39	40,154
2日目	7.00	0.0027	80	−0.38	0.0027	−0.07	40,128
3日目	7.00	0.0027	80	0.05	0.0027	0.03	40,140
4日目	7.00	0.0027	80	−0.42	0.0027	−0.07	40,111
5日目	7.00	0.0027	80	0.32	0.0027	0.09	40,147
6日目	7.00	0.0027	80	0.13	0.0027	0.05	40,166
7日目	7.00	0.0027	80	−0.45	0.0027	−0.08	40,134

す。もちろん、σをさらに大きくすれば大きな値動きがみられますが、次に紹介するモデルと比較すると決定的に劣後する点があります。

(3)　乱数モデル2

〈参照〉
ブラウザー：リンク「model c」「model c_h」
エクセル：EXCEL_CHAPTER2　シート「model c」

　[モデルb] の不規則さを表現する部分を改良するため、乱数Eにその度合いσを掛け大きさを調整した後、1日分の時間の長さをその平方根をとってから掛けるとします。このようにすると [モデルb] は、

$$\frac{G-F}{F} = M \times D + \sigma \times E \times \sqrt{D} \qquad [\text{モデル c}]$$

と改良できます。このモデルを用いて日経平均のシミュレーションを行うと、図表2-1-4のように40,000円からスタートした価格は400円、時には700円などの変動になり、1日分の時間の長さをそのまま掛けたときよりは現実の値動きに近いイメージになります。そこで、価格モデルとして［モデルc］を採用することにします。

　［モデルc］の優れている点は、従来の1日の変化率を積み上げて将来の価格予想を行う方法に加え、さらに短い時間間隔、たとえば1時間当りの変化率を計算し積み上げることで、より詳細な予測が可能になる点にあります。シート「model c_h」では、1時間当りの変化率を計算するために、変数Dを24で割って1時間単位に変換し計算を行いました。24時間後、48時間後の先物価格を取り出して並べた結果が図表2-1-5です。

　図表2-1-5をみると、日々の変化幅は10円から800円となっており、1日の変化率をもとに価格計算を行った場合と同じような値動きになっています。［モデルc］は時間の分割を細かくしても価格の変動のようすが一定になっている点が優れています。

　このことをよりはっきるみるために、［モデルb］においても同様の計算を行います。1時間当りの変動を積み上げる価格計算を行い、1日ずつ取り出します。シート「model b_h」では、シート「model b 2」と同じく $\sigma =$

図表2-1-4　モデルcによる日経平均の変化

	M （%）	D	σ （%）	E	$\sqrt{D}$	1日の変化率 （%）	40,000
1日目	7.00	0.00274	20	1.67	0.052	1.77	40,707
2日目	7.00	0.00274	20	−0.38	0.052	−0.38	40,551
3日目	7.00	0.00274	20	0.05	0.052	0.07	40,581
4日目	7.00	0.00274	20	−0.42	0.052	−0.42	40,412
5日目	7.00	0.00274	20	0.32	0.052	0.35	40,555
6日目	7.00	0.00274	20	0.13	0.052	0.15	40,617
7日目	7.00	0.00274	20	−0.45	0.052	−0.45	40,434

図表2－1－5　モデルcを1時間単位で適用
した場合の日経平均の変化

0時間	40,000	192時間	41,131
24時間	40,071	216時間	41,017
48時間	40,814	240時間	40,810
72時間	41,128	264時間	40,374
96時間	41,134	288時間	39,860
120時間	41,027	312時間	39,496
144時間	40,817	336時間	39,608
168時間	41,041	360時間	40,463

図表2－1－6　モデルbを1時間単位で適用
した場合の日経平均の変化

0時間	40,000	192時間	40,258
24時間	40,025	216時間	40,264
48時間	40,118	240時間	40,261
72時間	40,168	264時間	40,235
96時間	40,186	288時間	40,200
120時間	40,193	312時間	40,180
144時間	40,190	336時間	40,209
168時間	40,231	360時間	40,316

80％を用いて計算を行いました。その結果、1日当りの値動きは同じσの値を使用したにもかかわらず、「model b 2」よりも単調になっています（図表2－1－6）。［モデルb］では、時間の分割を細かくするとσの値を大きくし、変動幅を調整する必要があります。時間の分割の方法によって価格変動のようすが異なるモデルでは、不都合が生ずる場合もあります。その点、［モデルc］はより使いやすいモデルです。

モンテカルロ・シミュレーション

〈参照〉
ブラウザー：リンク「モンテカルロ」
エクセル：EXCEL_CHAPTER 2　シート「モンテカルロ」

私たちは価格モデルとして、

$$\frac{G-F}{F} = M \times D + \sigma \times E \times \sqrt{D} \qquad\qquad [モデル c]$$

を採用しました。

　1年後の日経平均のシミュレーションを行うには、[モデルc]を用いて1日分の変化率を求め、それを365日分積み上げていきます。[モデルc]は乱数を使用しているため、シミュレーションの結果はそのつど異なります。私たちはこのモデルを使用して最終的に日経平均のオプション価格を求めたいわけですが、1回ごとに日経平均の価格が異なるとそのオプション価格も異なるため、このままでは計算に使用できません。そこで、価格のシミュレーションを1回ではなく数万回行い、その平均をとることにします。シミュレーションの回数を相当数行うことで、それを平均した価格はほぼ一定となるので、オプション価格を計算することができます。

　シート「モンテカルロ」では、モンテカルロ・シミュレーションを用いて、日経平均の予想価格を計算することができます。入力用の項目を以下の要領で順次インプットしてください。SpotPriceには40,000円をセットして

おきます。Timeは年単位で、1年の場合は1、3カ月ならば0.25などを入力します。ここでは1年後の予想価格を求めるので、1を入力します。次のDividendは仮にゼロにしておきます。Volatilityにはトレーディングシミュレーションで体験した値20％をセットします。期待上昇率には今後どれほど価格が上昇するかを主観的に判断して、たとえば年率7％とします。

パス数（Number of Paths）は、1年後の価格を求めるために何回シミュレーションを行って平均をとるかです。1回のシミュレーションを1つのパスと呼ぶこともあり、そのパスの回数です。ここでは10万回に設定します。

実際に計算ボタンを押すと、将来価格は42,900円近辺の数字となります。これは日経平均が40,000円からスタートし、年率7％で上昇すると予想しているので、

$$40,000 \times (1 + \frac{7\%}{365})^{365} = 42,900$$

と期待どおりです。

このモンテカルロ・シミュレーションを通してわかることは、IVをいろいろな値にしても結果は同じになるということです。将来価格の予想はマーケットの不透明さによらないというのは、たとえば私たちの経験上、為替のフォワードレートを計算するのにオプションのIVを使って計算するということはないということと整合しています。

私たちはモンテカルロ・シミュレーションを通じて、このモデルの大まかな仕組みを理解することはできました。実際にオプション価格、さらに一般的なデリバティブ価格を計算するためには、もう少し改良を加え、後に述べる［モデルc2］を使用する必要があります。

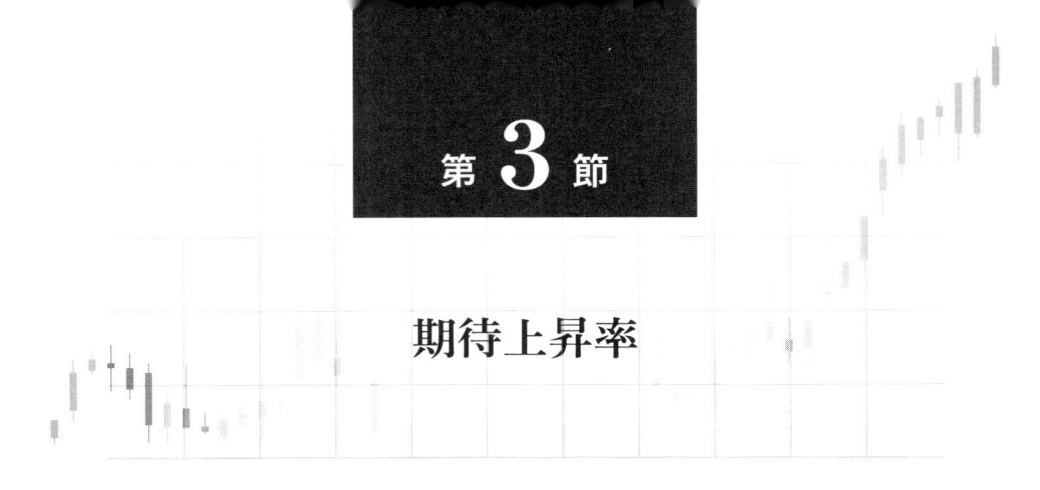

期待上昇率

(1) ［モデルc］の一般化

　私たちは［モデルc］を用いて日経平均の将来価格の予想を行いましたが、もう少し正確に書く必要があります。それは、原資産が時間とともにある決まった価値を生み出し、それが支払われるものであるとき、［モデルc］は、

$$\frac{G-F}{F} = (M-Q) \times D + \sigma \times E \times \sqrt{D} \qquad ［モデル c1］$$

となります。

　具体的に原資産が株の場合で述べると、株は年1、2回配当があり、配当を受ける権利日を過ぎると配当落ちとなります。たとえば、株価が1,000円で配当が10円とすると、配当権利日を過ぎると理論的には株価は配当分だけ下がり990円になります。これは、1,000円という株価に配当金の10円が含まれ、この部分が配当落ちによって切り離されるという意味です。配当落ちによって10円分株価が安くなるということに前もって確定しているので、株の将来価格を予想するとき、私たちはこの分を差し引いておかなければなりません。それが、このモデルのQの意味するところです。

　また、原資産がドル円レートのとき、ドルを定期預金にすると利息がつきます。100ドル預金し利息が10%であれば、1年後110ドルになっています。利息としての10ドルを円転して受け取ると考えると、100ドルという資産は

配当が10ドル分ある株のようなものです。よって、円建てでみたドルの価格はこの利息の支払日後に10ドル分、配当落ちで下がっているはずです。この分の修正利率がQです。

　原資産を先物そのものとしたとき、Qは短期金利です。先物は何も生み出していないようにみえますが、実は金利分は生み出しています。たとえば、日経先物を40,000円で買い、先物口座に入っても、その元本相当に当たる40,000円をその日に払うわけではないので、その金額に対するコストはかかりません。しかし、株や為替と同じような考え方をすると、先物の買いは、40,000円を借りて先物を買い、その金額を相手に支払いますが、40,000円の借入れの金利分は先物自体が補充し、相殺しているという解釈もできます。こう考えると先物は短期金利分の価値を生み出していることになるので、Qは短期金利に相当します。これまで先物のモデルを［モデルc］としてきましたが、正確にはQ分修正し［モデルc 1］とすべきです。

(2)　期待上昇率と短期金利

　オプション価格などの派生商品の現在価値の計算結果は、その原資産自体が自由に売買できるものであれば、［モデルc 1］のパラメーターの期待上昇率Mに依存しないという重要な事実があります。すなわち、オプション価格などを計算するとき、期待上昇率を任意の数値にすることができます。このとき期待上昇率として短期金利を使用すると、計算が最も簡単になります。

　期待上昇率として短期金利を用いる場合、モンテカルロ・シミュレーションでははじめにオプション満期日の期待値を計算し、それを短期金利で現在価値に割り引くことで正しいオプション価格を計算することができます。短期金利以外の期待上昇率を入力した場合、割引率の計算が不明確であり、うまく現在価値に直すことができません。この期待上昇率は原資産のリスクに応じた数値ですので、原資産価格そのものの割引には使えますが、その原資産を対象としたオプションのリスクは原資産のそれとは異なるため、オプションの割引率としては使えないからです。よって、今後は［モデルc 1］

で期待上昇率として短期金利を使用します。

$$\frac{G-F}{F} = (r - Q) \times D + \sigma \times E \times \sqrt{D} \qquad [モデル c2]$$

　私たちはこのモデルによって、単純なオプションや、複雑なアベレージオプションなどさまざまなデリバティブの現在価値を計算することができます。

　期待上昇率を短期金利とするのは、あくまでデリバティブの現在価値の計算用に［モデルc2］を使用するときの話です。将来価格そのものを予想し、それを投資に応用するときには当てはまりません。

　また、原資産が自由に売買できるということも重要です。たとえば、原資産が現物の農産品であるとき、買いはできますが、空売りすることはなかなかむずかしいです。したがって、現物農産品のスポット価格からデリバティブの1つであるその先物価格を［モデルc2］を用いて計算することはできません。このため、現物のスポット価格に比べ期先の先物が非常に安く取引されていることや、先物の期近と期先の価格差が非常に大きくなることがあります。為替や金利のフォワード取引と異なり、参加者は需要と供給の観点から先物価格を考えています。

(3)　日経オプション再計算

〈参照〉
ブラウザー：リンク「日経オプション再計算」
エクセル：EXCEL_CHAPTER 2　シート「日経オプション再計算」

　ここで［モデルc2］を用いて日経オプションを計算し、BS公式と比較してみます。簡単のため、原資産を先物とします。本節(1)で述べたように、［モデルc2］において先物は短期金利分を生み出す資産なので、Qは短期金利でした。したがって、［モデルc2］では期待上昇率とQが打ち消し

図表2－3－1　日経先物コールオプショ
ンの条件

日経先物	40000
行使価格	41500
満期までの日数	90
IV	20.0%
短期金利	3.0%
配当利回り＝円金利	3.0%
権利種類	コール

合って、

$$\frac{G-F}{F} = \sigma \times E \times \sqrt{D}$$ ［モデル c3］

となります。

　シート「日経オプション再計算」では、サンプルとして図表2－3－1の条件の日経先物コールオプションを計算しています。

　［モデルc3］のモンテカルロ・シミュレーションにより、オプション満期時点でのオプションの期待値を計算し、その結果がセルH17に出力されています。そして、この結果を短期金利である3％で割り引き、現在価値に変換しています。この計算結果はBSの公式による先物オプションの価格とほぼ一致します。

第 4 節

モンテカルロ・シミュレーション応用

　モンテカルロ・シミュレーションを用いると、先ほど述べた日経オプションのコール価格だけではなく、もっと一般的な派生商品の現在価値を計算することができます。為替で一般的になったバイナリーオプションや、商品デリバティブではよく見かけるアベレージオプションなども派生商品です。

⑴　FX　バイナリーオプション

〈参照〉
ブラウザー：リンク「バイナリー」
エクセル：EXCEL_CHAPTER 2　シート「バイナリー」

　2009年頃から為替を対象としたバイナリーオプションが一般向けに始まりました。バイナリーオプションにも通常のオプションと同様に、コールとプットの2種類があります。

　バイナリーコールオプションは、満期日（満期時間）に原資産価格が行使価格以上の場合、一定金額を得ることができるオプションです。これは、通常のコールオプションが、　原資産価格が行使価格を上回った分の金額を得るのとは異なります。

　同様に、バイナリープットオプションは満期に原資産価格が行使価格未満の場合、一定の金額を得ることができるものです。これらの特徴から、バイナリーオプションは「オール・オア・ナッシング」や「デジタルオプショ

ン」とも呼ばれます。

　バイナリーオプションの価格は［モデルc2］によって計算することができます。もっとも、これまで学習した通常のコールオプションで近似することも可能です。近似方法はとても有名で簡単なものです。例として、図表2－4－1のバイナリーオプションを紹介します。

　このバイナリーオプションの価格の近似方法は、行使価格が159.99円と160.00円のコールスプレッドの価格を求め、それを100倍すればよいと考えられます。このコールスプレッドを買ったものとして満期になった時点での総受取金額を考えてみると、ドル円が160円未満の場合はどちらのコールもOTMになるので総受取金額はゼロです。一方、ドル円が160円より大きい場合、159.99円と160.00円のコールともにITMになります。その場合は結局、ドル円を159.99円で買い160.00円で売ることになり、0.01円の利益を得ることになります。それを100倍すると1円の利益になります。ドル円が満期に160.00円ちょうどであった場合、160.00コールはOTMですが、やはりITMの159.99を行使し160.00円でドルを売ることで0.01円の利益を確保できます。

　このようにコールスプレッドとバイナリーオプションの最終的な受渡金額はほぼ同じになることから、そのオプション価格も近似されていると考えてよいわけです。

　シート「バイナリー」では、近似法で計算した価格とモンテカルロ・シミュレーションで計算した価格が、ともに0.50となっています。直感的にも現在のドル円レートが160円のときに翌日のドル円レートが160円より上か下

図表2－4－1　ＦＸバイナリー
オプションの例

ドル円	160円
満期日	翌日
行使価格	160円
権利種類	コール
支払金額	1円
売買の種類	買い

かは50%の確率と思えば、1円受け取ることができるオプション価格はその半分の0.50円というのも理解しやすいでしょう。

(2)　レートアベレージ

〈参照〉
ブラウザー：リンク「アベレージ」
エクセル：EXCEL_CHAPTER 2　シート「アベレージ」

　船賃や金属などのコモディティデリバティブでは、現物取引の終値や当日の加重平均値などがデリバティブの指標として用いられています。しかし、これらの指標は大量の売買が特定の日に集中すると、通常とは異なる価格になることがあります。金利や為替のように大きなマーケットであれば、大量の売買でも影響は軽減されますが、現物の種類によっては数量に限りがあるため、その日の価格は予想を越え大きく動いてしまう場合もあります。

　そこで、そのような指標を用いるコモディティデリバティブでは単日の指標ではなく、数日間の平均あるいは1カ月平均など一定期間の平均値を用いることがあります。一定期間の平均値をとれば全体の需給を反映した変動価格となり、価格の不公平感を減少させることができます。

　たとえば、その時々のスポット価格で現物を購入している会社が価格を1年間固定化したい場合、スポット価格の月間平均値と固定価格の交換というようなスワップを行います。また、このようなスワップ取引が活発であることから、それに対するオプション取引もよくみられます。これらは月間平均値を対象としたコールやプットオプションで、アベレージオプションと呼ばれています。

　アベレージオプションを具体的に計算するため、なじみのある日経先物を例として、図表2-4-2のオプション満期90日、行使価格41,500円のコールオプションを考えます。また、平均値として取引日から満期日までの90日間の終値の平均値を採用します。行使価格とその平均値を比較し、平均値が

図表２－４－２　日経平均アベレージオプ
ションの例

日経先物	40000
満期日	90日
行使価格	41500
権利種類	コール
IV	20.0%
短期金利	3.0%
平均算出期間	90日

行使価格を以上であればITMとなり、その差額をオプションの売り手が買い手に渡す仕組みです。

　アベレージオプションの価格計算でも［モデルc２］を利用したモンテカルロ・シミュレーションを用いる方法が簡単です。

　プログラムの概略は次のとおりです。まず取引日から満期日までの１回のシミュレーション（１つのパス）のなかで日々の終値を計算し、同時にその平均値も計算していきます。そのパスの最終日には平均値の計算も終了しているので、その値と行使価格を比較し、オプションの支払額を計算します。これを十分に大きな回数行い、それらの平均値を計算すると、アベレージオプションの価格を得ることができます。

　また、アベレージオプションに関しては多くの書物にその近似解が載せられています。そのうちの１つも、シート「アベレージ」で同時に計算されます。

　アベレージオプションにはもう１つの種類があります。これは、行使価格が固定額ではなく、一定期間の原資産の平均値を用いるオプションです。このタイプでは、オプション満期日にはじめて行使価格が確定します。最終的な支払金額は、この行使価格と満期日の原資産価格を比較して決定されます。

　先ほどの日経先物の例を使うと、行使価格は41,500円ではなく90日間の日経先物の平均値になります。権利の種類がコールの場合、SQ値とこの行使価格を比較し、SQ値が上回っていれば差額をオプションの買い手が受け取

るという仕組みです。

　行使価格が平均値となるオプションはストライクアベレージオプション、これと区別するため、はじめに述べた行使価格が固定のタイプは、レートアベレージオプションと呼ばれます。この2つは紛らわしいですが、コールオプションの買い手はレートアベレージを使えば固定価格以下で買える、ストライクアベレージを使うとその期間の平均値以下で買えると考えれば、容易に区別できるでしょう。

⑶　デイリーオプション

〈参照〉
ブラウザー：リンク「デイリー」
エクセル：EXCEL_CHAPTER 2　シート「デイリー」

　レートアベレージオプションに類似したオプションにデイリーオプションがあります。このオプションは、満期日までの各日付を満期とする通常のオプションの集合体です。具体例をあげると、90日間のデイリーオプションの場合、以下のように構成されます。

１．翌日満期のコールオプションを想定元本の1日分（全体の90分の1）購入します。

２．翌々日満期のコールオプションを同様に1日分購入します。

３．この手順を90日後まで繰り返し、90本のオプションを並べます。

　これにより、満期までの各日に対応するオプションのポートフォリオが形成されます。

　オプションからの最終的な支払金額は同じ期間のアベレージオプションに比べ、このデイリーオプションのほうが必ず等しいか大きくなります。デイリーオプションの場合、平均値を計算する期間中に1回でも指標が行使価格を上回れば支払が発生します。一方、アベレージの場合は期間中に行使価格を上回っても最終的な平均値が行使価格を下回ると支払が発生しない

図表2－4－3　コールオプション、アベレージオプション、デイリーオプションの比較

	価格	特徴
コールオプション	966	満期日終値 対 行使価格
アベレージオプション	375	終値平均値 対 行使価格
デイリーオプション	518	日々終値 対 行使価格

からです。

　また、デイリーオプションの特徴は、毎日一定量の価格が確定していくことです。毎日平均的に買う人にとって、1日ごとに買値を確定させることで管理も通常の平均買いと同様に行えます。アベレージオプションは最終日までそのペイオフが確定しないので、日々いくらで買えたのかを管理するうえでは空白期間ができることになります。

　同じ期間で同一行使価格の通常のコール（本章第3節(3)の例）、アベレージオプション、デイリーオプションをまとめると、図表2－4－3になります。

　オプション価格はコール$\geqq$デイリー$\geqq$アベレージとなっていることも注意しておきましょう。

第 3 章

実務編
金利デリバティブへの応用

執筆時の2024年時点、消費者物価指数は日銀の目標２％を安定的に超え、金融政策変更の可能性が高まるとともに、円金利のボラティリティも非常に高まっています。金融政策変更は金利において最も変動をもたらす要素であり、またローンや債券を含む債権の金額は株式の数倍から数十倍に及ぶため、経済への影響も甚大です。こうした金利の見通しの不透明性から、金利リスクに対するヘッジの必要性も高まっています。

　金利リスクヘッジのツールとしては、国債（JGB）のロング、ショート、金利スワップの固定金利払い（変動金利受け）、固定金利受け（変動金利払い）などがあります。さらに、それらのデリバティブである国債オプションやスワプションと呼ばれるスワップを原資産とするオプションに対するニーズも増加しています。ヘッジとしての国債は、元本の変動などがあるローンなどのキャッシュフローをヘッジするには不向きであり、金利スワップやスワプションが幅広いヘッジニーズに対応するうえで最も適しています。金利スワップやスワプションを活用することで、金利の変動に対する適切な対策を講じることができます。

　また、デリバティブ全般のモデルは主に金利デリバティブを中心に発展してきました。その理由はいくつかありますが、第１に、金利には期間構造が存在し、それがデリバティブの価格算出にとって非常に複雑な要素となることがあげられます。

　期間構造とは期間１、２、３年……と、それぞれの期間に応じた金利がマーケットにおいて自由に決まり、それぞれが独立した値になるということです。別の見方をすると、１年先の１年金利、２年先の１年金利……などのフォワードレートが市場参加者の期待を直接反映して自由に変動するということです。

　この性質を利用し、マーケット参加者はフォワードレートを用いてポジションを構築することも可能です。金融政策に関して、半年先に利上げするという見通しがある場合、フォワードレートのスワップなどを用いて７カ月先の１カ月金利が上がる方向のポジションをとることができます。実際に市場が現時点で半年先の利上げを織り込めば、スポットの１カ月金利が上昇し

なくても、7カ月先の1カ月金利は上昇し、利益を確定することができます。

　これに対して、ドル円など為替のフォワードレートは、スポットのレートと、円金利、ドル金利（およびドル円ベーシスマーケット）に基づいて「裁定取引」によって決定されるため、その変動の自由度は限定されています。たとえば、7カ月後に受渡しするフォワードレートを用いて、半年先のドル円上昇を見込んでポジションを構築しても、このフォワードレートは自由には動けないため、市場がその上昇をすぐに織り込んで上昇することはできません。このため、フォワードレートでのポジションはこうしたドル円の見通しを適切に反映するものにはなりません。

　第2に、生命保険などの契約期間は30年を超えるような長期間になるため、国債も含め長期間の金利商品が必要になることです。期間が長いほど先々のフォワードの予測は困難になり、少しの誤差でも価格に大きな影響を及ぼします。そのため、金利デリバティブにはより高い精密さが求められます。

　一方、農産物などのコモディティデリバティブは、通常1年で新しい作物が収穫されるため、作物の年間生産サイクルにあわせて比較的短期間のヘッジで十分な場合が多いといえます。そのため、多少の誤差があってもマーケットの売値と買値の差分で収められるため、モデルの精密さは金利デリバティブに遅れている部分もあります。

　第3に、日本の金利は長期にわたりゼロまたはマイナスの環境に直面してきました。変化率をモデル化したBS（ブラック・ショールズ）の公式を、こうした水準の金利に適用するのは困難でした。金利がゼロになった場合、どのような変化率を想定しても金利は永久にゼロのままとなります。また、マイナス金利に対して変化率をどのように選んでもプラス金利になることはありません（変化幅をモデル化するならば、この限りではありません）。このように変化率では金利の将来予測をするのが困難であることから、BSモデルではデリバティブの価格を計算することは困難になります。

　こうしたさまざまな金利の特異性のため、第2章で述べた［モデルc3］

では説明がむずかしい事態になったことから、モデルが改良され発展してきました。以下、金利デリバティブについて少々説明し、その後、高度なモデルの導入を行います。

第 1 節

金利オプション

ペイヤーズレシーバーズオプション

　原資産をスワップとするオプションとは、オプション満期を3カ月とすれば、3カ月後にその対象となるスワップ契約に入るか入らないかを決められる権利のことです。為替オプションの場合では、満期日にオプションの権利を行使すると2営業日後にドルや円の入出金が行われ、契約は終了します。また、日経オプションの場合では、オプション満期日に差金決済が行われ、現金のやりとりをもって契約が終了します。しかし、スワップを原資産とするオプションの場合は、オプション満期後にその対象のスワップ契約が新たに始まるという点に注意が必要です。

　金利スワップを原資産とするオプションはスワプションと呼ばれます。スワプションはタイプが2種類あり、固定金利を受け、変動金利を支払うスワップに入る権利をレシーバーズオプションと呼び、その逆の固定金利支払のスワップに入る権利をペイヤーズオプションといいます。

　5年スワップを対象とした満期1年のオプションで、固定金利1％を支払い、変動金利（Tokyo Over Night Average Rate：TONA）を受け取るスワップに入る権利を［1 y into 5 y］1％ ペイヤーズと呼び、これまでのオプションでいう行使価格は1％に相当します。なお、対象となるスワップの期間のことをテナー（Tenor）といいます。オプションマーケットで取引されるオプションの種類は、満期については1カ月から20年まで、スワップのテナーは1年から30年まであり、それぞれの組合せすべてがスワプションの取引対象になっています。

キャップ　フロア

　キャップオプションとフロアオプションは、スワプションと並んでマーケットで取引されている商品です。これらは、テナーが6カ月または1年の特殊なスワプションを複数まとめて取引するもので、日経オプションのように差金決済されます。

　テナーが6カ月または1年のペイヤーズに対応するのがキャップレット、レシーバーズに対応するのがフロアレットと呼ばれます。しかし、マーケットではこれらのテナーが短すぎるために単体で取引されることはまれで、通常は一定期間分をまとめて取引されます。

　たとえば、テナー6カ月、行使価格1％のキャップレットで、満期が6カ月、1年、1年半、2年の4つをまとめて取引する商品を「1％の2年キャップ」と呼んでいます。

プライシング

〈参照〉
ブラウザー：リンク「スワプション」
エクセル：EXCEL_CHAPTER 3　シート「スワプション」

　スワプションのプライシングについて、図表3-1-1の［1y into 5y］のペイヤーズを例にあげて説明します。ここでは、オプション価格（プレミアム）の計算を行います。計算を簡略化するため、1年から20年までのスワップ金利をすべて2.00％と仮定します。また、IV（インプライド・ボラティリティ）を20％とします。

　関数はALKOM_SwaptionPriceとしてシート「スワプション」に組み込んであり、引数は6個あります（図表3-1-2）。このうち引数4のCurveは1つの数値ではなく、いくつかのまとまった金利情報を指定します。これは金利オプションのプレミアムは、単一のスワップ金利だけでなく、オプション満期にスワップのテナーを加えた年限までの金利すべてを用いて計算されるからです。

図表３－１－１　スワプションの例

行使価格	2.50%
オプション満期	1年
スワップテナー	5年
IV　20.0%	20.0%
権利の種類	ペイヤーズ

図表３－１－２　スワプションプレミアム
計算用関数　入力値

Strike	2.50%
Expire	1
Tenor	5
Curve	セル範囲名
Vol	20.0%
OptionType	P

　このケースではオプション満期が１年でスワップのテナーが５年であるので、１年スワップから６年スワップまでのレートが必要になります。次にこれらのスワップ金利をブートストラップ法でゼロレートと呼ばれる途中で利払いがない金利に変換します。各年限のゼロレートが計算できれば、将来のキャッシュフローを割り引くための係数であるDF（ディスカウントファクター）を求めることができます。実際のスワプションの価格を求める公式ではこのDFが必要となりますが、この関数では、確認のため途中計算のゼロレートも含めたデータが必要になります。引数４のCurveとして図表３－１－３をつくり、これを範囲に指定します。

　このようにして計算された結果は0.137%、すなわち13.7bpsとなります。

図表 3 − 1 − 3　ゼロレートとディスカウントファクター

Expire（Y）	Swap Rate	ZeroRate	DF
1	2.00%	2.00%	0.98039
2	2.00%	2.00%	0.96117
3	2.00%	2.00%	0.94232
4	2.00%	2.00%	0.92385
5	2.00%	2.00%	0.90573
6	2.00%	2.00%	0.88797

ノーマル・ボラティリティ

第 1 節で述べたようにスワプション価格を計算するときには、日経オプションの価格計算と同様にIVを使用します。しかし、日本銀行の金融緩和政策により金利全般が 0 ％に近い時期には、金利スワップを原資産とするスワプションのIVはしばしば100％を超えることもありました。こういった数値は、私たちがこれまでみてきた、日経平均や農産品などのIVの平均とまったく異なった水準です。IVとはオプション・トレーディングで割安・割高を判断する 1 つの材料でしたが、このようなIVの水準ではIVをトレーディングの材料にすることはむずかしい状況といえるでしょう。

私たちは［モデルc 3 ］を構築するときに変化率に着目し、原資産の価格変化をモデル化しましたが、原資産価格が非常に低い水準の場合、価格の小さな変化幅でも変化率は非常に大きくなります。金利スワップの価格の基本単位は 1 bp、すなわち0.01％であり、スワップ市場の変動幅は指標発表や銀行のALM（資産と負債の総合管理）などを受けた取引があれば 5 bps〜10bps程度、閑散期では 1 bps〜 2 bps程度です。このようななかで、たとえば 1 年スワップレートが0.10％のとき、 1 日の変動幅が 1 bpあると、変化率でみると 1 日で10％（0.01％÷0.1％）となります。この変化率は、為替では 1 日10円、日経平均では3,000円以上の値動きに相当します。実際、2024年 1 月の 1 年スワップレートをみると、日々の変化率はマイナス10％台からプラス40％程度となり、その期間のHV（ヒストリカル・ボラティリティ）を年率換算すると200％程度に達しています（図表 3 − 2 − 1 ）。

そこで、しばしば参考にされるのが、IVにフォワードレートを掛けた

日付	1年レート	変化率（%）
2024/ 1 /31	0.113	5.2
2024/ 1 /30	0.108	− 0.3
2024/ 1 /29	0.108	4.6
2024/ 1 /26	0.103	− 4.6
2024/ 1 /25	0.108	1.3
2024/ 1 /24	0.107	44.8
2024/ 1 /23	0.074	3.5
2024/ 1 /22	0.071	− 5.2
2024/ 1 /19	0.075	− 2.3
2024/ 1 /18	0.077	7.9
2024/ 1 /17	0.071	16.3
2024/ 1 /16	0.061	25.6
2024/ 1 /15	0.049	0.8
2024/ 1 /12	0.048	− 3.2
2024/ 1 /11	0.050	− 5.3
2024/ 1 /10	0.053	− 3.5
2024/ 1 / 9	0.055	− 2.8
2024/ 1 / 5	0.056	− 17.0
2024/ 1 / 4	0.068	

「ノーマル・ボラティリティ」と呼ばれる値です。たとえば、IVが200%で、フォワードレートが0.10%の場合、ノーマル・ボラティリティは200%×0.10%=0.20%、すなわち20bpsとなります。さらに、この数値を日本の年間営業日数の平方根（簡略化して250日とする）で割ると、1日当りの変動量が1.26bpsと計算されます。この1.26bpsは「ブレークイーブンbps」と呼ばれ、このオプションを買った場合、1日当り1.26bps以上の市場変動があれば、支払うオプション料とガンマPLが釣り合うことを示しています。一方で、これまでのIVは、これらと区別するため、「ログノーマル・ボラティリティ」「ログボル」「ブラックボル」などと呼ばれることもあります。

中間モデル

　2000年頃の金利マーケットでは、長期間にわたる中央銀行のゼロ金利政策により、金利は低下しマーケット変動はある程度小さくなりました。それでも参加者は変化率よりも変化幅を重視して取引していました。しかし、金利がほぼゼロに近い状態でさらに低下しようとするとマイナス金利になってしまうため、変化幅も低下時には小さくなり、完全に変化幅の大きさを保つわけではありません。このように、マーケットは変化率、変化幅両方の性質をもって動いています。

　金利以外のマーケットではどのような傾向があるでしょうか。年単位の期間でみると、マーケットは変化率を重視しているように思われます。日経平均などの価格に数年前に比べると2倍くらいになり、日々の変化幅も2倍近くになりました。日経平均が8,000円台で取引されていたときのHVは20%前後でしたが、現在の40,000円台でもそれと同程度の動きになっています。また、農産品のマーケットでも干ばつなどで価格が急騰し2倍になっても、その水準でマーケットが落ち着いてくれば、感覚的には変化幅も2倍くらいとなっています。

　しかし、短期間でみると変化幅が重視される場合もあります。マーケット参加者が価格の水準にかかわらず同じ数量で取引している場合、変化幅が損益そのものになります。参加者は損益水準によって利益を確定させたり、ロスカットしたりするので、変化幅が重要になるのです。価格が2倍になったからといって、すぐに取引数量を半分にする参加者は少ないのではないでしょうか。このように変化率と変化幅が混在し、マーケットが動く場面があ

ります。

　そこで、価格変化のモデルを考えるときに変化率と変化幅の中間に注目して将来の価格を予測することが考えられました。［モデルc3］に対し、その日の先物価格Fを両辺に掛けて以下のように変形します。

$$G - F = \sigma \times E \times \sqrt{D} \times F \qquad\qquad [モデル\ c3]$$

　ここで乱数部分にかかる先物価格Fの肩に指数 β（ベータ）を導入します。

$$G - F = \sigma \times E \times \sqrt{D} \times F^{\beta} \qquad\qquad [モデル\ d]$$

　β は 0 から 1 までの実数とします。

　β が 1 のとき、［モデルd］はもとの［モデルc3］に一致します。これは既存のBSモデルであり、価格の変化率に着目したモデルになります。他のケースと区別するため、ログノーマルモデルとも呼びます。

　β が 0 のときはFの β 乗の部分は常に 1 となり、

$$G - F = \sigma \times E \times \sqrt{D} \qquad\qquad [モデル\ dで\ \beta\ が\ 0]$$

となります。［モデルd で β が 0］の解釈は、日々の変化率ではなく変化幅が乱数によって決まるということです。この場合はノーマルモデルと呼びます。

　以上の 2 つのケースから、β が 0 と 1 の間の値である場合、モデルが仮定する値動きは変化幅と変化率が混ざったようなものになると考えられます。これは、先ほど日経先物の例で述べたように、先物の数量を固定して変化幅で取引する参加者と、海外勢のように先物の名目価値ベースを考え、変化率に着目し取引を行う参加者が混在している場合に相当するものと推測されます。市場がそのような状況のときは、［モデルd］の β が 0 と 1 の中間に相当するものになると考えてもよいでしょう。

第 **4** 節

SABR（セーバー）モデル

(1)　SABRモデルとは

　1990年後半にこのようなログノーマルとノーマルモデルの中間を表現できるモデルが使用されていましたが、さらにその後、ストライクごとにIVの水準が異なる現象をモデルに取り込むためにストキャスティック・ボラティリティモデルが徐々に使用されるようになりました。そのなかでもSABRモデルは、金利などのオプションマーケットで最もポピュラーなモデルになっています。

　私たちは［モデルc3］において乱数の大きさを決定する要素 σ（IV：インプライド・ボラティリティ）を一定としていました。この σ はオプション取引で最も重要であり、σ の上昇下降を予測して取引することの重要性をシミュレーションでも学びました。よって、σ は固定ではなく不確実性を伴って変動すると考えるのが自然です。

　そこで、［モデルc3］の発展形の［モデルd］をさらに改良し、σ 自体も乱数とその不確実性の度合いの定数 ν を用いてモデル化します。このような不確実な変数を確率的変数、またはストキャスティック変数と呼びます。先物価格Fと σ の両方を確率的な変数Fと a（σ は定数のイメージがあるので今後 a と書き直します）としてモデルをつくると、

$$\begin{cases} \Delta F = a \times \mathrm{E}1 \times \sqrt{D} \times F^{\beta} \\ \Delta a = \nu \times \mathrm{E}2 \times \sqrt{D} \times a \end{cases} \qquad ［モデル e］$$

となります。ここで ΔF は［モデル d］での $G-F$ のことで F の変化幅、Δa は a の変化幅、E 1、E 2 は正規分布に従う乱数とします。また、E 1、E 2 の間には相関関係があり、その相関係数を定数 ρ とします。5つの数値 β、ρ、ν、に加え、F と a の初期値を用意すれば、将来の F と a を計算できるという仕組みです。

いままでのモデルとの違いは、ボラティリティ a が時間とともに変化していくことです。その変化は乱数 E 2 によって不確実さが表現され、さらにその度合いが定数 ν （ニュー）によって表現されています。また、先物の変化と a の変化の間には相関関係があり、その度合いは係数 ρ （ロー）となっています。

以下、［モデル e］について考えていきますが、金利はイールドカーブ全体が必要となる場面があるので、説明を簡単にするために日経先物を例にあげて進めていきます。

(2)　相関係数 ρ

〈参照〉
ブラウザー：リンク「相関」
エクセル：EXCEL_CHAPTER 3　シート「相関」

2つの乱数に相関関係があるという意味を理解するため、シート「相関」で実際に確認してみましょう。相関のセルに－100％から+100％までの任意の相関値を入力し、計算ボタンを押すと、5,000個の乱数 E 1 と E 2 が計算され、第2列に表示されます。E 1、E 2 自体は乱数ですが、それぞれ隣同士をペアとして考えた場合、ある一定の関係性を保っています。それが相関のセルで指定した相関関係になっているのです。実際にこれらの相関をエクセルに付属する CORREL 関数、または相関を求める公式によって計算したものが結果のセルです。このシートでは5,000個の数字を用いていますが、モンテカルロ・シュミレーションで用いたような多くのサンプルを用いればほ

ぼ一定の値となり、相関のセルで指定した相関係数に近い値が観測されます。

　図表3－4－1は相関90％の乱数の現れ方です。1列目E1が－0.95のときE2は－0.66、2列目E1が＋0.63で現れるとE2は＋0.31と現れています。全部の列を見渡すと、たいていの列でE1がマイナスのときE2もマイナス、逆にE1がプラスであればE2もプラスというように、2つの乱数の現れ方の傾向が同じになっています。この状態が相関90％のイメージです。

　また、極端な例として相関を100％として計算すると、図表3－4－2の

図表3－4－1　相関90％における乱数の出現のようす

入力　相関	90%
結果　相関	90.1%
E 1	E 2
－0.95	－0.66
0.63	0.31
－0.26	－0.20
－0.08	0.35
0.35	0.14
－0.69	－0.02

図表3－4－2　相関100％における乱数の出現のようす

入力　相関	100%
結果　相関	100.0%
E 1	E 2
－2.54	－2.54
0.36	0.36
0.84	0.84
－1.31	－1.31
0.31	0.31
0.34	0.34
－1.42	－1.42
0.29	0.29

ようになります。

　相関が100%のとき、Ｅ1とＥ2は同じ数字になります。これは、［モデル e］に当てはめれば、先物が上昇するときは必ずIVも上昇し、逆に先物が下がるとIVも下がるということです。

　このようにＥ1とＥ2の相関は先物の動き方とIVの動き方の相関を表していますが、実際のマーケットでの関係はどのようになっているのでしょうか。

　株式マーケットでは一般的には価格が下落すればIVは上昇し、逆に価格が上がればIVが下がる傾向にあります。本節(4)で計算に用いる過去の日経平均とIVのデータをみれば、その傾向が確認できます。また、2024年8月の株価急落ではIVは急上昇していました。このように、株価とIVにはマイナスの相関関係があると考えられます。

　逆に農産品マーケットでは、先物とIVの間にはプラスの相関の傾向が見受けられます。天候が悪く不作の年は先物価格、IVともに上昇する傾向があります。農産品はその年に収穫できなければ基本的には翌年まで生産ができないので、農産品価格は理論上いくらでも上昇する余地があります。その場合、農産品の消費者はコールオプションを用いて価格ヘッジをしようとするので、IVは上昇する傾向があるわけです。

　逆に豊作となり供給が過剰になった場合、先物は下落基調になりますがIVはそれほど上昇しません。消費者のヘッジ行動とは異なり、供給者である農家が売値のヘッジのためにプットオプションを積極的に購入することはあまりありません。彼らは収穫したものを自分のサイロ、倉庫に保管し、価格が上昇するまでじっくりと待つという戦略をとることができるからです。また、値上りを待つ間にコールオプションを売却することによってオプション料を得る戦略（カバードコール戦略）もとることができます。このような理由で、価格が下がるときにはIVも下がる傾向があります。したがって、先物価格の変動とIVの変動の相関はプラスの値をとる場合が多く、特に4月から7月の天候に左右される時期にその相関が強くなる傾向があります。

⑶　IVのボラティリティν

　［モデルe］でIVの変動度合いを表現するための定数νは、原資産の変動の度合いであるIVと同じ役割を果たすものです。別の言い方をすると、定数νはIVのボラティリティであり、ボルオブボル（Vol of Vol）と省略されて呼ばれることも多くあります。IVは、原資産価格の変化に比較すると、日中はそれほど変化しませんが、本節(2)で述べたように株価が急落し、プットオプションの買戻しなどが起これば、IVも急激に変動します。また、先物価格が落ち着きオプションマーケットの動きも止まればIVも小さくなります。定数νは、このようなIVの振れ幅と考えてもよいでしょう。

⑷　ヒストリカルρとνの計算

〈参照〉
ブラウザー：リンク「ヒストリカル」
エクセル：EXCEL_CHAPTER 3　シート「ヒストリカル」

　ボラティリティと先物の相関「ρ」とIVのボラティリティ「ν」の理解を深めるため、具体的に日経平均を例に、これらをヒストリカルデータから計算してみます。計算方法は、第1章で行ったHVの計算方法を応用したものです。

　シート「ヒストリカル」では、日経平均2013年の3月から5月までのデータをサンプルとして計算しています。日付、IV、日経平均の順で列をつくり、それらの隣の2列にはIVと日経平均それぞれの対数変化率を計算しています。

　ここでIVのボラティリティνは、HVの計算方法と同様に、IVの対数変化率の列全体の標準偏差を計算し、その結果に$\sqrt{250}$を掛けたものになります。また、相関係数ρは先物とIVのそれぞれの対数変化率の列の相関を、統計の相関の公式で計算したものです。

実際の計算結果は、 ν 68%、相関係数 ρ −24.2%となりました。相関係数に関してはマイナスの相関になり、株式オプションマーケットの性質が現れています。ヒストリカルの ν の数値自体のイメージはつかみにくいですが、どのマーケットでもおおむね30%から100%の間の数値になります。

　執筆時現在2024年の5月頃のデータも計算しています。上と同様な計算で ν は57%、 ρ は−35.3%となっています。約10年前と比較して、日経平均の価格は約2倍となりましたが、IVのボラティリティ ν は同じような水準です。また、日経平均の価格とIVは逆相関となり、価格が上昇すればIVは低下という性質に変化がないことがわかります。

　為替、金利、コモディティなど他の原資産についても、同様のデータが入手できれば、このような統計的分析を行うことで相場の特性を理解でき、それがオプション・トレーディングの戦略立案や意思決定の助けになります。

⑸　SABRモデルの本質

SABRモデルで計算

〈参照〉
ブラウザー：リンク「SABR モンテカルロ」
エクセル：EXCEL_CHAPTER 3　シート「SABRモンテカルロ」

　ここで構築した［モデルe］をシート「SABRモンテカルロ」で再現します。例として、図表3−4−3のATM（アットザマネー）のオプションの価格を計算します。

　ここで図表3−4−3のIV20%は、マーケットで観測された40000プットの価格1,584円からBSの公式を用いて逆算したIVです。これらのデータからSABRモデルを使って再び1,584円という価格を得られるか確認してみましょう。計算するには、本節⑴で述べたようにSABRのパラメーター β 、 ρ 、 ν とF、 α の初期値が必要です。それぞれ順を追って説明します。

　定数 ρ 、 ν は本節⑷で求めた日経平均のヒストリカルの値を入力し、また

図表３－４－３　ATMオプションの例

日経先物	40000
行使価格	40000
満期までの日数	90
IV	20.0%（1,584円の逆算）
短期金利	0.1%
配当利回り＝円金利	0.1%
権利種類	プット

簡単のため β を１としてログノーマルのモデルとします。この場合、a はログノーマル・ボラティリティの意味になるので、私たちのイメージにある20％を初期値としてインプットします。詳しい a の決め方は本節(7)で説明します。Ｆの初期値には現在価格の40000を入力します。

　SABRモデルのモンテカルロ・シミュレーションは、第２章第３節(3)日経オプション再計算で扱ったBSのシミュレーションよりも不安定です。それは、SABRには原資産価格とIVという２つの未知数が含まれ、計算がより複雑になるためです。安定的な結果を得るためには、まずパスの数を相当大きな値、たとえば10万回などとします。また、これまでは１日ごとの価格をシミュレートしてきましたが、１日を何分割かして細かく計算することで安定化を図ります。「Number of time steps」には１日を何分割にするかを入力します。たとえば、６であれば６分割され、４時間ごとのシミュレーションになります。

　以上のパラメーターを入力すれば、パソコンの性能にもよりますが、数分の計算時間で結果が出力されます。これらのパラメーターを使うと、計算結果は毎回多少異なりますが、オプション価格として1,578円～1,592円の数値を得ます。もともとのオプション価格は1,584円であったので、このATMオプションのケースではSABRモデルでも市場とほぼ同じ価格を再現できることが確認できました。また、IVも約20％であり［モデルe］の初期値20％からあまり変化がないこともわかります。

　今度はOTMのオプション価格を計算します。行使価格を5,000円下の

35,000円とし、プットオプションの価格を計算します。先ほどと同じパラメーターを用い、SABRモデルを使うと、このオプション価格は204円〜212円と計算されます。

この価格からBSの公式を用いてIVを逆算すると21.6%〜21.8%となり、初期値として使った20%とは異なります。これは、SABRモデルの世界で5,000円OTMのオプションはATMオプションよりも、BSの世界の言葉であるIVベースで約1.6%〜1.8%高く見積もられているということです。

SABRの本質

このようにSABRモデルでは、ATMのIVと ρ と ν を適当に与えることによって、いろいろな行使価格のオプションを計算することができます。すなわち、スマイル・カーブをつくることができます。このことは、BSで単純に計算していたときと大きく異なります。BSでは行使価格ごとにIVを入力する必要があり、それらとATMのIVとの関係性は明確ではありませんでした。

BSのモデルでも、各行使価格のIVをATMのIVの関数などで表現することはできます。しかし、理論的背景がなければ、関数の使い方によっては、行使価格が高いコール価格のほうが高くなるなど、場合によっては「裁定取引」が働いてしまう水準になることもあります。

その点、SABRモデルはそうした「裁定取引」が働かないモデルとして使いやすいといえます。また、 ρ 、 ν というパラメーターは本節(4)での過去データの分析をみると、ある程度安定的なパラメーターであることも重要な要素です。マーケット環境によっては ρ 、 ν がこれまでのヒストリカルデータから大きく乖離することもあります。このような場合、ヒストリカルの値に戻ることを期待して、 ρ や ν に関するポジションを構築することも可能です。これについては本節(11)で詳しく述べます。

⑹ SABR近似公式

〈参照〉
ブラウザー：リンク「近似公式」
エクセル：EXCEL_CHAPTER 3　シート「近似公式」

　モンテカルロ・シミュレーションでは1つのオプション価格を計算するのに数分近くかかる場合があり、実際の取引やこうした数値の振る舞いを調べるうえでは不便です。そのため、SABRモデルに関しては近似的な公式が開発されました。

　シート「近似公式」において、行使価格35,000円のプットオプションの計算を行います。この近似公式はオプション価格そのものの近似計算をするのではなく、SABRのパラメーター α 、 β 、 ρ 、 ν の4つの数値から、いったんBSの公式に代入できるIVを計算するものです。

　このシートでははじめに、関数「ALKOM_SABRVol」を用いてSABRの4つのパラメーターからBSの公式に入力できるかたちのIVを計算しています。近似公式IVに21.7%とある数値がその計算結果です。このIVをいままでどおりBSの公式にそのまま入力し計算することで、先ほどモンテカルロ・シミュレーションで行った計算を近似することができます。シート上では21.7%のIVを通常の公式に代入し、209.4円を得ています。本節⑸のモンテカルロ・シミュレーションでは204円〜212円を得ているので、近似ができていることが確認できます。

　SABRパラメーターからいったんBSのIVに変換さえすれば、これまでどおりBSモデルを使用できるため、計算は非常に簡単になります。こうした理由によりこのSABRモデルは急速に広まり、金利オプションではほぼすべての仲介業者で使用されています。

　なお、関数「ALKOM_SABRVol」の公式は、「Hagan. P. S., Kumar D., Lesniewski, S. Woodward, D. E. (2002), Managing smile risk」にあります。「近似公式」エクセル版はVBA、ブラウザー版は、JavaScriptを用いて

書かれていますが、プログラムの中身をみれば公式を参照することができます。

⑺　SABRモデル実践　α について

α の計算方法

〈参照〉
ブラウザー：リンク「SABRアルファ」
エクセル：EXCEL_CHAPTER 3　シート「SABRアルファ」

本節⑹のSABRモデルの近似式は、オプション価格を求めるための計算時間を短縮できる有用な公式でした。そこで、この公式を使うために必要なパラメーター α 、 ρ 、 ν 、 β について確認します。はじめに α の計算方法と役割について述べるため、 ρ と ν は本節⑷で計算したヒストリカルの数値 -35.3 と57%を仮定し、 β は0から1の間の任意の数値とします。

［モデルe］をみると、 α はその時々の原資産価格の変動率の不確実性の大きさを表しています。このことから、 α の初期値は原資産価格のボラティリティの初期値、すなわちATMのボラティリティと解釈しておけばよいでしょう。

β が1のときこのモデルはログノーマルモデルであったので、 α はいままで使っていたBSにおけるATMのIVだと思えばよいわけです。しかし、 β が1以外の場合の α は明らかではないので、これをどのように決定するかを述べます。

まずBS公式に基づき、ATMのIVをオプションマーケットで観察される価格から逆算します。オプションマーケットで最も流動性があるのはATMですから、このIVを観測することは容易です。ATMのIV、 ρ 、 ν 、 β の値が与えられたとき、関数「ALKOM_SABRAlpha」を用いると α を逆算できます。この関数は「ALKOM_SABRVol」の逆関数になっています。

シート「SABRアルファ」では、日経先物を40,000円、 β を0.8、ATMの

図表 3 － 4 － 4　ATMのIVを20.0%としたときのαと行使価格ごとのIV

ATMIV	Alpha	35000	37000	40000	42000	45000	47000
20.0%	1.66	21.9%	21.1%	20.0%	19.5%	18.9%	18.7%

IVを20%とし、αを計算しました。このときαは1.66という数値になっています。本節(5)で述べたように、これらのパラメーターを与えると他の行使価格のオプションのIVもすべて計算できます（図表 3 － 4 － 4）。

　これまでの手順をまとめると、図表 3 － 4 － 4 のように、ATMのIVから関数「ALKOM_SABRAlpha」を用いてαを計算します。次にそのαを本節(6)で使用した関数「ALKOM_SABRVol」に行使価格を変えてインプットすることで、その行使価格に対応するIVが計算されます。これらの計算過程でρ、ν、βは既知の定数として同一のものを使用します。オプション価格を求めたい場合は、このIVを通常どおりBSに代入することで価格が得られます。

　図表 3 － 4 － 5 は、ATMのIVが20%のときに加え、ATMのIVが19%、21%のときの、上記の手順で計算した各行使価格に対応するIVをプロットしたスマイル・カーブです。

　行使価格40,000円のIVはATMのIVですので、ATMのIVからαを計算し、さらにそのαを用いて計算したIVがもとの数値と一致していることがわかります。たとえば、19%のATMから計算された点線の曲線の40,000円のIVはもとの19%になっています。

　また、ATMのIVを20%から21%へと 1 %上昇させると、他の行使価格のIVもおおむね 1 %上昇しています。逆の場合も 1 %程度の下落となっていることがわかります。このことから、αはそれぞれの行使価格のIV（スマイル・カーブ全体）をおおむねパラレルに引き上げたり、引き下げたりする役割をもっていることがわかります。

αの計算頻度

　［モデルe］をみるとαは確率的な変数であり、原資産価格と同様に常に動

図表3－4－5　β＝0.8、ρ＝－35.3、ν＝57.0でのスマイル・カーブ

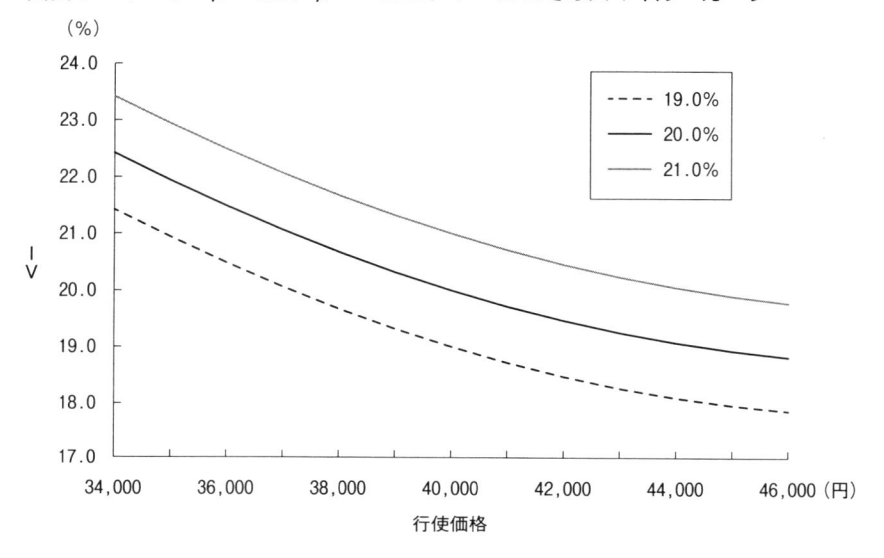

く変数ですから、マーケットのATMボラティリティが変化するたびに、それに対応する a をこの関数を用いて計算していく必要があります。実際の運用にあたっては毎日マーケット終了後にATMのオプションの終値からBSの式を用いてIVを逆算し、さらにそのIVを関数「ALKOM_SABRAlpha」に当てはめ a を算出することになります。

　特にマーケットが非常に大きく動きIVが急騰、あるいはその逆に閑散となってIVが急落した場合は、そのつど a を再計算するよう努めなければなりません。

a 数値の意味

　a の数値そのものの意味を考察するため、図表3－4－6を作成しました。縦軸に β を0から1まで並べ、ρ、ν は固定、ATMのIVも20％に固定し、それぞれの β に対応する a を計算しています。β が1のとき a は0.20（20％）と計算され、ほぼもともとのログノーマル・ボラティリティ（IV）になっています。一方、β がゼロのとき、a は約7,952という値になっていま

図表３－４－６　ATMIV20%に対する
各βにおけるαの値

Beta	ATMIV（%）	Alpha
0.00	20.0	7,953
0.10	20.0	2,757
0.30	20.0	331
0.50	20.0	40
0.70	20.0	4.79
0.80	20.0	1.66
1.00	20.0	0.20

すが、この値は本章第２節で述べたノーマル・ボラティリティ、すなわち
フォワードレート40,000円にログノーマル・ボラティリティ20%を掛けた値
8,000に近い値になっています。すなわち、$\beta = 0$のときαはノーマル・ボ
ラティリティ、$\beta = 1$のときはログノーマル・ボラティリティと解釈できま
す。

　また、図表３－４－６からβが中間の場合のαは0.20と8,000がミックス
された数値になっています。もっとも、ログノーマル・ボラティリティ、
ノーマル・ボラティリティとは異なり、これらがミックスされたボラティリ
ティ自体をヒストリカルデータと照らしあわせ直接分析することはあまりあ
りません。

(8)　νと各行使価格のボラティリティとの関係

〈参照〉
ブラウザー：リンク「SABRニュー」
エクセル：EXCEL_CHAPTER 3　シート「SABRニュー」

　これまでρとνは過去データから計算されたものをそのまま使用したの
で、ここではνについて考察します。シート「SABRニュー」では横軸を行
使価格、縦軸をIVにして、さまざまなνの値、１%、20%……100%に対応

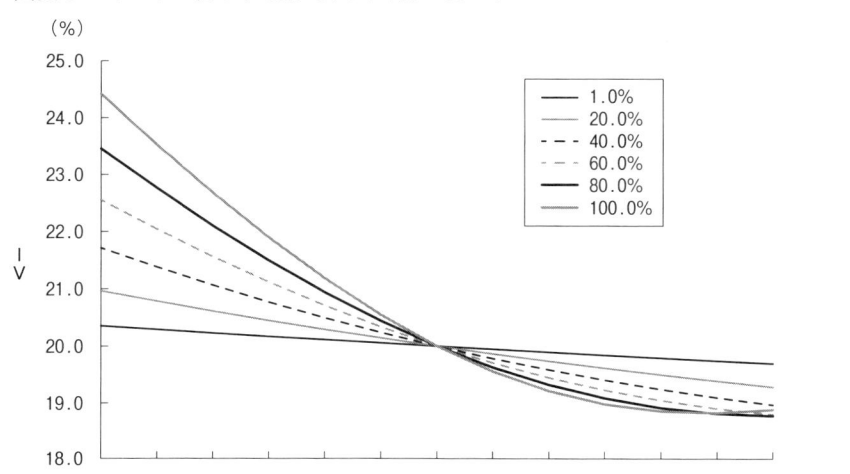

図表 3 − 4 − 7　各 ν におけるスマイル・カーブ

するスマイル・カーブを計算しています（図表 3 − 4 − 7）。本節(7)と同様、ATMのIV20％、β 0.8、ρ − 35.3％を用いて、各 ν に対して関数「AL-KOM_SABRAlpha」で α を計算、その後「ALKOM_SABRVol」で行使価格ごとのIVを計算する手順です。

　ν が 1 ％のときの各行使価格のIVは、行使価格に対して右肩下がりの直線に近いものとなっています。一方、ν が100％のときは行使価格が45,000円のボラティリティが最も低く、両端が上がっている形状、いわゆるスマイルの形状になっています。このように、ν の値が大きくなるにつれて、ボラティリティカーブはスマイルの形状になっていくことがわかります。

　ν を調節することは、低い行使価格と高い行使価格の両方のOTMのボラティリティを調節することです。また、両端のOTMのオプションをウイングオプションと呼ぶことから、ν はウイングのIVを調節する役割があると考えられます。

⑼　ウイングオプションと ν

　本節⑻でみたように、ν が高くなるとウイングのIVが高くなります。この理由を説明するため、ATMオプションの買いとウイングオプションの売りを組み合わせた、デルタベガニュートラル取引からなるポートフォリオを考えます。なお、第1章第4節⑸「オプション・シミュレーター　PRO」でも扱いましたが、SABRモデルを使ったポートフォリオの組み方を本節⑾で説明します。

　この取引を行った後、原資産価格は変化せず、ATM、OTMのIVがともに上昇したと仮定します。このポートフォリオのベガリスクは、もともとのゼロから減少してマイナスになります。感覚的にはIVが上昇するということは、オプション満期までの時間が伸びたのに等しいため（第1章第3節⑶のインプライド・ボラティリティと時間の関係参照）、将来の原資産価格の変動が大きくなり、OTMとATMの相対的な距離は縮小します。したがって、OTMオプションのベガの大きさもATMに近くなり増加します。

　一方、ATMのオプションは、はじめから行使する確率が五分五分であるため、そのオプション価格がIVに依存する割合は最高値まで達しています。そのため、ATMのベガはこれ以上増加しません。このようにロングであるATMのオプションのベガがほぼ変わらないまま、ショートにしているOTMのオプションのベガだけが増加するので、トータルのベガはマイナスになるわけです。

　ここで私たちはポートフォリオのベガをニュートラルに戻すためにオプションを買うことになりますが、IVが上昇したという仮定であったので、はじめにこのポートフォリオを組んだときよりも高いコストでカバーすることになります。オプションを買ってベガリスクをニュートラルにした後、もしIVが下がれば、今度はこのポートフォリオのベガリスクはプラスになってしまいます。したがって、ベガを再びニュートラルにするためにはオプションを売却しなければなりません。先ほどショートカバーで買ったオプションを売却すればポートフォリオのベガを相殺することができますが、コ

ストを考えると高いところで買って、安いところで売ったことになります。

つまり、このポートフォリオはIVが上昇するとベガがショートになり、下落するとロングになります。ちょうどオプションを単体で売却しデルタニュートラルの戦略をとったときのネガティブガンマの状態のときに似ています。このときは原資産価格が動けば動くほどデルタをニュートラルにするためのコストがかかりますが、いま、私たちが構築したベガニュートラルのポートフォリオはIVが動けば動くほどコストがかさむ状態です。すなわち、SABRモデルの言葉でいえば、IVのボラティリティが大きいとコストがかかるということです。このコストをまかなうために、OTMのオプションを売る立場としては、価格を高くしてコストをカバーすることになります。つまり、νを高くする場合には、ウイングの行使価格のオプションのボラティリティが高くなるのです。

⑩　ρ と各行使価格のボラティリティの関係

〈参照〉
ブラウザー：リンク「SABRロー」
エクセル：EXCEL_CHAPTER 3　シート「SABRロー」

ρ についても ν と同様なスタディをするために、シート「SABRロー」において横軸を行使価格、縦軸を ρ にとり、ρ を-80%から$+80\%$まで変化させたときのそれぞれのスマイル・カーブを計算します（図表3−4−8）。

ρ の負の値が大きいほど、行使価格の高いオプションのIVは低くなり、行使価格の低いオプションのIVは高くなります。すなわち、スマイル・カーブは右下がりになります。逆に ρ が大きいと行使価格の高いオプションのIVは高くなり、スマイル・カーブは右上がりになります。ρ はIVと原資産価格の変化率の相関でしたが、この相関が高い場合、原資産価格が上昇すればIVは上昇し、原資産価格が下がるとIVは下がる関係にあります。したがって、図表3−4−8のような形状になります。

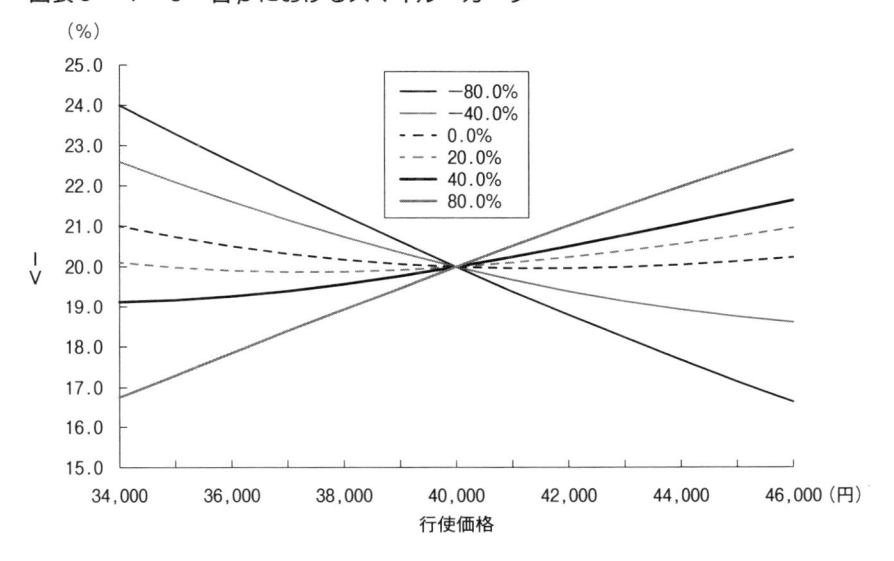

図表 3 － 4 － 8 　各 ρ におけるスマイル・カーブ

つまり、 ν にウイングのIVを調節する役割に対して ρ はスマイル・カーブの傾きを調整する役割があると考えられます。

⑾　新グリークス　SABR

〈参照〉
ブラウザー：リンク「SABRグリークス」
エクセル：EXCEL_CHAPTER 3 　シート「SABRグリークス」

グリークスとは第 1 章第 4 節で学習したように、原資産価格やIVが変化したときのオプション価格の変化でした。SABRモデルでは 4 つのパラメーターが導入され、それによってオプション価格が決定される仕組みになっています。したがって、こうしたパラメーターが変化したときのオプション価格の変化量もグリークスの 1 種です。

こうした量はパラメーターリスクと呼ばれ、これまでのグリークスに加

え、ダイナミックヘッジをする際の重要な指標になっています。BSで使用していたベガリスクに加え、次で説明するATMVegaリスク、パラメーターνとρのパラメーターリスクがあります。本節(8)や(10)でみたように、νとρはスマイル・カーブ全体の形状を決定するものなので、トレーダーはこれらを重視しています。

　新たなグリークスの例として、シート「グリークス」では行使価格が35000、40000、45000のプットオプションのグリークスを計算しています。

ATMVegaリスク

　ATMVegaリスクとは、ATMのIVが変化したときのオプション価格の変化です。ATMのIVが変化すると、それに対応するαも変化します。SABRモデルではαが変化すると、それに対応するそれぞれの行使価格のIVも変化するので、35000、45000のプットにもATMVegaリスクが内在します。比較のため、これまで使ってきたBSのベガリスクも計算していますが、数値は比較的似たものになっています。

　関数「ALKOM_SABR_ATMVEGA」でこれらの計算が一括でできるようにしてあります。35000PUTのATMVegaリスクは35.3円、つまりATMのIVが1％ポイント上昇すれば、このOTMのPUTは35.3円価格が上昇するということです。比較のため計算しているBSベガ35.5は、SABR公式で計算した35000 PUTのIVを用いてBSの公式で計算したベガです。

ρリスク

　ρリスクは関数「ALKOM_SABR_RHO」で計算できます。35000PUTでは-1.05となっていますが、これは、現在-35.3%のρの値が1％ポイント上昇し-34.3%になったときのオプション価格の変化量です。40000、45000では0.20、1.50という値になっています。

　このパラメーターは、スマイル・カーブの傾きを調整するパラメーターでした。そのため、35000PUTと45000 PUTはATMの40000 PUTよりも感応度が高いことがわかります。また、ρを1％ポイント上昇させると、原資産

価格とIVは正の相関、すなわちスマイル・カーブの傾きは左が下がり、右が上がることになるため、35000PUTの感応度はマイナス、45000PUTはプラスになっています。

νリスク

νリスクの計算は関数「ALKOM_SABR_NU」で行いました。ρリスクの計算同様、νが1％ポイント上昇したときのオプション価格の変化を計算しています。35000PUT、40000 PUT、45000 PUTそれぞれの値は1.32、0.25、−0.19です。

νはウイングオプションのIVを調整するパラメーターであったので、35000PUTの感応度はプラスで感応度も高めになっています。一方、感覚的には45000PUTの感応度もプラスと思われるが、実際の感応度はマイナスです。これは、ρが−35.3とスマイル・カーブの傾きがややきついことが影響しています。仮にρが−10.0％のとき、45000PUTのνは0.49とプラスになっています。

SABRデルタ

〈参照〉
ブラウザー：リンク「SABRデルタ」
エクセル：EXCEL_CHAPTER 3　シート「SABRデルタ」

再びSABRモデルの使い方を思い出すと、β、ρ、ν、αから関数「ALKOM_SABRVol」を用いてIVを算出、そのIVをBSに代入してオプション価格を求めるものでした。その際「ALKOM_SABRVol」の入力項目には原資産価格も必要であることに注意すると、SABRモデルではBSのデルタと異なるデルタになります。もっとも、αをATMのIVから逆算する際にも原資産価格が必要ですが、本節(7)のαの計算頻度で述べたようにαは基本的に終値ベースでの変更のため、デルタを求めるときは固定して考えます。

基本に戻れば、オプションのデルタは原資産価格が1円上昇したときのオ

プション価格の変化でした。これを忠実にSABRモデルでも行うと、原資産価格を1円上昇させ「ALKOM_SABRVol」にてIVを計算し、そのIVをBSの価格公式に代入します。このとき、BSの公式でも原資産価格を1円上昇させたものを代入し、オプション価格を求めます。そのオプション価格ともとのオプション価格の差がデルタです。

　いまの手順をみると、通常のBSのデルタでは原資産価格のみ変化させましたが、SABRモデルでは、原資産価格の変化でIVも変化するため、デルタが異なることが理解できます。

　シート「SABRデルタ」では、$\beta = 0.8$で35000PUT、40000PUT、45000PUTについて、原資産価格とIVが負の相関であるcase 1と正の相関であるcase 2についての2通りSABRデルタを計算しています。

　関数「ALKOM_SABR_DELTA」は、上で述べた手順をそのまま用いてデルタを計算する関数です。比較のため、BSデルタも対応する行使価格のIVを求めてから計算しています。

　いずれのケースでも、BSデルタとSABRデルタは異なっています。case 1では、ATMの40000PUTのSABRデルタはBSのデルタよりも若干ロングになっています。これは、SABRモデルでは、このPUTをデルタヘッジする場合はBSのデルタよりもやや少なめに原資産を買うことを示唆しています。

　この理由はスマイル・カーブをみると、次のように説明できます。原資産価格が上昇すると、40000PUTはATMより行使価格が低いOTMのオプションになります。SABRモデルのスマイル・カーブでは、低い行使価格のIVはATMよりも上がっています。そのため、40000PUTがOTMになればIVの上昇分で価格が上がるので、PUTのヘッジのために原資産を買う量を減らすことができます。

　対比のため、case 2ではパラメーターρを+20%として同様な計算をしました。この場合、BSデルタよりもやや多めに原資産を買うことになります。これは、ρがプラスであることから、スマイル・カーブの形状は右肩上がりになり、原資産価格の上昇で行使価格40000はATMより行使価格が低いOTMになることから、IVが下がるということです。IVの下落によるオプ

ション価格の下落に対して、デルタヘッジを増やすことで補うという理由から、ヘッジのデルタ量が増加したのです。

　このようにSABRモデルでは原資産価格の変化でもIVが変化するので、その変化によるオプション価格の変化をデルタ量で調整しています。そのため、BSとは異なるデルタになります。

デルタベガ　ニュートラル　ポートフォリオ

　本節(9)でウイングオプションとνの関係をみるために考察したポートフォリオを実際に構築する方法を述べます。ウイングオプションを買い、ATMのオプションを売ります。SABRモデルを使っているので、ATMVegaをニュートラルにします。また、ρの影響を避けるためρリスクのゼロにします。

　35000PUT、40000PUT、45000PUTのそれぞれのリスクは先ほど計算してあるので、3つのオプションのリスクを合算したときのATMVega、ρリスクができるだけゼロに近くなるように割合を決めればよいということになります。ここではRatioとして1.2対1対0.98としました。この結果、このポートフォリオのATMVegaは0、ρリスクは0.01、νは+1.15となっています。

　このように構築したポートフォリオは、ATMボラティリティが上がればATMVegaがロングになり、逆に下がった場合はショートになる性質をもっています。

(12)　βの役割

〈参照〉
ブラウザー　リンク「SABRベータ」
エクセル：EXCEL_CHAPTER 3　シート「SABRベータ」

　βの役割についてもう一度考えてみるため、シート「SABRベータ」では

日経先物の水準とATMのIVの関係を計算しています。

ρ、vをそれぞれ-35.3%と57%、βを0と仮定します。また、日経先物が40,000円のときのATMのIVを20%と仮定し、この条件からaを本節(7)に従い計算した数値7,953とします。これらρ、v、β、aの4つのパラメーターすべてを固定します。このパラメーターで、34,000円から46,000円までの各日経先物の水準のATMのIVを計算したものが図表3－4－9の数値です。

図表3－4－9はスマイル・カーブと似ていますが、両者には重要な違いがあります。スマイル・カーブは、原資産価格を固定し、それに対してそれぞれの行使価格を入力し計算したものでした。一方、ここでは、原資産価格と行使価格を同一の値として入力し、常にATMのIVを計算した結果を示しています。

図表3－4－9では、日経先物が34,000円のときのATMのIVは23.5%、39,000円では20.5%という具合になっています。このことから、日経先物が上がればATMのIVは下がり、逆の場合、IVは上がる関係にあります。

このように、βを0とし他のパラメーターも固定すれば、SABRモデルが描くATMのIVは日経平均の水準によって自動的に変化していくことになります。βが0ということは、再び［モデルe］を思い出してみると、日経先物の変化幅（変化率ではなく）が不確定な要素をもって変化していくというモデルを意味しています。平たくいえば、25,000円のときも500円くらい変動するし、45,000円でも500円変動するということです。しかし、これらを

図表3－4－9　β＝0：日経平均の変化によるATMVOLの変化（途中略）

alpha	beta	34000	35000	39000	40000	41000	45000	46000
7,953	0	23.5%	22.9%	20.5%	20.0%	19.5%	17.8%	17.4%

図表3－4－10　β＝1：日経平均水準とATMVOL（途中略）

alpha	Beta	34000	38000	39000	40000	41000	43000	45000	46000
20%	1	20%	20%	20%	20%	20%	20%	20%	20%

変化率で表現すると、それぞれ2％、1.11％となることに注意しなければなりません。したがって、βが0のモデルでは、日経先物の水準が上がれば、変化率の大きさを表現するATMのIV表示では下がることになります。

今度はβを1に設定し、同様にATMのIVを計算すると図表3－4－10となります。

日経先物の水準によらず、ATMのIVは常に20％です。これは平たくいえば、変化率が価格水準によらず一定であるということです。

トレーダーAはβを0とし、SABRモデルを運用していると仮定します。実際のマーケットでATMのボラティリティが図表3－4－9のように日経平均が34,000円のとき23.5％、46,000円のとき17.4％となった場合、トレーダーAにとっては予想どおりATMのボラティリティが動いたということになります。

一方、同じマーケットでトレーダーBはβを1としていた場合、トレーダーBのATMのボラティリティの予想は、図表3－4－10のように常に20％です。そのため、図表3－4－9のようにATMボラティリティが動くと想定外の動きと認識されます。

トレーダーAもBも毎日ATMのボラティリティから関数「ALKOM_SABRAlpha」を使用してαを逆算しますが、トレーダーAはSABRモデルどおりのATMのIVなので、αを変更する必要がありません。つまり、トレーダーAがオプションのポジションをもっていてATMVegaリスクがある場合、ATMのIVが予想どおりのため、αはそのままで、ベガから発生する損益はないことになります。

一方、トレーダーBは、日経先物が動くたびに図表3－4－9のようにATMのIVが動くため、そのつどαの変更をしなければなりません。日経先物が上昇するとATMのIVは下がるので、αも下げることになります。したがって、トレーダーBがロングのATMVegaリスクをもっている場合、ベガでは損失が発生します。もちろん、日経先物が下がる場合は逆に利益が発生します。

この日経先物の動きでの損益は、むしろデルタリスクに似ています。デル

タリスクの定義を思い出すと、原資産価格の変化によるオプション価格の変化でした。逆にいえば、日経先物の水準を変化させ、a の変化を観察し、それによってポートフォリオのオプションの価格がどれくらい変わるのか計算すれば、日経先物の売買によって損益をカバーすることができます。この量はボラティリティデルタと呼ばれることがあります。

このように日経先物の水準にATMのIVが依存している部分は、先物などによってヘッジできる部分なので、ボラティリティの本質的な変化ではないと考えられます。原資産価格の水準ごとのATMのIVを予測し、それに対応する β をうまく選ぶことで、本質的なボラティリティの変化をとらえることができます。

⑬　マーケットカリブレーション

私たちはSABRモデルの4つのパラメーターの役割や性質をみてきましたが、ここでは実際のモデル運用方法について述べます。まずはじめに決めるものが β です。β は⑫で考察したように、オプション価格そのものよりも、原資産価格とATMのIVの関係を表すもので、β を適切に選ぶことで余分なATMVegaの損益を避けることができます。したがって、これまでの経験や今後の相場の見通しなどに照らしあわせて、ある程度の主観をもってトレーダーが決定します。このパラメーターの更新の頻度は、マーケットの構造が大きく変化したタイミングや、原資産価格の水準が大幅に変化したタイミングなどに更新が必要となるという意味で年1回程度が目安になります。

次に ρ と ν をヒストリカルデータから計算し、おおよその見当をつけておきます。β、ρ、ν の3つの変数が定まったので、あとはマーケットで観測したATMのIVから本節(7)で述べた方法で a を決めます。

これで4つのパラメーターが決定されましたが、ρ と ν についてはヒストリカルデータに基づいた決め方であったので、今度はこの変数を実際のオプションマーケットにフィットするように再計算する必要があります。本節(8)や⑩で述べたように、これらのパラメーターはOTMのオプション価格を決

める変数なので、この作業をしないとマーケット価格と異なるプライシングをしてしまいます。

　マーケットからデルタが10％、25％、30％程度のOTMのオプション価格を入手し、それからBSの公式を用いてIVを逆算します。また、先ほど仮に決めた４つのパラメーターを用いて同じ行使価格のIVもSABRモデルで計算します。両者を比較すると、たいていのケースで異なったIVになっています。マーケットから入手したIVには、そのオプションの需給や今後のマーケットの見通しなどが反映されている一方、SABRモデルで計算したIVはあくまでもヒストリカルデータに基づいていますから、両者は異なって当然です。

　そこで、ρとνを少しずつ変化させマーケットにあうような数値を選びます。私たちはρとνの性質を本節(8)や(10)で考察しましたが、ρをプラス側にするとボラティリティのカーブは右端が上方に傾いていきます。またνをプラス側に大きくすると両端が上がるということを念頭にフィッティングを行えば、最終的にρとνを決定することができます。

　このようにパラメーターをマーケットにあわせることをカリブレーションと呼びます。αはATMのIVそのものなので、αに関するカリブレーションは１日１回、あるいはボラティリティが動いたときに行います。ρ、νはスマイル・カーブの情報なので、スマイル・カーブが変化するたびにカリブレーションを行います。もちろんスマイルが変化する頻度はマーケットによっても異なりますが、月１回程度のイメージです。

　マーケットの状況によっては、どのようなパラメーターでもフィットしない行使価格のオプションが出てくることもあります。ファンドなどが大量に取引した後では、マーケットがゆがんでいることが多いからです。この場合は、当該状況を１つの収益機会ととらえて、SABRモデル計算上のIVよりも高ければ売り、安ければ買うというポジションをとることもできます。

　SABRモデルの出発点は、原資産価格とボラティリティも不確定な変数ととらえ、その動き方をある特定の計算方法でモデル化するということでした。しかし、実際の市場の動きを完全に再現できるわけではないため、モデ

ル上のゆがみに基づいた取引が収益につながるとは限りません。しかし、数多くの参加者やマーケットメーカーがSABRモデルを採用しているため、彼らも同様の評価を行い、モデルにフィットしない行使価格のオプション価格はすぐに取引され、理論価格に収斂する傾向にあります。

⒁　新たなトレーディング戦略

　本節⒀で述べたようにヒストリカルの ρ と ν は、マーケットで観測されるOTMのオプションから推測される ρ と ν と異なることが多いです。これは、BSのHVとIVの関係に似ています。HVと比較してIVが低い場合、オプションをロングしてデルタニュートラル戦略をとり、そのギャップを収益化することができました。これは第1章第4節のオプション・シミュレーターで行ったロングガンマ戦略です。

　これと同様にヒストリカルの ν と比較してマーケットの ν が十分に低いとき、これを収益化することができないでしょうか。私たちは本節⑾でオプションデルタベガニュートラル ρ ニュートラルポートフォリオを構築しました。これはATMのオプションをショートし、両端のオプション、すなわち低い行使価格のオプションと高い行使価格のオプションをロングするものでした。このポートフォリオの特徴は、 ν に着目し、このパラメーターだけをロングするということです。このポートフォリオの性質を復習すると、ボラティリティが下がればベガはショートになり、ボラティリティが上昇すればベガはロングになるものでした。したがって、理屈上は、マーケットがみている ν よりも実現するボラティリティのボラティリティ、すなわち ν が大きければ収益化することができます。

　このポートフォリオの管理のむずかしい点は、 ν を常にロングポジションに保ちつつ、他のグリークス（ベガ、デルタ、 ρ ）をゼロに維持することです。原資産価格が大幅に上昇すると、これまでATMであったオプションは低い行使価格のオプションになり、これまで高い行使価格のオプションであったものがATMに近くなります。そこで、ATMであったオプションは

買い戻し、高い行使価格のオプションであったものは売り戻し、さらに、新規でATMと高い行使価格のオプションのポジションを再構築しなければなりません。このような取引は売りと買いの組合せになり、電子取引よりも立会外取引としてブローカーマーケットにおいて実行することで取引コストは抑えられます。もちろんベガ、デルタもニュートラルを保たなければならないため、ロングガンマ戦略と比較すると取引数は非常に多くなります。

⒂　オプション・シミュレーター　SABR

SABRグリークスを実際に体感するため、オプション・シミュレーター「Simulator SABR」を使います。このシミュレーターでは、これまでのBSのグリークスとは別に、本節⑾で述べたSABRグリークスを導入してポートフォリオを管理します。

オプション・シミュレーターにて「Simulator SABR」をクリックすると、シナリオ1～3を選択できます。シナリオ1と2は期間がやや長めの60日の設定になっています。SABRモデルはスマイル・カーブ全体を表現するのが得意なモデルであるため、満期がやや長めのオプションに対して効果が発揮されやすいのです。

SABRリスク

「Simulator SABR」では、満期が60日となったことで行使価格の選択肢が増え、20,250円から39,750円までの250円刻みとなっています。新たに設定されたポートフォリオリスクの説明のため、21000Pを100枚売ってみます。

「PORT RISK」にはATMVega、SABRRHO、SABRNUのSABRモデル関連のリスクが追加されています（図表3 - 4 -11）。ATMVegaはこれまでのブラック・ショールズのベガリスクとほぼ変わりませんが、ATM換算のベガリスクになります。また、SABRRHOはρパラメーターが1％上昇したときの損益の変化になります。この例では約186,000円となっています。同様にSABRNUは、νパラメーターの変化によるリスクを表しています。

図表 3 － 4 －11　Simulator SABRの PORT RISK画面

Short Wing		PORT RISK			
			Risk Previous	Risk Current	Limit
Last Trade Date	2026/12/10	BS Delta	0.0	5.4	
Turns Left	60	SABR Delta	0.0	1.4	3
Today	2026/09/10	ATMVega 1%	0	-1,445,255	500,000
Time	AM9:00	Gamma lots/100Yen	0.0	-0.2	
		Theta	0	430,116	
		VaR		14,176,016	10,000,000
		SABR RHO	0	186,018	
Current	change	SABR NU	0	-243,702	

　シナリオ 1 では「option inventory」をみるとわかるように、ウイングオプションのIVが高めになっています。これは「Simulator PRO」のシナリオ3と同様な状況です。このことを利用し、ウイングオプションをショートし、ボディをロングというポジションを構築し、ターゲットの利益獲得を目指します。SABRではνリスクをみることで、どれだけウイングオプションのリスクをとっているかわかります。また、この戦略ではρ、すなわち先物価格とボラティリティの相関に関しては特段見立てがあるわけではないので、ρRISKに関してはなるべくゼロに近づけるべきです。

　このようにスマイル・カーブの形状がゆがんでいる場合、SABRモデルを導入し、そのリスクを計算することで、デルタベガニュートラル取引で構築するべきポジション量を割り出すことができます。

立会外取引（チャット取引）の導入

　「Simulator SABR」では、デルタニュートラルのベガトレード中心になります。そのため、従来の電子取引に加え、立会外取引で一般的に使用されているチャットによるブローカーとの取引も可能となっています。実際の取引では人対人のコミュニケーションですが、このシミュレーターでは単純なやりとりしかできません。

　図表 3 － 4 －12の左下の丸で囲まれた部分がチャットで、取引したいスト

図表 3 − 4 −12　Simulator SABRのTRADING CHAT画面

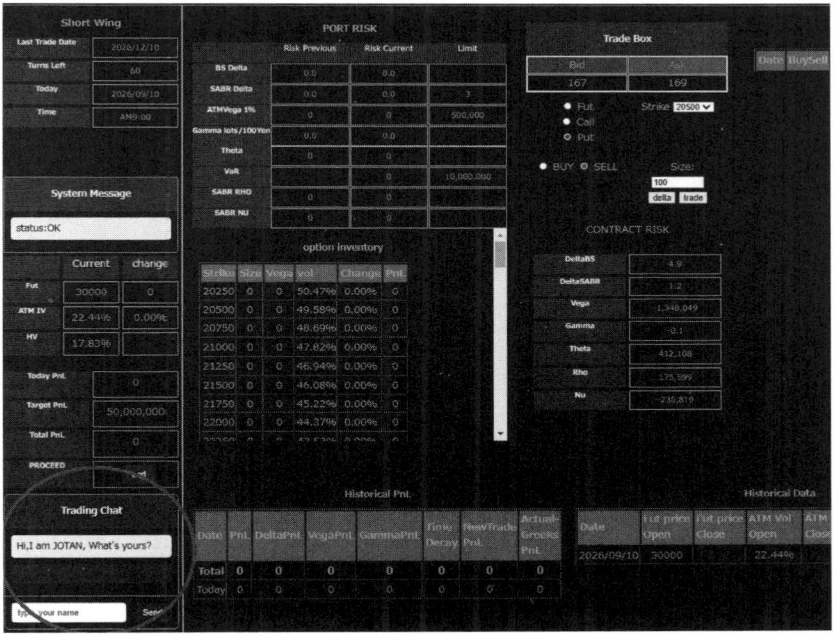

ラテジーを入力すれば、それに対応する価格がブローカーから提示され取引
できる仕組みです。

　図表 3 − 4 −13は、チャット取引が成立したところまでの例です。図表
3 − 4 −12の初期画面からこの画面に到達するまで順を追って説明します。
まずチャットの方法ですが、図表 3 − 4 −13下部の丸の欄にメッセージを書
き込み、隣の「Send」ボタンで送信します（実際にネット上のどこかに送信は
されず、あくまでもシミュレーションです）。

　最初に名前を聞かれるので、それを登録します。次に取引したいストラテ
ジーを聞かれるので、以下の要領で入力、送信します。

① 入力順序

　a) ストラテジーの省略名

　b) 行使価格

図表 3 − 4 −13　Simulator SABRのチャット取引例

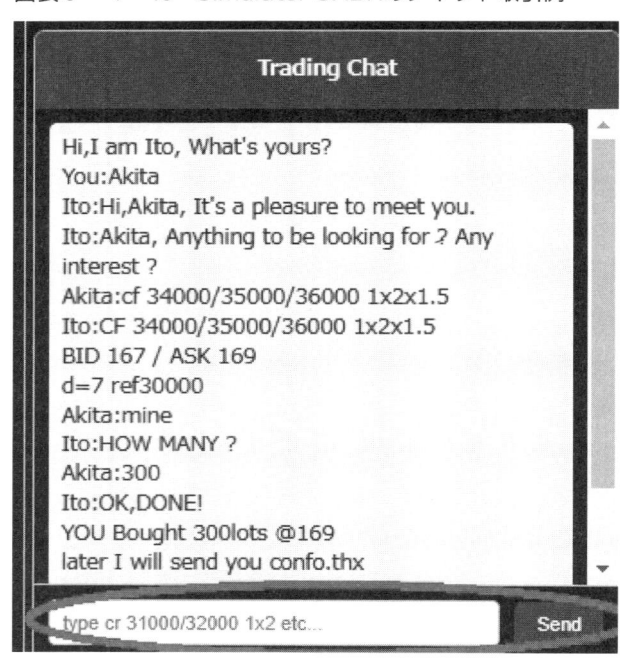

c)　レバレッジ比率（省略可能）

② 入力ルール

各項目a）b）c）はスペースで区切ります

行使価格について、複数ある場合は「/（スラッシュ）」で区切ります

③ 行使価格の入力順

コールで構成されるもの（コールスプレッド、フライなど）：小さい順

プットで構成されるもの（プットスプレッド、プットフライなど）：大きい順

リスクリバーサルはプット、コールの行使価格の順

④ レバレッジ比率の表記

形式：「数字 x 数字」（例：「1 x 2」）

「x」は小文字 x を使用

⑤ 入力例

cf 34000/35000/36000 1x 2x1.5

（説明：コールフライ、行使価格34000/35000/36000、レバレッジ比率1：2：1.5）

⑥ 各ストラテジーの省略名

図表3－4－14を参照します。RRは常にプットからコール価格を引いた価格が提示されます。

取引したいストラテジーを送信すると、ブローカーがそのストラテジーの買値と売値を提示します。また、デルタニュートラルにするための先物取引もこのストラテジー取引にパッケージとして含まれますので、そのときの先物取引の比率と先物価格を提示してきます。図表3－4－13の例ではコールフライでレバレッジ比率1：2：1.5のストラテジー取引の価格を聞いています。それに対してブローカーからの返答は買いと売りの気配値がそれぞれ167円、169円となっています。また先物の売買比率はd（deltaの略）＝7とあるように7％で、正の数の場合は、このストラテジーを買うとデルタがロ

図表3－4－14　オプションストラテジーの省略名

ストラテジー名	略	省略時のレバレッジ比率	入力例
コール（プット）スプレッド	CS（PS）	"1：1"	cs 33000/35000 1x1
コール（プット）フライ	CF（PF）	"1：2：1"	pf 28000/27500/27000 1x2x1
コール（プット）ラダー	CL（PL）	"1：1：1"	pf 28000/27500/27000 1x1x1
コール（プット）レシオ	CR（PR）	"1：2"	cr 33000/35000 1x2
リスクリバーサル（リスキー）	RR	"1：1"	rr 27000/35000 1x2
ストラドル（ラドル）	SD	"1：1"	sd 30000
ストラングル（ラングル）	SG	"1：1"	sg 26000/34000

ングになるという意味です。したがってストラテジー買いの場合は、デルタ
ニュートラルにするための先物の売買は売りになります。先物を売買する価
格はref30000（ref：refernce price、参照価格）とあるように30,000円になり
ます。

　提示された価格で買いたいときは「mine」、売りたいときは「yours」と
送信します。また、違うストラテジーに変更したい場合は「cancel」を送信
します。「cancel」すると、再びストラテジーを入力する段階に戻ります。

　「mine」「yours」を送信した場合は、取引したい枚数を聞かれるので100
枚以上、100枚単位で枚数を送信すると取引が成立します。意図した取引か
どうか、すぐに「Blotter」をみて確認することも必要です。図表3－4－
13の例では、mineと送信し300枚169円でこのコールフライを買っていま
す。また先物の売買も同時に行われ、300枚の7％分、つまり21枚をrefの
30,000円で売っています。

　ストラテジー取引の169円という価格は、複数のオプションを組み合わせ
た取引全体の価格です。個々のオプションの価格は取引前には確定せず、取
引後にブローカーが市場価格を参考に各オプションへ価格を割り振ります。
これは図表3－4－15のように確認することができます。

　また、立会外取引では一度に複数の取引ができるので、取引コストが電子
取引よりも安くなることも確認できます。

図表3－4－15　コールフライ取引による「Blotter」

Blotter

Date	BuySell	CallPut	Strike	Size	Price
2026/09/10	Sell	F	-	21	30000
2026/09/10	Buy	C	34000	300	411
2026/09/10	Sell	C	35000	600	343
2026/09/10	Buy	C	36000	450	296

第5節

新SABRモデル
"SHIFTED LOGNORMAL SABR"

(1) 金利オプション　SABRモデル

〈参照〉
ブラウザー：リンク「SABRカリブレーション」
エクセル：EXCEL_CHAPTER 3　シート「SABRカリブレーション」

　第4節では、SABRモデルの性質を説明するため原資産を日経先物として
いましたが、ここでは再び金利を原資産とします。はじめにスワプションに
対するSABRモデルの使い方を説明します。もっとも、これまで日経先物で
行った手順とほぼ同じ手順であり、最後にIVからオプション価格を計算す
るための公式がスワプション用のブラック・ショールズになるだけです。

　シート「SABRカリブレーション」は、与えられたATMのオプション価
格（ストラドル）からαを逆算する例です。1日1回、マーケット終了後に
行う作業となります。他のパラメーターβ、ρ、νは固定してあるため、オ
プション価格と原資産である金利の終値があればαは計算できます。

　簡単のため、金利は1年から20年まで2.00％としています。また、求める
αは、満期1、2、5年、テナー（Tenor）1、2、5、10年のスワプショ
ンのものとし、それぞれのストラドルの価格が与えられているとします。
シート「SABRカリブレーション」では範囲〔H5：K7〕に〔1y into
1y〕が20bps、〔1y into　5y〕が170bpsといった具合に入力されていま
す。ブラウザー版では真ん中のコラムの上段となっています。以下、ブラウ

ザー版でも配置はエクセル版と同様になっています。

　範囲 ｜H13：K15｜ では2.00％の金利から［１y into １y］などに対応するフォワードレートが計算されています。また、範囲 ｜H20：K22｜、範囲 ｜H27：K29｜、範囲 ｜H34：K36｜ には β、 ρ、 ν の値が入力されています。ここではどのスワプションも同じパラメーターを使っていますが、実際のマーケットでは、 β を除き、それぞれのスワプションで異なった値になっています。

　これらの入力値を使って、範囲 ｜N13：Q15｜ で α を求めます。ここで入力した α を使って求められるストラドルの価格は、範囲 ｜N４：Q７｜ に反映されています。これらの価格と範囲 ｜H５：K７｜ の実際のマーケット価格を比較し、同じになるように α を調整します。

　シート「SABRカリブレーション」では［１y into １y］に対応する α を5.9％と入力しています。これに対応するオプション価格は20bpsとなり、マーケットで観測された価格と一致していることは、 α が5.9％として求められたことを意味します。同様に他のスワプションの α も解決していけば、すべてのスワプションの α が求められたことになります。

　範囲 ｜N20：Q22｜、範囲 ｜N26：Q29｜ ではこれらの α に対応するBSのIVとノーマル・ボラティリティ（１日当りに変換ずみ）も計算しています。 α の数値自体は他のパラメーターが変化すると変わってしまうので、こうした指標はヒストリカルデータをもとに現在のボラティリティ水準が割安か割高かを分析するために用いられます。

⑵　新SABRモデル

〈参照〉
ブラウザー：リンク「SABRカリブレーション」「Shifted Lognormal
　　　　　　　SABR」
エクセル：EXCEL_CHAPTER３　シート「SABRマイナス金利」

　日経先物の値はゼロやマイナスになることはないため、既存のSABRモデルでは原資産価格のマイナス値は問題となりませんでした。しかし、金利はゼロやマイナスになる事象が発生したため、金利を原資産とすると明らかに問題が発生します。これまでのSABRモデルはプラス領域のゼロ近辺の金利では機能しますが、明らかなマイナス金利では機能しません。

$$\begin{cases} \Delta F = a \times E1 \times \sqrt{D} \times F^{\beta} \\ \Delta a = v \times E2 \times \sqrt{D} \times a \end{cases}$$ 　　　　　［モデル e ］

　［モデルe］を再び確認すると、Fがマイナスの場合、βが0または1であれば$a \times E1 \times \sqrt{D} \times F^{\beta}$は実数となり計算はできます。しかし、たとえば$\beta = 0.5$とすると、$F^{\beta}$はFの0.5乗つまりFの平方根という意味になります。Fがマイナス金利のとき、マイナス数の平方根は虚数となるため、［モデルe］は機能しなくなるのです。

　2024年現在、日本銀行はマイナス金利をやめ、金利のある世界に戻りつつあります。金利上昇ヘッジニーズも徐々に高まっているため、マイナス金利の考慮は再び不要と思われますが、いったんマイナス金利もありうることが確認されたため、やはりスワプションのプライシングではマイナス金利も想定しておく必要があります。

　実際のスワプションマーケットでは市場参加者は［モデルe］が機能しないなか、新たなモデルの構築はせず、本章第4節(6)「SABR近似公式」をうまく使うという工夫を行いました。SABR近似公式で必要な主なパラメーターは行使価格、フォワードレード、オプション・プレミアムを現在価値に変換するための金利、ディスカウントファクター（DF）でした。そこで、オプション価格のキーとなる行使価格、フォワードレードともに一定の数値、たとえば2％を一律加算することで、プラスの金利に戻し、そのなかでスワプションをプライシングするというものです。

　たとえば、フォワードレードが-0.2％のとき、行使価格-0.35％のレ

シーバーズオプションを考える際、フォワードレード、行使価格ともに２％上昇させ、フォワードレードが1.8％、行使価格1.65％のレシーバーズを計算します。すべてのスワプションにこの計算方法を適用し、あたかも金利全体が２％シフトした状態でプライシングするものです。もっとも、正しい現在価値を計算するため、ディスカウントファクターはもとのままの金利を使用します。このモデルは「SHIFTED LOGNORMAL SABR」とも呼ばれています。

シート「SABRマイナス金利」はこれまでのSABRモデル、シート「Shifted Lognormal SABR」はShifted Lognormal SABRです。どちらのシートも、範囲はシート「SABRカリブレーション」と同じつくりになっています。簡単のため金利水準を１年から20年まですべて若干のマイナスである－0.018％に設定しています。

「SABRマイナス金利」では、マーケットで観測されたプレミアムに対してaを入力し、対応するオプション価格を範囲 ｛M４：Q７｝ に計算しています。しかし、どのようなaを選んでもエラーになり、適切なパラメーターを見つけることはできません。なお、ブラウザー版では、「SABRカリブレーション」のマイナス金利ボタンを使用すると、マイナス金利にSABRが対応していないことが確認できます。

シート「Shifted Lognormal SABR」では、範囲 ｛N２｝ に金利をいくらシフトさせるかを決定するシフト量2.00％を入力しています。関数「ALKOM_SwaptionPrice_ST」ではこれまでのSABRパラメーターに加え、このシフト量も入力し、フォワードレード、行使価格をともに2.0％シフトすることでオプション価格を計算しています。

このようにシフトさせることで、観測されるストラドルのプレミアムに対応するaを入力すると、対応するオプション価格が計算されます。また範囲 ｛M26：Q29｝ に１日当りのノーマル・ボラティリティも計算されています。これらをみると、オプション価格が想定する１日の金利の変化量は２bps未満となり、日銀のイールドカーブコントロールの影響が強く出ています。

第 **6** 節

金利オプション　ビジネス

(1)　トレーダーの役割

金利オプションマーケット

　金利オプションのトレーダーが常に接しているマーケットは、金融機関が参加している相対取引マーケットです。4社〜5社のオプションブローカーが銀行間の仲介を行い、オプション価格の形成の一端を担っています。トレーダーは電話やチャットなどでブローカーとコミュニケーションをとり、オプション価格を提示します。為替オプション等のマーケットではIVを提示し取引しますが、スワプションマーケットではオプション・プレミアムそのものを提示します。トレーダーが取引の注文を出すと、ブローカーはその価格を一斉に他の参加者へ配信し、オプション価格が形成されます。

　スワプションマーケットでは満期は1カ月から20年まで、テナーは1年から30年まであり、行使価格も自由に選んで取引することができます。このように組合せの数を考えると、オプションの種類は理論上無数に存在することになりますが、実際のマーケットでは特定の期間や行使価格のオプションに取引が集中し、その他のものはあまり取引がありません。参加者が限られているため、むしろ指標となるオプションをいくつか選び、これらに取引を集中させたほうが流動性を確保できるからです。

　満期が短いオプションであれば［1 m into 5 y］（1カ月満期で5年間のスワップに入る権利）、［3 m into 5 y］、長期であれば［5 y into 5 y］、［10y into 10y］などが指標になっています。また、行使価格はATMのものが多

く、オプション単体よりもストラドルでの取引が中心となります。

　ブローカーが複数社いることで、同じストラクチャーのオプションでも価格のずれが生じることもあります。参加者全員がすべてのブローカーとコンタクトがあるわけではないので、あるブローカーには高い価格があるが他のブローカーにはないというような状況が生じえます。

価格提示

　顧客に提示するオプション価格は、マーケットのミッド価格と呼ばれる理論上の価格にマージンを加えた価格になります。ここでミッド価格とは、マーケットの売値と買値の間に存在する価格ですが、必ずしもその中値とは限りません。あくまでも概念的なもので、各トレーダーによって異なることがあります。特にマーケットメーカーのみが参加者できるオプションマーケットでは、ミッド価格がわかりづらいときが多くあります。

　トレーダーはマーケットで売買するとき、最低でもミッド価格よりも自分にとって有利な価格で取引しようとするので、通常、ミッド価格に一定のマージンを上乗せした売値と買値をマーケットに提示します。本当に買いたい場合のみ、自分がミッド価格だと思っている価格を買値としてマーケットに提示します。その提示された買値が、売りに興味のあるトレーダーのミッド価格と一致すれば、売買は成立します。その取引成立過程において、ミッド価格と思われる買値がマーケットに提示されたときは、あくまでもミッド価格上に買値があるのであって、買値と売値の中値が上昇したわけではありません。

　スワプションマーケットで顧客にオプションを提供する場合、期間や行使価格は完全に任意になります。一方、マーケットでは前項で述べたように特定のストラクチャーのオプションしか観測できないことが多いです。したがって、顧客に提供するオプションのフェアな価格、すなわちミッド価格自体が観測できない場合もあります。こうした場合、トレーダーはヒストリカルデータなどを用いて補間したり、第5節で述べたSABRモデルなどに基づき流動性のあるオプションのパラメーターから顧客取引で必要なパラメー

ターを推測したりします。フェアなミッド価格をいかに割り出すことができるかが、非常に重要なスキルになります。

　オプションブローカーは数社あり、彼らに顧客向けと同じストラクチャーのオプション価格を聞けばよいという考え方もあります。しかし、彼ら自身がリスクをとってそのオプション価格を提示することはできません。彼らは銀行のトレーダー間の仲介をするだけで、自分自身でポジションをとることはできないからです。結局は他のトレーダーにそうしたストラクチャーのオプション価格の提示を頼むことになり、そのトレーダーがリスクをとって価格を提示することになります。

　このようにミッド価格は、マーケットに参加しているトレーダーが常に感覚としてもっている価格です。トレーダーは自分の考えているミッド価格をはさんで買値と売値のマーケットをつくりますが、他のマーケット参加者が売りにも買いにも強いインセンティブをもたない場合は、売値と買値を非常に狭くしても、極端な場合には同じ価格を提示しても、取引が成立しないことがあります。なお、売値と買値を同じ価格にしてマーケットに提示した場合は通常チョイスプライスとして扱われ、どちらか一方のみを取引してもよいということになります。このように取引が成立しないということは、自分の考えているミッド価格が他の参加者のミッド価格と同じであるということを意味します。

　顧客取引でトレーダーはミッド価格を正しく把握した後、適正なマージンも考えなければなりません。当然マーケットには売値と買値に差があるため、顧客に対してミッド価格で約定し、そのままマーケットでヘッジをすれば値差で損失を被ります。もちろんその他にも取引に係るコストや取引所への手数料、事務管理費もかかります。そのため、顧客に対してはある程度のマージンを含めた価格を提供しなければなりません。

　マージンの決め方は、基本的にその取引のリスクから計算します。主にデルタ、ベガリスクに比例してマージンを算出すると、原資産と他の流動性のあるオプションでヘッジし、グリークスのリスクを減少させても、ある程度のマージンは残ります。適切なマージンを確保することが、トレーダーのス

キルを示す重要な要素となります。

ヘッジのタイミング

顧客に価格を提示し約定に至れば、トレーダーは顧客と正反対のポジションをもちます。顧客は、マーケットリスクのヘッジや市場見通しに基づく取引を行うため、約定直後はそのポジションのリスクを重視しない傾向にあります。一方、トレーダーはこのポジションを意図してとったわけではないので、迅速にマーケットでカバーしなければなりません。

顧客の取引のタイミングは、売りであればマーケットが高値をつけたと思われるときが多く、逆に買いではマーケットの底と思われるタイミングで来る場合が多いといえます。トレーダーが、顧客が取引する数量を事前に知っているということはあまりありません。顧客は市場見通しに自信があるとき、大量に取引を行う可能性もあります。

このような状況で、もしトレーダーが顧客取引に対するヘッジをせずそのままリスクを抱え込めば損失を被る可能性が高くなります。自らの意思で戦略的にポジションを構築する場合とは異なり、顧客と反対のリスクについて事前にリサーチをしたり、その価格でポジションを構築した場合にどのくらいの期間保持するかなどをあらかじめ調べたりしているわけではないからです。

グリークスでの管理

顧客取引とそのヘッジ取引を行うことで累積取引件数は増加します。特に金利オプションの場合、10年超の取引も少なくないため、満期が到来する前に新たな取引が追加されます。このため、管理すべき取引件数は膨大な数になります。したがって、各取引を個別に管理するのではなく、第1章第4節で述べたようにポートフォリオをグリークスで管理します。

先物オプションに関するポートフォリオと比較して、金利スワップとそのオプションのポートフォリオはグリークスの算出が複雑です。先物オプションの満期日の数は基本的に毎月1回であるため、長期のオプションを含めて

も十数個です。それら各々の満期日についてグリークスを算出すればよいことになります。

　一方、スワプションの場合、満期日は取引日を基準に設定されるため、同一の満期期間をもつオプションであっても、取引日ごとに実際の満期日が異なることになります。[１y into ５y] を例にすると、６月１日に取引されたものと６月２日に取引されたものでは、満期日が１日ずれることになります。このように日次で取引を行うことで、ほぼ毎営業日、ポートフォリオ内のオプションの満期日が到来します。

　また、顧客取引は相対取引であるため、行使価格や満期日が柔軟にカスタマイズされた多様なオプション契約になる一方、ヘッジ取引を行うスワプションマーケットではATMのストラドルが中心です。したがって、顧客取引とヘッジ取引からなるポートフォリオでは、行使価格や満期のミスマッチが起こります。

　トレーダーはすべての顧客取引とそのヘッジ取引のグリークスを計算、合算し、デルタ、ベガなどの各リスクを日々ヘッジしていく必要があります。ミスマッチがあると、原資産およびIVの変化や時間の経過でグリークスは刻々と変化していくからです。

　オプション期間が長い取引に関しては、行使価格や満期日の多少のミスマッチは、それほど大きな問題にはなりません。しかし、オプション満期が短くなるにつれ、ミスマッチによるグリークスの変化は大きくなります。

　日経オプションを例にとり、３年満期の22,000円コールを顧客と取引し、23,000円コールでヘッジした場合を考えてみます。３年後の日経平均は不透明であり、現在からみた22,000円と23,000円の相対的な距離は近いといえます。３年という長い期間にどのようなイベントがあるかわからないため、日経平均は３年の間に数千円動くかもしれないからです。したがって、現在のマーケットが500円程度変化しても微々たる変化であり、22,000円コールと23,000円コールの間でグリークスの違いはあまり表れません。

　しかし、明日満期のコールオプションになると、22,000円と23,000円の行使価格の違いは非常に重要になってきます。仮に現在のマーケットが22,000

円とすれば、23,000円コールのグリークスはほぼゼロであり、22,000円コールのリスクのみもっている状態です。したがって、トレーダーは時間の経過とともに少しずつヘッジを組み替え、最後に満期を迎える頃にはこうしたミスマッチが少ない状態になっているようにトレードします。

　もっとも、第1章のシミュレーションでも体験したように、ポートフォリオのデルタやベガのリスクを小さくしていても、マーケット環境が急変すればミスマッチによってグリークスは大きく変化する可能性があるので、トレーダーは普段からマーケットを先読みしてこのような変化に対応していく必要があります。

金利オプション行使リスク

　一般的にストラドルとは、先物マーケットではコールとプット、金利オプションではレシーバーズオプションとペイヤーズオプションを同時に買う、あるいは売るという組合せのことでした。しかし、金利オプションでは行使の際はどちらか一方のみしか行使できないという制約がある場合が多いです。通常、同じ行使価格のオプションを同時に行使することに合理性はありませんが、相対取引特有の行使リスクがあります。

　金利オプションの行使は、行使日の午後3時までに相手に電話などで通知することになっています。行使価格が原資産価格に近い場合、オプションを保有する側はなるべくぎりぎりまで保有し、その時間まではガンマトレードを行って利益をあげようとします。しかし、多くのオプションを保有し、その当日に多くの相手への通知が必要な場合、トレーダーは余裕をもって15分前などに行使の通知をすることが多いのです。

　ストラドルの片側であるペイヤーズを行使した後、マーケットが大きく動くと、レシーバーズがITMになることもあります。このような場合にはあらためてレシーバーズも行使するため、結果的にストラドルの両方を行使ということもありえます。

　システムの都合上、ストラドルという商品として管理する会社もあり、そこでは両方が行使されることが前提となっていないことがあります。また、

売り手の心理としては、一度決着がついたはずのリスクが再び顕在化したように みえます。このような理由から、ストラドルはどちらか一方のみの行使に制限する場合が多いのです。

　元本が50億円のストラドルは、プット・コール・パリティから元本100億円のレシーバーズまたはペイヤーズオプションとフォワードのスワップの組合せに等しくなります。このことから、ストラドルを両方とも時間を変えて行使することは、100億円のオプションを半分の50億円分だけ行使（Partial Exercise/部分的な権利行使）することに等しくなります。はじめに半分行使し、後で残りを行使しないと宣言することと同じ取引効果になっています。

　したがって、ストラドルの片側のみの行使に制限することは、部分的権利行使を制限することに等しくなります。このようなストラドルの行使に対する制限を避けるには、マーケットでの取引時はストラドル、約定後はレシーバーズとペイヤーズオプションの2つの取引としてお互いに同意し、認識するようにすればよいでしょう。

(2)　顧　客　層

債券投資家

　債券投資家が金利オプションを使う場面がいくつかあります。それは直接的なオプション取引に限らず、債券に内包されたかたちになっています。

　日本の低金利環境のもとで、銀行、生損保などの債券投資家（証券投資部など）は、国債よりも高い金利（リターン）を求めてさまざまなリスクをとって債券投資を行ってきました。リターンをあげるためのリスクには与信リスク、長期債などのデュレーションリスクなどがありますが、オプションを使ったリスクもあります。これはコーラブル債と呼ばれ、債券の満期よりも前に償還（早期償還）されるリスクのある債券です。

　この債券にはスワプションが内包され、金利低下時に債券が早期償還され、再投資の際に低い金利の債券に投資しなければならないリスクがあります。こうしたリスクは与信リスクとは異なり、元本が毀損するリスクではあ

りません。早期償還後に金利上昇局面が再び来れば、償還前と同じ水準での投資も可能となります。こうした点から、再投資リスクは比較的小さいリスクと考えられています。

また、投資家が購入する債券の利息はマイナスにはできないという制約があるために金利オプションが使われる場面があります。特に変動金利に連動する債券で金利オプションは必須のものになっています。たとえば、債券の金利が半年ごとにTONA（短期金利の指標）－10bpsというような式で決定される債券の場合、TONAが10bps以下になると金利はマイナスになってしまいます。しかし、債券を買った投資家が債券の発行体に金利を支払うことはできないので、マイナス金利の場合はゼロとしなければなりません。したがって、債券の金利を支払う側である発行体は行使価格が10bpsのフロアオプションを購入し、マイナス金利になるリスクをヘッジしなければなりません。

また、国債の投資家がよく行うオプション戦略の1つにカバードコール戦略があります。これは、第1章第2節(5)で説明した日経平均のカバードコールとほぼ同じ戦略です。10年国債に投資し、満期の短いOTMの国債のコールオプションを売却します。オプション満期に金利が低下し国債価格が上昇すると、コールは権利行使され、国債をコールの保有者に売却することになります。OTMのまま満期になれば、再びコールオプションを売却しオプション・プレミアムを得る戦略です。

国債のオプションは流動性が低いため、国債オプションのトレーダーがスワプションを用いてヘッジするケースもあります。直接スワプションを使わない投資家でも、このケースのように間接的にスワプションにかかわることがあります。

また不動産投信（REIT）のように配当重視の投信においては、金利コストが非常に重要です。これらの投信は自己資本のほかに資金を変動金利で銀行などから借り入れ、おおよそ2倍程度のレバレッジで不動産を購入しています。不動産からの収益は家賃であり、テナントの変更がない限りほぼ一定額なので、変動金利の上昇が投信の配当に直接影響します。そこで、通常は

変動金利を固定金利にするスワップを活用しますが、金利上昇ヘッジとしてキャップの購入が選択肢となることもあります。

ヘッジファンド

ヘッジファンドのマネージャーには、金利オプションに対する強いニーズがあります。ヘッジファンドは大まかに分類すると、マクロヘッジファンドとリラティブバリューファンドの２種類に分けられます。

マクロヘッジファンドは、広範な経済動向や地政学的出来事に基づいて投資判断を行い、これらの動向から利益を得ようとするのが特徴です。投資期間はそれぞれの動向や出来事に基づくので、短期から長期までさまざまになります。

マクロヘッジファンドは、円金利市場においては、今後の日本の景気動向を予測し、景気回復が見込まれる場合には金利上昇に賭ける取引を行うことが多いです。具体的には、金利スワップを用いて固定金利払い・変動金利受取りのポジションを構築します。これは、将来市場金利が上昇すると構築したポジションの時価が増加し、利益を得ることができる取引です。

金利上昇への賭けとして、固定金利払いのスワップのかわりにペイヤーズオプションを購入することも多いです。その理由は主に３つあります。第一、金利スワップでは実際の金利交換が必要となり、変動金利の算出や金額計算など実務上の手間が大きいことです。一方、オプションではこうした煩雑な作業が不要で、運用の効率性が高まります。第二は、金利が予想に反して下落した場合でも、オプションであれば損失が支払ったプレミアムに限定されることです。これにより、リスク管理がより容易になります。第三に、相対取引における信用リスクを軽減できます。トレーダー側もオプションの売り手としてプレミアムを先に受け取るため、取引相手の信用リスクを抑えられます。このように、ペイヤーズオプションは実務的負担の軽減、損失の限定、および信用リスク管理の面で、ヘッジファンドにとって優れた選択肢となっています。

一方、リラティブバリューファンドは誤った価格で取引されている証券や

資産を見つけ出すことに焦点を当てています。バリュエーションと呼ばれるさまざまな評価手法を用いて、本来の価値よりも安く取引されている証券や、類似資産と比較して過小評価されている資産を見つけます。そして、これらの証券や資産に投資し、いずれ価格が本来の価値に収束することを期待して利益を得ることを目標としています。

リラティブバリューファンドは、円金利市場においては、横軸にスワップ期間の年限、縦軸に金利をプロットしたイールドカーブのゆがみに着目し、ポジションを構築することが多いです。金利マーケットにおいて各年限のスワップ金利は、需給などによって割高または割安になる局面があります。そこで、割安（低い金利）な年限のスワップをショートし、割高（高い金利）な年限のスワップをロングするスプレッド取引などを行っています。

リラティブバリューファンドが着目するイールドカーブのポイントの1つに、10年金利と20年金利の差（スプレッド）があります。長期金利は通常、10年金利が20年金利よりも低い状態、イールドカーブの形状でいえば順イールドです。長期金利が逆イールドになるのは、これまでのデータによれば、利上げ局面が始まるときにみられる現象です。円金利は過去20年以上、金融緩和状態であり、当分短期金利は大幅に上げられない状態です。したがって、長期金利が逆イールドになり、10年と20年のスプレッドがマイナスになる可能性は少なく、むしろ20年金利は流動性プレミアムやインフレリスクを織り込み20bps〜50bps高い水準にあることが多いです。

しかし、スワップマーケットの長期金利ゾーンではしばしば大きな金額の取引があり、イールドカーブの形状がゆがむときがあります。そのため、10年と20年のスプレッドが通常よりも極端に縮小しているときがあります。リラティブバリューファンドはこうしたイールドカーブのゆがみに着目し、大きなポジションを構築します。

銀行ALM（Asset Liability Management：資産と負債の総合管理）

銀行のALMにおける金利リスクは、一般的に低いレベルに抑えられています。これは、銀行の基本的な業務である普通預金での資金調達と企業向け

融資の構造に起因します。資金調達サイドである普通預金の金利は、政策金利に連動する短期金利を基準としています。一方、貸出サイドの金利も、基本的に短期プライムレートに連動しています。そのため、金利変動が生じた場合でも、調達金利と貸出金利が同時に連動して変化する傾向にあり、結果として金利リスクが相殺される構造となっています。

　しかし、銀行が手がけているビジネスの1つである住宅ローンのような長期の貸出の場合、今後の金利上昇局面で、一般の人々が固定金利での借入れを選択する可能性が高まってきています。固定金利での貸出で銀行はALMにおいて金利リスクを抱えることになり、なんらかのヘッジ手段が必要となります。単純な金利スワップを用いたヘッジが最も有効なヘッジ手段となりますが、スワプションに対するニーズも増加するものと思われます。

⑶　金利オプションの活用①

一般的なストラテジー取引

　第1章第2節で取り上げた日経オプションのさまざまなオプション戦略は、金利オプションでも同様に使われます。たとえば、先に述べたマクロヘッジファンドは金利上昇を見込む場合、シンプルにペイヤーズオプションかペイヤーズスプレッドのポジションを構築し、利益が出るのを待ちます。また、国内投資家であれば、ターゲットバイイング、カバードコールなどの戦略も見受けられます。

　このように金利オプションでも株価指数オプションでも、オプションは同じように活用することができます。もっとも、金利は株価指数とは異なり、1年金利、2年金利……などの期間構造があるので、それに着目したオプションの活用が次に述べるコンディショナル・スプレッドです。

コンディショナル・スプレッド

　コンディショナル・スプレッドは、リラティブバリューファンドがよく使うオプション取引です。たとえば、イールドカーブ上で10年金利と20年金利

のスプレッドが縮小しすぎている場合、行使価格が現在の金利水準よりも高いOTMで満期3カ月の10年スワップのペイヤーズを売り、同じ満期の20年スワップのペイヤーズオプションを買うというような組合せです。金利上昇しイールドカーブ全体が押し上げられる局面で、20年金利が低すぎることが修正されれば収益が出る戦略です。

20年金利でカバードコールなどの取引が多くあったりすると、20年金利オプションのIVが10年に比較して低くなっているケースがあります。このようなときは20年のペイヤーズは相対的に安く買えるので、10年ペイヤーズ売り、20年ペイヤーズ買いのストラテジーでプレミアムはトータル受取りになるケースもあります。この場合は金利が上昇せず、あるいは低下し、イールドカーブが修正されなくても、プレミアムの受取りで取引が完了し、収益が残ります。

このようにコンディショナル・スプレッドの戦略では、イールドカーブ全体の動きとイールドカーブの形状の組合せで損益が左右されます。この例では、金利が上昇し、さらに10年20年のスプレッドの縮小が進むといったまれな条件のもとでのみ損失となります。このことから、この戦略はリスクを抑えてリターンをねらうことができるものだと理解できます。

⑷　金利オプションの活用②

スワプション取引において、トレーダーは極力顧客ニーズにあわせた条件の商品を提供することもできますが、取引の頻度が高いため、ある程度その商品設計は規格化されたものにならざるをえません。そこで、取引頻度は少ないかわりにきめ細かい設計をした商品、すなわちストラクチャードプロダクツを提供するトレーディングがあります。ストラクチャードプロダクツは、これまで述べたスワプションのプライシングモデルであるSABRでは解決できず、専用のプライシングモデルや専属のトレーダーが必要となります。それらの商品を取引するとダイナミックヘッジとしてスワプションでのヘッジが必要になるので、スワプションビジネスの厚みも増してきます。

ストラクチャードプロダクツの例

ストラクチャードプロダクツのなかで比較的単純な商品の例をあげます。顧客が金利上昇リスクをヘッジするために3カ月満期のペイヤーズオプションの購入を検討しているとします。オプション・プレミアムが高く、ヘッジ予算を超えてしまう場合、顧客は上限としたい行使価格のペイヤーズを買うと同時に、さらに上の行使価格のペイヤーズを売却し、オプション・プレミアムを抑えるようにします。これは第1章第2節(6)で述べたコールスプレッドと呼ばれるヘッジ手法と同等で、ペイヤーズスプレッドと呼ばれます。

顧客がオプション満期までのマーケットについて、一直線に上昇せず、一定期間は特定の範囲内で推移するという見通しをもっている場合、売却する側のオプションとして自動解約付オプション（ノックアウトオプション）を使用することができます。

このオプションを用いることで、単純なペイヤーズスプレッド取引を以下のようなスキームに変更できます。

（取引1）顧客の行使価格が2％のペイヤーズ買い

（取引2）顧客の行使価格が3％でバリア1.75％のノックアウトペイ
　　　　ヤーズ売り

（取引2）の意味は、満期までの間にマーケットがある特定の水準、ここでは1.75％、以下に一度でも下落した場合、行使価格3％のペイヤーズはノックアウトする（消滅する）ということです。これにより、顧客の市場見通しにあわせたより柔軟なヘッジ戦略を構築することが可能となります。

ノックアウトの条件がなくとも、顧客は売却したほうのペイヤーズを毎日モニターし、十分安くなったところで買い戻すことで同じ効果を得ることができます。しかし、実需家である顧客が毎日特定のオプションのプレミアムをモニターするのは実用的ではありません。安くなったとしても、業者に連絡し買戻し価格の見積りをとったりする手間もかかります。また、実際に解約した場合は関係書類の整備など煩雑な手続が必要になります。

そこで、ある一定の条件で自動的に解約するスキームにすれば、このよう

な手間が省け、他のオペレーションに時間を費やすこともできます。ストラクチャードプロダクトトレーディングとは、こうしたニーズに応えるために自動解約付きのオプションなどを提供し、そのリスクを管理していくトレーディングです。

価格算出モデル

このような取引を行うためには、まずそのようなオプション価格を求めるためのデリバティブプライシング技術が必要です。プライシングをするためには、第2章第2節で述べたモンテカルロ・シミュレーション・モデルを用いる方法や、オプションの価格計算をするための公式を論文などで探し、それを基にモデルを構築する方法があります。もちろん現在では、一般的に販売されている計算ツールなどを活用することもできます。

トレーダーのプライシングプロセスは以下のようになります。

1. まず、プライシングの公式などを導いた論文を参考に、VBAを用いてエクセルでプライシングを行います。
2. 次に、モンテカルロ・シミュレーション・モデルなどの別のアプローチも用いてプライシングし、価格が妥当かどうか判断します。
3. 実際の取引後、トレーダーはシステムにそのトレードを登録しますが、このシステムにおいても正しい価格が算出されるかどうか確認しなければなりません。システムには第三者が開発したプライシングモデルが搭載されているので、これがさらなるチェックとなります。

モデル検証

トレーダーが信頼できるプライシングモデルを用意したうえで、実際に顧客にストラクチャードプロダクツを提供する場合は、さまざまな確認作業が必要になります。これは、計算方法自体の誤り、不適切なモデルの選択、正しいモデルでも入力するべきパラメーターの誤りなど、さまざまなリスクが存在するためです。

確認作業の重要点は以下のとおりです。

1．イントリンシック・バリューの正確性確認

　　イントリンシック・バリューは、デリバティブプライシングにおいてボラティリティをゼロと置いたときの現在価値を指す場合が多いです。ボラティリティをゼロと仮定すれば、どのようなストラクチャーでもフォワード価格の四則演算で比較的容易に現在価値を計算できます。プライシングモデルのイントリンシック・バリューが異なっている場合は、そのモデルに誤りがあると判断できます。

2．商品の性質上満たすべき必要条件の確認

　　たとえば、ノックアウトオプションの場合、そのオプション価格は通常のオプションより必ず安くなるはずです。これは、ノックアウトオプションは満期前に権利がなくなる可能性があり、満期まで確実に権利があるオプションと比べて不利な部分があるためです。この条件を満たさない場合は、モデルへのインプットパラメーターなどを再考する必要があります。

　商品の条件が複雑になれば、必要な条件を見極めること自体が1つの技術となります。このように、プライシングの段階では3重にも4重にもわたり価格の妥当性を検証することが重要です。

リスクについて

　価格の妥当性が担保された後、次にこの商品特有のリスクについて考察しなければなりません。ノックアウトオプションが解約条件を満たすことで消滅した場合、顧客にとっては売却したものが消滅するだけなのでリスクがなくなります。一方、トレーダー側の直接的リスクは、ノックアウトするとペイヤーズの価値が急速にゼロになるため、その分の損失が発生することです。もっとも，ノックアウトするタイミングは、金利が低下しペイヤーズとしての価値が小さくなった場合なので、損失自体は甚大なものではありません。

　しかし、トレーダーは顧客取引に対しヘッジ取引も行っているので、そのヘッジポジションとあわせてリスクを考える必要があります。（取引1）は通常のペイヤーズであるため、そのヘッジはオプションマーケットにて同じ

ものを買うことでカバーすることができます。

　一方、（取引2）のノックアウトペイヤーズは、顧客と取引した時点では
ノックアウトする確率はたいてい低いので、通常のペイヤーズとほぼ同じよ
うなグリークスになっています。そのため、トレーダーは通常のオプション
の90％くらいの元本でヘッジすることになります。もちろんマーケットで
ノックアウトオプションの流動性が非常に高ければ、そのものを売ることで
ヘッジすればよいわけですが、そのような場合はまれであるため、通常のオ
プションを駆使してヘッジしなければなりません。

〈トレーダーのヘッジポジション例〉

> （取引1）に対応するヘッジ：行使価格が2％のペイヤーズ買い
> （取引2）に対応するヘッジ：行使価格が3％のペイヤーズ売り。ただ
> 　　　　　　　　　　　　し（取引2）の元本の90％程度

　もしノックアウトが発生した場合、顧客からの3％のペイヤーズの買いポ
ジションは消滅する一方で、ヘッジのための3％のペイヤーズ売り（90％元
本）はそのまま残ってしまいます。したがって、トレーダーはそのペイヤー
ズを買い戻す必要が出てきます。このときIVが上昇していれば、買戻しの
コストがふくらむリスクがあります。このように、トレーダーは顧客取引の
リスクだけではなく、ヘッジとして取引されたものもあわせてリスクを考え
る必要があります。

　また、トレーダーは第1章第4節(5)のオプションシュミレーションでみた
とおり、主にグリークスでリスク管理しますが、ノックアウトのようなリス
クはグリークスには表れにくいです。そのため、このような情報はポート
フォリオのなかに埋もれてしまう可能性があります。

　グリークスの定義を思い出してみると、あくまでもいまのマーケットが微
小な変化をした場合にオプション価格がどうなるかを計算したものでした。
ノックアウトオプションは、その解約水準が現在のマーケットから相当離れ
ている場合、ノックアウトの確率は非常に小さく見積もられているので、通
常のオプションと同じようなグリークスになります。したがって、ノックア

ウトオプションを通常のオプションでヘッジすればグリークス上はほぼゼロになり、ポートフォリオではみえなくなる可能性があります。

一方、第1章第4節(6)で述べたシナリオ分析を用いた場合、私たちは原資産価格やIVが大きく動いた場合のポートフォリオリスクをみることができました。ノックアウトオプションとそのヘッジ取引をポートフォリオに入れ、原資産価格が大きく動きノックアウトレベルまで達した場合のシナリオを分析します。このケースでは、上で述べたようにノックアウトオプションは消滅し、ヘッジで売ったオプションのみが残った状態になります。したがって、シナリオ上ではデルタやベガに大きなずれが生ずるので、私たちはリスクを観察することができます。

コラム 7 仕 組 債

現在では取引が見受けられない30年パワーリバース債と呼ばれる仕組債があります。これは、どのような経緯で誕生したものでしょうか。

約30年前、円金利とドル金利の金利差が大きく、「裁定取引」の原理により通貨ドル円の30年先のフォワード（先渡）価格はスポット価格に比較して約50円程度下回っていました。当時のスポット価格は1ドル100円程度であったのに対して、受渡しを30年後に設定することにより50円程度でドル円を購入できたのです。

もちろん30年先のドル円を予想することは非常に困難ですし、ドル円の値動きは長期的にはドル円のフォワードレートに沿って動くという仮説もありました。しかしながら当時、約半額の50円でドル円を購入できることは投資家にとっては魅力的にみえました。

ただし、大口投資家でも30年フォワードをそのまま取引することは市場リスクや与信リスクの管理の点から困難です。また、会計面でもフォワード取引自体を投資対象として扱うのはむずかしいものでした。

こうした難点を克服し、超長期の為替フォワードを投資家にあった商品につくりかえることを目的としてパワーリバース債が開発されまし

た。債券の形式にするために、30年先のフォワードのドル円を一括で買うかわりに、30年間毎年買い、スポット価格よりも安く買える分の金額を債券の利息の一部にしようとする試みでした。そのため、債券の利息は年1回払いで、

USD10% − JPY 6 %

（ドル想定元本＄10million／円想定元本10億円／1ドル100円で設定）

というような式で記述されていました。この意味は、毎年債券から発生する利息は、ドル想定元本×10％から円想定元本×6％差し引いたものということです。それぞれの想定元本を実際に掛け算してみると、USD1millionからJPY6,000万を差し引くということになります。すなわち、ドル1million分を6,000万円で購入するということです。レートにすれば60円になり、もともとの目的であったフォワード価格がスポット価格を下回るメリットを享受し、投資対象として債券の形式になっています。実際に金利として受け渡すときは、60円で買ったドルをその時々のドル円レートで円に換えて受け渡すことになっていました。

　このように債券として長期のドル円を購入できる仕組みは、投資家の間では人気の商品となりましたが、その後の仕組債の規制などを受けて次第に取引が少なくなっていきました。

　2024年7月現在、スポット価格は1ドル160円であることを考えると、当時30年のフォワードでドル円を購入していれば、現在のスポットとの価格差は110円近くになり、収益率としては300％程度になります。

　フォワード価格は、第1章第1節(3)の先物理論価格と実現した価格で述べたように、あくまで「裁定取引」から導かれる「理論価格」であり、実現することはまれです。このことから、フォワード価格とスポット価格の差に着目した債券は、投資家に不利益のみをもたらすものではないと思われます。

参 考 文 献

1　ジョンハル著、三菱UFJ証券市場商品本部訳『フィナンシャルエンジニアリング〔第5版〕』

2　Patrick S. Hagan, Deep Kumar, Andrew S. Lesniewski, and Diana E. Woodward "Managing Smile Risk", Wilmott magazine. September 2002

3　James Cordier, Michael Gross "The Complete Guide to Option Selling, Second Edition"

4　CME Group Home Page（https://www.cmegroup.com/）

5　日本取引所グループホームページ（https://www.jpx.co.jp/）

6　Singapore Exchange Home Page（https://www.sgx.com/）

7　London Metal Exchange Home Page（https://www.lme.com/）

事項索引

【著者略歴】

小森　晶（こもり　あきら）

市場科学研究会代表
東京大学大学院数理科学研究科修士課程修了後JPモルガン、ドイツ証券、RBS証券等金融機関で円金利、為替、日経オプションのメイン・ブック・ランナーとしてトレーディングを行う。また商社でコモディティー・オプションのトレーディングや新電力で電力市場でのリスク管理業務に従事する。

シミュレーションで学ぶ
オプショントレーディングのすべて

2025年3月31日　第1刷発行

著　者　小　森　　　晶
発行者　加　藤　一　浩

〒160-8519　東京都新宿区南元町19
発　行　所　一般社団法人 金融財政事情研究会
出 版 部　TEL 03(3355)2251　FAX 03(3357)7416
販売受付　TEL 03(3358)2891　FAX 03(3358)0037
URL https://www.kinzai.jp/

校正：株式会社友人社／印刷：株式会社光邦

ISBN978-4-322-14513-7